Great Abaco

Lyford
Cay ○ Nassau

Andros

Cat

B a h a m a s

Acklins

nde

Punta Alegre ○

birge

us:

○ Ciego de Avila

Baragua ○   C A M A G Ü E Y

○ Nuevitas

UBA   Camagüey ○   ○ Santa Lucia

Zanjón ○   Gibara

○ Banes

Holguín ○

O R I E N T E   ○ Mayarí

Cauto   Birán (Geburtsort Fidel Castros)

Manzanillo ○   ○ Bayamo   *Sierra del*
                                       Cristal   ○ Baracoa

Landung der   Caimanera ○
»Granma« ⇨   *Sierra Maestra* ▲ 2005
                 P. Turquino   **US-Stützpunkt**
                        Santiago   **Guantánamo**
n   de Cuba

Jérémie ○

Falmouth
Montego Bay ○ ○

Tiburon ○

J A M A I K A   H A I T I

○ Kingston

José de Villa/Jürgen Neubauer

MÁXIMO LÍDER

José de Villa/Jürgen Neubauer

MÁXIMO LÍDER
Fidel Castro

Eine Biographie

Econ

Econ ist ein Verlag
der Ullstein Buchverlage GmbH

ISBN-13: 978-3-430-30001-8
ISBN-10: 3-430-30001-0

© Ullstein Buchverlage GmbH, Berlin 2006
Alle Rechte vorbehalten.
Karten im Vor- und Nachsatz: Peter Palm, Berlin
Umschlaggestaltung: Etwas Neues entsteht, Berlin
Umschlagmotiv: Picture-Alliance/dpa
Autorenfotos Umschlagklappe: © Isaac Blake Sotelo
Gesetzt aus der Novarese und Legacy bei LVD GmbH, Berlin
Druck und Bindung: Clausen und Bosse, Leck
Printed in Germany

Für Lourdes und Lourdes

Inhalt

Der Mythos Fidel

»Daß dieser Mann nicht aufs Klo muß! Daß der nicht mal pinkeln muß! Was ist das nur für ein Mann?«

Derart verwundert zeigt sich ein älterer Herr in einer Dokumentation über die kubanische Revolution, die das staatliche kubanische Filminstitut pünktlich zum achtzigsten Geburtstag Fidel Castros veröffentlicht hat. Es ist der Nachmittag des 8. Januar 1959, und mit Hunderttausenden anderen Einwohnern der Hauptstadt Havanna drängt sich Señor Otero vor dem Präsidentenpalast, um einen Blick auf den bärtigen Rebellenführer im olivgrünen Kampfanzug zu erhaschen, den er bis dahin nur vom Hörensagen kennt.

Es ist Fidels großer Tag: Nach einem fünftägigen Triumphzug quer durch Kuba, von Santiago im äußersten Südosten bis nach Havanna im Nordwesten, ist er am Nachmittag unter dem begeisterten Jubel der Einwohner in die Hauptstadt eingezogen und steht nun auf dem Balkon des Präsidentenpalastes vor einer unüberschaubaren Menschenmenge. Die meisten der Feiernden kennen den Mann dort oben kaum. Zum ersten Mal haben sie den Namen des Rechtsanwalts Fidel Castro Ruz im Juli 1953 gehört, als dieser mit etwa 150 jungen Leuten die Moncada-Kaserne in Santiago überfallen hat, in der Hoffnung, einen Volksaufstand gegen den Diktator Fulgencio Batista auszulösen. Die Tat war verrückt, aber da die Kubaner Verrückte lieben, begann auf Kuba ein Mythos um Fidel Castro. Dreieinhalb Jahre später hat Fidel dann wieder von sich reden gemacht: Mit einem klapprigen Freizeitboot ist er, von seinem Exil in Mexiko kommend, im Süden Kubas gelandet, hat sich in die Berge durchgeschlagen und dort

9

einem Reporter der *New York Times* ein Interview gegeben, in dem er Batista den Krieg erklärt. Und nun ist es diesem Fidel Castro also tatsächlich gelungen, den verhaßten Diktator zu verjagen. Die Menschen feiern ihren jungen Helden und jubeln ihm zu, auch als dieser gar nicht mehr aufhören will zu reden.

Fast ein halbes Jahrhundert lang spricht Fidel nun schon zu und mit dem kubanischen Volk, mehr und länger, als sich irgendeiner der Anwesenden vor dem Präsidentenpalast hätte träumen lassen, und mehr und länger als irgendein anderer heute amtierender Regierungschef der Welt. Ebenso wie sein krauser Bart, seine dicke Zigarre und seine olivgrüne Kampfuniform werden die Marathonreden Teil des Mythos Fidel Castro. Unvergessen die siebenstündigen Radioansprachen, mit denen er in den ersten Wochen nach dem Sieg die Kubaner auf die Revolution einstimmt. Unvergessen auch die Rede vor der UNO-Vollversammlung in New York, in der er, nur mit Hilfe eines kleinen Spickzettels, viereinhalb Stunden lang den US-Imperialismus geißelt. Inzwischen soll er über 15 000 Reden gehalten haben, das wäre fast eine pro Tag seiner langen Karriere. Das Wort wird eine seiner wichtigsten Waffen seiner Revolution, sei es in nächtelangen Debatten mit seinen Mitrevolutionären, in Auftritten vor Hunderttausenden auf dem Platz der Revolution oder in Gesprächen mit Menschen im ganzen Land. Er überzeugt und verführt, erzieht und belehrt, reflektiert und polemisiert, streitet und vernichtet, lädt zum Dialog ein und bringt zum Schweigen, listet auswendig Berge von Zahlen auf und ergeht sich in stundenlangen Beleidigungen seiner Feinde.

★

Mit seinen heute achtzig Jahren ist Castro mehr denn je ein Mythos. Als er im Jahr 2000 vor dem Milleniumsgipfel der UNO in New York spricht, ist ihm die ungeteilte Aufmerksamkeit der Weltpresse genauso sicher wie bei seinem ersten UNO-Auftritt vier Jahrzehnte zuvor. Das Phänomen ist so verwunderlich, daß viele aufgehört haben, sich darüber zu wundern. In der bunten Bilderwelt der Medien sehen ihn seine Bewunderer längst neben Heiligen des 20. Jahrhunderts wie etwa Martin Luther King, Nelson Mandela oder Johannes Paul II. In diesem Wachsfigurenkabinett der Geschichte würden ihn seine erbitterten Feinde allerdings eher neben Bösewichter wie Hitler und Stalin stellen.

Die Feinde Castros, das sind vor allem die Exilkubaner in Florida und die von ihnen üppig mit Geldmitteln versorgten Neokonservativen in Miami und Washington. Die sachlicheren unter ihnen werfen ihm unrechtmäßige Enteignung von kubanischem und US-amerikanischem Eigentum, Inhaftierung und Hinrichtung von politischen Gegnern, Verletzung von Menschenrechten, Unterdrückung der Opposition, Geiselnahme des kubanischen Volkes und Mißwirtschaft vor. Doch in den seltensten Fällen hört man in Miami sachliche Argumente, wenn es um Fidel Castro geht: Es gibt auf der ganzen Welt wohl keine zweite Oppositionsgruppe, die so lange so hysterisch und so erfolglos gegen einen Diktator anschreit. Für sie ist er »ein kommunistischer Mörder, der sich nicht mehr lange halten wird« – das allerdings schon seit fast einem halben Jahrhundert. Dank seiner Zähigkeit darf Fidel sich in der neuen Weltordnung von Donald Rumsfeld und George Bush junior nun zu den »Schurken« zählen. Daneben verlegt man sich in den Vereinigten Staaten gern auf Haßtiraden: Es gibt wohl kaum eine Schlechtigkeit, die man dem Máximo Líder, »oberster Führer« nicht nachsagt.

Fidels Feinde belassen es bekanntlich nicht bei bösen Worten und leisten damit paradoxerweise einen beachtlichen Beitrag zur Mythenbildung. Nach Angaben des kubanischen Geheimdienstes haben CIA und exilkubanische Terroristen seit Ende der fünfziger Jahre mehr als 600 Mordanschläge auf den Revolutionsführer geplant. Fidel hat sie alle überlebt, einige davon auch dank seines legendären Charismas. Im Jahr 1961 soll ihn seine frühere deutsche Geliebte Marita Lorenz bei einem Rendezvous im Hotel Habana Libre mit Tabletten vergiften, doch bei der ersten Gelegenheit spült sie die Pillen ins Bidet. Bei seinem Besuch in Chile im Jahr 1971 steht ihm ein Agent mit als Fernsehkamera getarnter Schußwaffe gegenüber, doch als er ihn zur Nahaufnahme heranholt und Castro in die Augen sieht, schafft er es nicht abzudrücken. Trotz aller Attentate, Sabotageakte, Invasionsversuche und Blockaden hat er inzwischen zehn US-Präsidenten kommen und gehen sehen und ist mit inzwischen fast fünfzig Regierungsjahren das am längsten amtierende Staatsoberhaupt der Welt.

★

Außerhalb von Miami klingt der Mythos ein wenig anders, hier überwiegt das Bild von Fidel Castro als einer Art Robin Hood in Khaki. Auch wenn sie gelegentlich an seinem diktatorischen Herrschaftsgebaren verzweifeln, verweisen seine Freunde bis heute auf seine sozialen Errungenschaften. So etwa der Journalist Juan Balboa, der lange Jahre für die mexikanische Nachrichtenagentur Notimex aus Kuba berichtet hat: »Man muß ihm auf jeden Fall vorhalten, daß er seine Macht seit fast einem halben Jahrhundert nicht aus der Hand gegeben und die nachfolgenden Generationen nicht wirklich ans Ruder gelassen hat. Aber das läßt sich verschmerzen im Vergleich zu den vielen positiven Dingen, die er bewegt hat. Dank seiner stehen den Kubanern seit mehr als vier Jahrzehnten all die Dinge zur Verfügung, die ein Mensch zum Leben benötigt: Nahrung, Bildung und Gesundheit. Und dies trotz des erheblichen internationalen Drucks, vor allem auf dem Gebiet der Wirtschaft. Castro hat auf Kuba das verwirklicht, wovon die meisten Menschen in Lateinamerika nur träumen können: Er hat eine kultivierte Gesellschaft geformt, eine Gesellschaft mit hochentwickeltem Bildungs- und Gesundheitswesen.« Hinter dem Mythos des Rächers der Enterbten verschwinden auch die leeren Geschäfte und die vollen Flüchtlingsboote aus dem Blick.

Allein die Tatsache, daß er dem Sheriff aus dem Norden seit einem halben Jahrhundert die Stirn bietet, verschafft ihm glühende Verehrer, vor allem in Lateinamerika: Ein Mensch der die Yankees haßt, kann nicht ganz schlecht sein. Dort ist in den letzten Jahren eine Reihe von Politikern an die Macht gelangt – »Lula« da Silva in Brasilien etwa, Hugo Chávez in Venezuela oder Evo Morales in Bolivien –, für die der alte Mann in Havanna nach diesem Motto Vorbild und Mentor ist. Und für die vielen Menschen, die den inzwischen sehr zerbrechlich wirkenden Fidel bei seinen Reisen nach Argentinien oder Venezuela begeistert umjubeln, ist es oft einfach eine Genugtuung zu wissen, daß es auf einer kleinen Antilleninsel direkt vor der Haustüre der USA jemanden gibt, der den Yankees jeden Tag aufs neue ein Ärgernis ist.

Für die undogmatische Linke ist Fidel natürlich erst recht eine

Heldenfigur – für Jean-Paul Sartre war er gar »die einzige Hoffnung«. Die Begeisterung legt sich zwar mit der Sowjetisierung der kubanischen Revolution und den wachsenden Repressalien gegen Intellektuelle seit Ende der sechziger Jahre. Doch nach dem Zusammenbruch des Kommunismus ist Fidel mit einem Mal wieder da – ohne sich selbst im geringsten verändert zu haben. Nun entdecken ihn die Antiglobalisierungsbewegung und die Gegner der neuen Weltordnung von Bush Vater und Sohn für sich. Auf den Kongressen der internationalen Organisationen feiert der zwischenzeitlich totgesagte Fidel seine Auferstehung als weiser König Salomon.

★

Daß Fidel auf Kuba ein Mythos ist, bedarf eigentlich keiner besonderen Erwähnung. Er ist der Held von Moncada. Er hat den Diktator Batista mit einer Handvoll Guerilleros und sieben Gewehren bezwungen. Er hat den Imperialismus mit Alphabetisierungsbrigaden, Ärzten, Landreformern und später, in der Schweinebucht, auch mit Milizen zurückgeschlagen. Er hat den Kubanern ihr Land und ihre Würde zurückgegeben. Mit einem Wort, er verkörpert die Revolution und den Stolz, den die Kubaner für sie empfinden. Fidel selbst erschafft diesen Mythos und nutzt ihn, um die Menschen für seine Revolution zu begeistern. Unermüdlich reist er auf der Insel herum, um selbst Hand anzulegen und mit den Menschen zu diskutieren, mindestens einmal pro Woche spricht er im Rundfunk und im Fernsehen, von Tausenden Hauswänden blickt er auf seine Kubaner, und zu jedem Nationalfeiertag ruft er ihnen aufs neue in seinen langen Reden die Geschichte in Erinnerung.

Doch wie der Putz von den Häusern in Havannas Altstadt bröckelt, so blättert auch der Lack des Mythos ab, spätestens seit den Jahren der katastrophalen Mangelversorgung Anfang der neunziger Jahre, als selbst die Grundnahrungsmittel ausgingen. Bei Älteren, vor allem, wenn sie Batista noch kennengelernt haben, genießt Fidel trotz allem große Verehrung. »Solange ich noch eine einzige warme Kartoffel habe, bleibe ich Fidel treu«, hört man alte Leute sagen. Doch je jünger die Menschen, desto weniger reicht ihnen diese warme Kartoffel, und um so mehr schmerzt das Fehlen von fast allem anderen auf der Insel. Gerade jungen Menschen, die das goldene Jahrzehnt von Mitte der siebziger bis Mitte der achtziger Jahre nicht erlebt haben und nur die Schlangen vor den Geschäften kennen, ist der Mythos kaum noch zu vermitteln. Ihnen geht es weniger um die bunten Bonbons aus der Wundertüte des Konsums – ihnen geht es vor allem um Möglichkeiten der Gestaltung eines sinnvollen und selbstbestimmten Lebens. Für sie ist Fidel ein Mythos im schlimmsten Sinne des Wortes: ein Märchen aus einer längst vergangenen Vorzeit und das Versprechen einer besseren Welt, das nicht eingelöst wird, weil es eben ein Märchen ist. Er ist nicht mehr der strahlende Befreier, sondern der Greis, der sich mit eisernem Griff am Rücken Sindbads des Seefahrers festklammert und ihm die Luft zum Atmen nimmt. Für sie ist der Mythos nichts als Vergangenheit, und es bleibt ihnen nichts anderes übrig, als darauf zu warten, daß er von ihrem Rücken heruntersteigt oder -fällt, damit sie in der Gegenwart leben und ihre Zukunft in die Hand nehmen können.

★

Auch heute darf man sich noch darüber wundern, wie lange Fidel redet. Aber manchmal scheint es, als wäre er selbst ein Gefangener seines Mythos. Am 17. November 2005, dem sechzigsten Jahrestag seiner Ersteinschreibung an der Universität von Havanna, redet er wieder über vier Stunden lang. Im Stehen, wohlgemerkt. Doch an diesem Tag geht es ihm vor allem darum, zu beweisen, daß er es noch kann und daß er entgegen den Gerüchten der CIA nicht an Parkinson leidet. In einer dramatischen Geste reckt er den Zeigfinger gerade in die Luft und sagt unter dem Beifall der Zuhörer:»Mal sehen, wie es mit meinem Parkinson steht, laßt mich mal zielen.«

An diesem 17. November spricht Fidel zum ersten Mal öffentlich von seinem Tod.»Wir haben Maßnahmen getroffen und geplant, damit es keine Überraschungen gibt«, sagt er. Was jedoch tatsächlich auf Kuba nach seinem Tod passieren wird, ist mehr als ungewiß, denn auch in Washington und Miami würden längst Maßnahmen getroffen. Eines ist jedenfalls sicher: Der Mythos Fidel wird bleiben.

1

Porträt des Diktators
als junger Mann

Wenn man seiner Geburtsurkunde glaubt, dann wird Fidel Castro Ruz im August 1926 geboren. Tatsächlich jedoch erblickt er erst ein Jahr später das Licht der Welt, genauer gesagt am 13. August 1927, um zwei Uhr morgens, in der Finca Manacas, dem Landgut der Castros in der Gemeinde Birán, einem Ort im Südosten der Insel am Fuße der Sierra del Cristal. Dieses eine Jahr Unterschied erklärt sich daraus, daß sein Vater, Ángel Castro y Argiz, ihn ein Jahr älter machen will, um ihn früher auf eine weiterführende Jesuitenschule nach Havanna schicken zu können. Auch als unumstrittener Herrscher über alle kubanischen Archive und Behörden hat Fidel Castro diese Änderung seines Geburtsdatums nie wieder zurückgenommen, so daß er tatsächlich im August 2006 hochoffiziell seinen achtzigsten Geburtstag begehen kann, auch wenn er in Wirklichkeit erst neunundsiebzig Jahre alt wird.

Auch die Familienverhältnisse Fidel Castros sind nicht ganz unkompliziert. Nach seinem Bruder Ramón und seiner Schwester Angelita ist Fidel das dritte uneheliche Kind, das Vater Ángel mit seiner einunddreißig Jahre jüngeren Hausangestellten Lina Ruz González zeugt. Nach Fidel bringt Lina noch Juanita, Raúl und Agustina zur Welt. Damals ist Ángel allerdings noch mit María Luisa Argota verheiratet, so daß Fidel zunächst offiziell keinen Vater hat und auch nicht in den Genuß einer Taufe kommt. Aus Vater Ángels Ehe mit María Luisa hat Fidel zwei ältere Halbgeschwister, Lidia und

Pedro Emilio. Diese Art der Zweitfamilie, in der der junge Fidel aufwächst, ist in Lateinamerika bis heute keineswegs unüblich. Weit weniger üblich ist es da schon, daß die erste Ehe geschieden wird, als Fidel etwa sieben Jahre alt ist, und Ángel die Mutter seiner unehelichen Kinder heiratet.

Die Kubaner dichten Fidel allerdings noch einen zweiten Vater an. Vor allem unter der schwarzen Bevölkerung Kubas ist der Glaube verbreitet, Fidel stünde unter dem besonderen Schutz der Orishas. Die Orishas sind die Gottheiten der auf Kuba gepflegten Santería, einer synkretistischen Religion, die den Glauben an afrikanische Götter mit der katholischen Heiligenverehrung verquickt. In fast jedem schwarzen Haushalt werden die Orishas mit kleinen Altären verehrt, und auf dem Land ist der Glaube von jeher auch unter Weißen verbreitet. Lina Ruz berichtet, vor der Geburt Fidels habe sie einen Santero, einen Priester der Volksreligion, befragt. Dieser habe Fidel eine triumphale Zukunft vorhergesagt und ihr versichert, es handele sich um einen Sohn von Aggayú, einem legendären Krieger und Vater des Kriegsgottes Changó.

Das ist zumindest die Geschichte, die Mutter Lina ihrem Sohn Jahre später erzählt, als dieser im Dezember 1958 unmittelbar vor der Flucht des kubanischen Diktators Fulgencio Batista und dem Gelingen der Revolution zu einem Weihnachtsessen in der elterlichen Finca vorbeischaut. Und wenn man sich die Liste der mißglückten Operationen, Gefängnisaufenthalte und Mordversuche ansieht, die er bis dahin überlebt hat und die er in den folgenden fast fünfzig Jahren noch überleben wird, dann ist man fast geneigt, dieser Legende Glauben zu schenken.

★

Fidels leiblicher Vater, Ángel Castro y Argiz, stammt aus der Gemeinde San Pedro Láncara in der nordspanischen Provinz Galicien, wo sich der Analphabet als Landarbeiter durchschlägt. Im Alter von neunzehn Jahren meldet er sich als Freiwilliger zur spanischen Kolonialarmee, die gerade ausrückt, um die rebellierenden Kubaner zur Räson zu bringen. Als er auf Kuba ankommt, ist der Krieg jedoch bereits vorbei. Am 17. Juli 1898 haben die Spanier vor der US-Armee kapituliert, die sich in den Unabhängigkeitskrieg der Kubaner eingemischt hatte. Ángel kehrt also unverrichteter Dinge mit den übrigen Soldaten nach Spanien zurück. Dort erwartet ihn allerdings nichts als Arbeitslosigkeit und Elend, denn mit dem Verlust seiner letzten bedeutenden Kolonien auf Kuba und den Philippinen ist Spanien unter Carlos V. in eine tiefe wirtschaftliche Krise gestürzt. Also macht Ángel sich schon im Dezember 1899 erneut nach Kuba auf, um in der Neuen Welt sein Glück zu suchen.

Wieder auf der Zuckerinsel, legt Ángel Castro eine Karriere hin, wie sie für spanische Auswanderer der Zeit typisch ist: Bei seiner Ankunft leidet er unter bitterer Armut und harten Entbehrungen, er arbeitet schwer und spart sich jeden Peso vom Munde ab, um endlich sein eigenes Geschäft eröffnen zu können. Damit wird er schließlich reich, erwirbt ein Landgut, und mit einem Mal ist er wer.

Nach seiner Ankunft arbeitet Ángel in den Bergwerken in der südöstlichen Provinz Oriente, schneidet Zuckerrohr für die United Fruit Company, verdingt sich als Tagelöhner beim Bau der Eisenbahn und eröffnet schließlich mit dem wenigen Gesparten eine bescheidene Taverne. Danach heuert er als Subunternehmer Tagelöhner für die Zuckerernte der United Fruit Company an. Dort lernt er María Luisa Argota Reyes, Tochter eines leitenden Angestellten, kennen, heiratet sie und wird mit Hilfe seines neuen Schwiegervaters Transportunternehmer für den Zuckergiganten. Damals läßt er sich im kleinen Tal von Birán in der Provinz Oriente nieder.

Seine Geschäftsreisen führen Ángel weit herum. In Camagüey lernt er Pancho Ruz kennen. Pancho stammt vermutlich ebenfalls aus Galicien oder hat zumindest galicische Vorfahren. Als die beiden sich begegnen, betreibt er ein kleines Fuhrunternehmen, was bedeutet, daß er einen oder zwei Esel und einen Karren sein Eigen nennen darf. Er ist mit Dominga González verheiratet und stolzer Vater von sieben Kindern, unter ihnen die hübsche Lina.

Ángel schlägt Pancho vor, nach Birán zu ziehen, da dort die Weiden grüner und die wirtschaftlichen Aussichten besser seien. Ángel hat Aufträge für die Zuckerernte und die Bauarbeitern der United Fruit Company zu vergeben. Also zieht die Familie Ruz von Camagüey in den Süden der Insel und begibt sich unter den Schutz von Ángel Castro, der zu diesem Zeitpunkt bereits über ein beachtliches

Vermögen und großen Einfluß verfügt. Lina, die dritte Tochter von Pancho und Domingo, kommt im »großen Haus« der Castros als Hausangestellte unter.

Die zierliche Lina, von den Sonnenstrahlen der Feldarbeit tief gebräunt, verliebt sich prompt in den reifen Ángel, auch wenn ihr Vater von der Verbindung offenbar keineswegs begeistert ist. So entspinnt sich direkt unter den Augen der Gemahlin eine Liebesbeziehung. Lange sieht sich María Luisa das Techtelmechtel jedoch nicht an. Sie verläßt schon bald das Haus. Es dauert allerdings noch einige Jahre, bis sie in eine Scheidung einwilligt.

Ángel Castro spielt für seinen Sohn Fidel eine kaum zu unterschätzende Rolle. Fidel hat nicht nur seine für Kubaner imposante Statur von seinem Erzeuger geerbt. Auch das nötige Quentchen Glück und den Machtinstinkt scheint er vom Vater mitbekommen zu haben. Ángel hat einen Riecher für alles, was mit Geld zu tun hat. Kurz nach seinem Einstieg ins Transportgeschäft besitzt er schon eigene Eisenbahnwaggons. In den ersten beiden Jahrzehnten des 20. Jahrhunderts herrscht Goldgräberstimmung, das Zuckergeschäft boomt, der Weltmarkt verlangt nach kubanischem Rohrzucker. Nach der kubanischen »Unabhängigkeit« im Jahr 1899 kaufen die Altagracia Sugar Company, die Bahamas Cuban Company, die Miranda Sugar State und die United Fruit Company immer mehr Land zu lächerlichen Preisen zusammen oder eignen sich Ländereien an, deren Besitzer keine notariellen Urkunden vorweisen können, was im ländlichen Raum häufig der Fall ist. Unaufhaltsam breitet sich das Zuckerrohr aus und verschlingt das fruchtbare Ackerland, auf dem früher Kartoffeln und andere Produkte des täglichen Bedarfs angebaut wurden. Viele der ehemaligen Bauern müssen sich nun als Tagelöhner durchschlagen. Doch Arbeit gibt es nur wenige Monate im Jahr während der Zafra, der Zuckerrohrernte, den Rest des Jahres dürfen die Landarbeiter zusehen, wie sie sich ernähren. Es gibt allerdings auch Profiteure, und zu denen gehört Ángel Castro. Nicht auf den Kopf gefallen, bringt er sich in den Besitz von Ackerland, das an die Besitzungen der US-Oligopole angrenzt. Dort baut er selbst Zuckerrohr an oder verpachtet das Land an die Konzerne weiter. In den besten Zeiten befinden sich rund 1800 Hektar im Familienbesitz, und Ángel beschäftigt bis zu 600 Menschen. Damit jedoch längst nicht genug: Zweimal gewinnt Ángel den Hauptpreis in der kubanischen Lotterie, einmal beträgt der Gewinn mehr als 100 000 US-Dollar.

Vom armen Einwanderer steigt Ángel Castro zum typischen Kaziken auf, einer Art Regionalfürst, wie sie auf Kuba und im Rest Lateinamerikas eine lange Tradition haben. Ursprünglich ist der Kazike ein indianischer Dorfhäuptling, doch die Hacienderos treten nahtlos an seine Stelle. In den Gemeinden, denen sie offiziell oder inoffiziell vorstehen, ist ihr Wort Gesetz. Dazu gehört aber auch, daß Ángel zumindest in gewissem Maße Verantwortung für das Wohlergehen seiner Arbeiter und deren Familien übernimmt. Unter anderem richtet er in Birán eine kleine Schule ein, in der später sein Sohn Fidel und dessen Geschwister neben den Kindern der Bauern und Landarbeiter wenigstens für kurze Zeit die Schulbank drücken. Daneben eröffnet er eine Telegraphenstation und einen Laden, in dem Lina wichtige Lebensmittel und Haushaltswaren an die Landbevölkerung verkauft. Außerdem übernimmt Ángel die Arztkosten für seine Arbeiter und deren Familien. Auch von diesem patriarchalen Selbstverständnis des Vaters hat Fidel noch einiges mitbekommen, sein revolutionäres Programm hat viel vom Herrschaftsstil des Vaters.

Dieses geistige Erbe hindert Fidel allerdings nicht daran, das materielle Erbe seines Vaters mit Füßen zu treten. Ángel Castro stirbt im Jahr 1956, zwei Jahre vor dem Triumph seines Sohnes. Als Fidel in Havanna einzieht, besitzt die Familie ungefähr 800 Hektar und hat fast 10 000 Hektar dazugepachtet. In der Agrarreform des Jahres 1959 wird der gesamte Besitz enteignet, und Mutter Lina, die im Jahr 1963 stirbt, bleibt nichts als die Finca der Familie. Juanita Castro, die später aus dem Exil gegen die Politik ihres Bruders wettert, behauptet, die Mutter habe es ihrem Sohn nie verziehen, daß er sie seiner Revolution geopfert habe. Doch die Agrarreform ist keineswegs der erste Anlaß, bei dem der Sohn sich am Familienbesitz vergreift. Als Fidel 1958 von der Sierra Maestra aus gegen das Regime Batistas kämpft, läßt er auch die Zuckerrohrfelder der eigenen Familie anzünden. Genauer gesagt sind die Besitzungen von Mutter Ruz die ersten, die in Flammen aufgehen. Durch diese Erfahrung vorgewarnt, schreibt Lina daher während der Raketenkrise 1962 an ihren Sohn, er möge doch bitte bei seinem »neuen Krieglein« darauf achten, daß ihr Haus und ihr Geschirr keinen Schaden nähmen, und bitte daran denken, daß sie sich im Haus aufhalte.

★

Das Leben des jungen Fidel in Birán erinnert ein wenig an die Abenteuer des Tom Sawyer. Der Junge unternimmt schon früh ausgedehnte Erkundungsstreifzüge durch die Ausläufer der Sierra Maestra, was ihm in seinem späteren Leben als Revolutionär noch zugute kommen wird. Mit dem Pferd durchstreift er die Hochebene von Pinares de Mayarí, er geht im Río Birán und den Tümpeln der Umgebung schwimmen, er angelt und bereitet sich – unbewußt natürlich – körperlich und geistig auf sein späteres Leben als Guerillakämpfer vor, während die Natur, vor allem die der Sierra Maestra, zu einem seiner wichtigsten Verbündeten wird.

Mit vier Jahren wird Fidel eingeschult und besucht mit seinen Geschwistern die Schule, die sein Vater in Birán eingerichtet hat. Es ist nicht mehr als ein kleines Holzhäuschen mit Blechdach und Tischen und Stühlen aus rostigen Metallrohren. Zusammen mit rund zwanzig anderen Landkindern, die meisten älter als er und viele mit ihm verwandt, lernt er das kubanische ABC, die Hymne, das Wappen und die Fahne. Von seinem Vater lernt er, Wissen wertzuschätzen. Als Analphabet hat Ángel eine geradezu abergläubische Hochachtung vor der Bildung, er verlangt von allen seinen Kindern, daß sie die Schule regelmäßig besuchen, und duldet keine schlechten Leistungen. Linas Mutter Dominga, eine gestandene Landfrau, kann gar nicht verstehen, warum Ángel auf starke Arme für die Feldarbeit verzichtet und seine Kinder statt dessen völlig sinnlos Hefte vollkritzeln und in Büchern herumblättern läßt.

Das Haus der Castros steht auf großen Pfeilern, die es vor den tropischen Wirbelstürmen schützen sollen, wie sie die Insel Jahr für Jahr zwischen Juli und November heimsuchen. Darunter hält die Familie Hühner und Schweine und lagert Säcke mit Bohnen und Reis. Der Fußboden ist aus Holz. Die Hausangestellten und die kubanischen und haitianischen Landarbeiter leben auf dem Grundstück. Dieses alltägliche Zusammenleben prägt den Charakter des jungen

Fidel. Rasch begreift er den Unterschied zwischen Haben und Mangel, eine Erkenntnis, die ihn ein Leben lang prägt. Jahre später, als er auf der Isla de Pinos in Haft sitzt, notiert er: »Meine Mitschüler, Kinder einfacher Bauern, kamen ohne Schuhe zur Schule und trugen meist erbärmliche Kleidung. Sie lebten in extremer Armut. Sie lernten nur mit Mühe die ersten Buchstaben und verließen kurz darauf die Schule, um in einem Meer ohne Boden und ohne Hoffnung, einem Meer der Ignoranz und der Armut zu versinken, ohne daß einer von ihnen dem unvermeidlichen Unglück hätte entgehen können. Heute folgen ihnen ihre Kinder nach, und auf ihren Schultern tragen sie die Last des gesellschaftlichen Fatalismus.« Fidel hat einen Klassenkameraden, der eines Tages nicht mehr zur Schule erscheint. Als er ihn trifft und ihn fragt, warum, erzählt ihm der Junge, er habe keine Kleidung. Also schenkt ihm Fidel seine Schuhe und ein Hemd.

Fidel erlebt von klein auf die Armut der kubanischen Landbevölkerung. Er spielt mit den Kindern von kubanischen und haitianischen Landarbeitern, ißt in ihren Häusern und lernt ihre Bräuche und ihren Glauben kennen. Nach dem Vorbild seines Erzeugers schlüpft er in die Rolle des Kaziken, der das Leben der armen Landbewohner teilt, ohne wirklich ein Teil davon zu sein, und der seinen Untergebenen mal mit Zorn, mal mit Wohlwollen begegnet. Ganz wie das Bild des klassischen Patriarchen, unter dessen behütenden Mantel sich die Schutzbefohlenen drängen.

Von seiner Mutter hat Fidel eine gehörige Portion Stoizismus mitbekommen und den eisernen Willen, moralischen und körperlichen Widrigkeiten zu trotzen. Diese Zähigkeit zeichnet ihn bis heute aus. Als er im Herbst 2004 vor laufenden Kameras stürzt, unterdrückt er jedes Anzeichen von Schmerz und verkündet den verdutzten Reportern, er habe sich vermutlich etwas im Knie und im Arm gebrochen. Im darauffolgenden Jahr macht er sich während eines Interviews mit dem ehemaligen Fußballstar Diego Maradona über die CIA-Propaganda lustig, nach der er unter Parkinson leide. Dann zückt er die Uhr, mißt seinen Puls und verkündet den versammelten Reportern stolz, er habe einen Puls von fünfundsechzig. »Nicht schlecht, oder?«

Genauso wie der junge Fidel es liebt, über das freie Feld zu reiten, durch die Berge zu wandern, im Fluß zu schwimmen und auf diese Weise die Natur kennenzulernen, so faszinieren ihn auch Bücher. Er verschlingt Romane und Epen ebenso wie Darstellungen der Geschichte und Natur Kubas. Es macht ihm besondere Freude, wenn ihm sein Halbbruder Pedro Emilio bei seinen Besuchen von den Kriegen der Römer und Griechen erzählt oder wenn der Vater ihm die Heldentaten der kubanischen Revolutionäre im Unabhängigkeitskampf gegen die Spanier schildert. Von Beginn an macht er durch sein ungewöhnlich gutes Gedächtnis von sich reden. Er lernt in kürzester Zeit Gedichte auswendig und reißt Seiten aus Büchern heraus, um sie dann Wort für Wort wiederzugeben. Schon hier begegnen wir einem Menschen, der nicht nur besondere Fähigkeiten besitzt, sondern der darauf bedacht ist, sich durch diese Fähigkeiten die Bewunderung anderer Menschen zu verschaffen. Er genießt es über alles, sich zur Schau zu stellen und von anderen bewundert zu werden. Anhänger sagen, trotz der vielen Frauen in seinem Leben sei seine wahre Liebe die Revolution. Böse Zungen meinen jedoch, daß er die Revolution vor allem deshalb liebe, weil sie einen so bewunderungswürdigen Revolutionär hervorgebracht habe, nämlich ihn selbst. Wie dem auch sei, schon als Kind legt er es immer wieder darauf an, allen anderen zu beweisen, daß er ihnen haushoch überlegen ist. Wie sein Bruder Ramón später sagt: »Schon damals mußten wir mit seinem Gedächtnis zusammenleben.«

★

Die Lehrerin an der Schule in Birán heißt Eufrasia Feliú, genannt Eufrasita, und sie ist die erste, die sich der ungewöhnlichen Intelligenz des Jungen annimmt, wenn auch in nicht ganz uneigennütziger Weise. Die wortgewaltige Dame überredet Ángel Castro im Jahr 1933, sie mit Fidel und Angelita nach Santiago de Cuba umziehen zu lassen, um dort nach einer Schule zu suchen, die den vielversprechenden Fähigkeiten der beiden Kinder entspreche. Die Schule ist rasch gefunden, und im darauffolgenden Jahr kommt Ramón nach und bringt auf Bitten von Eufrasita eine Haushälterin aus Birán mit, die die kleine Familie versorgt. Wenig später ziehen auch der kranke Vater von Eufrasita und dessen Schwester mit ein, die sich mühsam

22

von gelegentlichem Klavierunterricht ernährt. Im ganzen leben nun sieben Personen unter einem Dach, und zu essen gibt es tagaus, tagein Bohnen, Reis, Kartoffeln und Bananen und manchmal auch gar nichts. Damals erfährt Fidel am eigenen Leibe, was es bedeutet, so arm zu sein wie die meisten seiner Landsleute.

Von der Anwesenheit der übrigen Familienmitglieder erzählt Eufrasita in Birán natürlich nichts. Hätte Ángel davon gewußt, hätte er eins und eins zusammengezählt und erkannt, daß der Bildungsplan für die Kinder in Wirklichkeit nichts anderes war als ein Haushaltsplan für Eufrasitas Familie. Zum Glück für die Kinder und zum Unglück für die Familie kommt der Vater eines schönen Sonntags zu einem Überraschungsbesuch nach Santiago de Cuba. Als er den Zustand der Wohnung und der Kinder sieht, bekommt er einen Tobsuchtsanfall und nimmt die Kinder sofort mit zurück nach Birán.

Fidel freut sich, endlich wieder auf dem Land zu sein. Neben der Natur mit ihren Bienen und Blüten lernt er in Birán auch die menschliche Natur kennen. Schon im zarten Alter von sieben Jahren sieht und berührt er zum ersten Mal die Schamlippen einer Frau. Es handelt sich um Nereida, das Kindermädchen der Familie, die vermutlich auch Vater Ángel gut gefällt. Lina jagt sie schließlich aus dem Haus.

Mit Eufrasitas Ausflug nach Santiago ist das Abenteuer Bildung noch längst nicht vorbei. Doch zwischen Fidel und einer formalen Ausbildung in einer der meist konfessionellen Schulen steht die Tatsache, daß er nicht getauft ist und als illegitimes Kind gilt. Das ändert sich, als er sieben Jahre alt ist und Ángel endlich die Scheidung von María Luisa erwirkt und Lina heiraten kann.

★

Der Name Fidel kommt vom lateinischen *fidelis*, treu. Der Nachname Castro leitet sich ursprünglich vom lateinischen *castrus*, Kraft, und direkter vom spanischen *castrense*, Soldat, her. Den Vornamen erhält Fidel nach dem Mann, der ursprünglich sein Taufpate hätte werden sollen: Fidel Pino Santos, ein einflußreicher Mann und Kredithai, der Geld zu einem Jahreszins von zwanzig Prozent verleiht und der vor allem von den Besitztümern der Leute lebt, die ihre Hypotheken nicht bezahlen können und deren Besitz deshalb zwangsversteigert wird. Ángel macht das eine oder andere Geschäft mit ihm. Lina haßt ihn von ganzem Herzen.

Als die Kinder von Lina Ruz schließlich getauft werden, wird Pino Santos jedoch Pate des sechsten und vorletzten Kindes von Lina und Ángel, das am 3. Juni 1931 geboren wurde: Raúl Modesto Castro Ruz. An seiner Stelle übernimmt Luis Hibbert, Konsul Haitis in Santiago de Cuba und Geschäftspartner Ángel Castros, bei Fidel die Rolle des Taufpaten. Fidel Castros spätere Gegner verweisen gern darauf, daß ausgerechnet Hibbert die haitianischen Billigarbeiter nach Kuba brachte, die für zusätzliche Armut und sozialen Sprengstoff im Land sorgten: Hibbert schleust sie nach Kuba ein, und Ángel Castro heuert sie für die US-amerikanischen Konzerne an.

Durch die verschiedenen Irrungen und Wirrungen Ángel Castros mit seinen Frauen kommt Fidel schließlich zu drei Geburtsurkunden: Auf der ersten wird die Geburt eines Fidel Hipólito Ruz González am 13. August 1927 festgestellt, auf der letzten schließlich ist als Name Fidel Alejandro Castro Ruz und als Geburtsdatum der 13. August 1926 vermerkt. Immerhin geht der Vater nicht soweit, den Sohn zu Ehren des Taufpaten in Luis Alejandro umzutaufen. Aber auf diese Weise steigt Fidel schließlich vom Bastard zum legitimen Sohn auf.

Fidel Castro wird am 19. Januar 1935 in der Kathedrale von Santiago de Cuba von dem katholischen Priester Enrique Pérez Serrantes getauft. Die Wahl wird sich noch als besonders glücklich erweisen, denn der Geistliche wird 1953 nach dem ersten mißglückten politischen Abenteuer Fidels noch einmal eine wichtige Rolle spielen und ihm das Leben retten.

Nach der Taufe kann Fidel am Colegio La Salle in Santiago eingeschult werden. Im Kollegium der Lasallisten, die nach dem Ordensgründer Jean Baptiste de La Salle benannt und in Deutschland als »Brüder der christlichen Schulen« bekannt sind, gibt es Internatsschüler und Externe. Fidel wird zunächst als Externer eingeschrieben und lebt bei seinen Taufpaten, Luis und Belén Hibbert, in Santiago. Doch allem Anschein nach werden die beiden nicht mit ihrem Ziehsohn fertig. Immer wieder gerät der Junge mit dem autoritären Luis aneinander und verstößt vor allem bei Tisch gegen die feinen Manieren Beléns. Also kommt er schon bald ins Internat, wohin ihm wenig später seine Brüder Ramón und Raúl folgen. Doch auch dort fällt ihm die Eingliederung nicht leicht. Immer wieder bricht der rebellische Landjunge in ihm durch, zum Beispiel bei einem Ausflug zum Staudamm von Charco Mono: Obwohl das Schwimmen dort strengstens verboten ist, weil das Wehr eine tödliche Gefahr für Schwimmer darstellt, springt Fidel ins Wasser und sichert sich so die Bewunderung seiner Klassenkameraden.

In den Sommerferien kehrt Fidel wieder nach Birán zurück, wo er sich sehr viel wohler fühlt als in der Enge des Internats. Hier nimmt er seine Streifzüge durch die Sierra Maestra wieder auf und lernt im Laufe der Jahre die Hochebene von Pinares de Mayarí kennen wie seine Westentasche. Unter anderem klettert er auf den höchsten Gipfel der Region, den Mayarí de Cima. In dieser Zeit entdeckt er auch seine Liebe zum Baseball. Wenn er nicht selbst auf den Feldern um die elterliche Finca seine Wurfhand trainiert, dann lauscht er vor dem Radio den Übertragungen der Spiele seiner Lieblingsmannschaften aus der kubanischen Liga.

Bis 1938 halten es Fidel und die Lasallisten miteinander aus, dann trennen sich ihre Wege. Sein jähzorniger Charakter, den er sich bis heute erhalten hat, lehnt sich irgendwann mit Macht gegen die Zucht der Brüder auf. Ein Mönch namens Bernardo scheint es besonders auf die Castro-Jungs abgesehen zu haben. Er richtet es immer so ein, daß Raúl nicht am Baseballspiel teilnehmen kann und statt dessen seine Freizeit mit Strafarbeiten verbringt. Als er Fidel eines Tages ebenfalls vom Baseballplatz holt, um ihn zu bestrafen, rastet dieser aus und schlägt auf den Mönch ein. Nach diesem Vorfall werden die drei Brüder der Schule verwiesen.

Vater Ángel ist zornig. Nicht nur auf die Ordensbrüder, denen er jede finanzielle Unterstützung entzieht, sondern auch auf seine Söhne. Wieder in Birán verdonnert er Fidel dazu, ihm selbst im Büro und der Mutter im Laden zu helfen. Auch das kann nicht lange gutgehen. War früher Birán sein Fluchtort vor den Drangsalierungen der Schule, erscheint Fidel nun Santiago als Ort der Freiheit. Als seine Bitten, wieder in die Schule gehen zu dürfen, bei den Eltern auf taube Ohren stoßen, droht er damit, das Haus anzuzünden. Seine Mutter gibt schließlich nach und überzeugt den Vater.

★

25

Bei seinem dritten Aufenthalt in Santiago ist Fidel bei einem Galicier namens Mazorra untergebracht, der dort ein Geschäft für Herrenbekleidung betreibt. Der Bildungsaufenthalt nimmt allerdings einen anderen Verlauf als geplant, denn schon bald muß Fidel am Blinddarm operiert werden und verbringt drei Monate im Bett. In dieser Zeit bekommt er Privatunterricht von einer Hauslehrerin, die ihn auf die Aufnahmeprüfungen für das Colegio Dolores der Gesellschaft Jesu in Santiago vorbereitet.

Fidel besteht die Aufnahmeprüfung und tritt im Alter von neun Jahren in das Jesuitenkolleg Dolores ein. Heute erzählt er gern, daß die Jesuiten sein Bewußtsein für die Ungerechtigkeit in der Welt geweckt hätten. Er erinnert sich, daß ihn die Weltkarte besonders beeindruckte, auf der die afrikanischen Staaten in den verschiedenen Farben der Kolonialmächte eingefärbt waren, die diese Staaten gegen Gesetz und Vernunft besetzt hielten. Bei den Jesuiten, die in Lateinamerika seit jeher für ihre geistige Unabhängigkeit und ihre Parteinahme für die von den Spaniern kolonisierten Völker bekannt sind, will Fidel zum ersten Mal ein Bewußtsein für die sozialen Ungerechtigkeiten in Kuba verspürt haben. Später, in den Sommerferien, bekommt auch der Vater das neue Unrechtsbewußtsein des Spößlings zu spüren: Im Alter von zwölf Jahren versucht Fidel, die Arbeiter der Finca gegen den gewinnsüchtigen Vater aufzuwiegeln und sie zu organisieren, damit sie sich gegen ihre Ausbeutung wehren. Es ist jedoch kaum anzunehmen, daß hier die Geburtsstunde des späteren Feindes des US-Imperialismus schlägt, denn der Teenager Fidel kommt kaum mit politischen Fragen in Berührung.

Die Jesuiten formen den Charakter des jungen Fidel nachhaltig: Die Disziplin des Ordens, der von Ignatius von Loyola mit militärischem Zuschnitt gegründet wurde, stellt ihn vor große Herausforderungen. Auch wenn er die Aufnahmeprüfung mit guten Noten besteht, hat er anfangs Schwierigkeiten, mit den Leistungen seiner Mitschüler mitzuhalten. Die Anforderungen der Jesuiten verlangen ihm ein höheres Maß an Selbstdisziplin ab, als der Landjunge sie gewohnt ist. Doch bei der Gesellschaft Jesu lernt er auch den Gebrauch der Macht und die Vorteile einer perfekt funktionierenden Hierarchie kennen. Und diesmal schafft er es besser als bei den Brüdern der christlichen Schulen, sich einzufügen. Neben seiner Neugierde und seinem Bildungshunger hilft ihm dabei vermutlich auch das strenge Regiment des Vaters, der die Höhe des Taschengeldes von den Noten des Spößlings abhängig macht: Bei schlechten Leistungen wird die Zahlung gekürzt, und Fidel muß auf sein geliebtes Eis verzichten.

★

Mit vierzehn besteht Castro die Abschlußprüfung der Secundaria im Colegio Dolores. Er selbst sagt, er sei einer der besten seines Jahrgangs gewesen. Nachdem der Vater eine neue Geburtsurkunde hat ausstellen lassen, um den Sohn ein Jahr älter zu machen, wechselt dieser ans Jesuitenkolleg Belén in Havanna, einer Art gymnasialer Oberstufe, an der er die Zugangsberechtigung zur Universität erwerben kann. Das Colegio Belén ist seinerzeit nicht nur die angesehenste, sondern auch die teuerste Schule auf ganz Kuba. Hier tummelt sich der gesamte männliche Nachwuchs der kubanischen Geldaristokratie.

Fidel fährt mit dem Zug von Santiago nach Havanna, um sich dort einzuschreiben. Sein Vater hat ihm genug Geld mitgegeben, um sich dem neuen Umfeld angemessen einzukleiden. In den weitläufigen Hallen des Colegio Belén lernen mehr als 1000 Jungen, von denen 200 in einem Internat leben, 200 ganztägigen Unterricht erhalten und im Refektorium der Schule verpflegt werden und die restlichen etwa 600 als Tagesschüler eingeschrieben sind. Die Oberstufenschüler sind, wie es in katholischen Schulen üblich ist, in drei Klassen eingeteilt: die jüngste oder erste, die mittlere oder zweite und die älteste oder dritte Klasse. Entsprechend diesen Klassen sind die Internatsschüler, ebenfalls getreu der katholischen Tradition, auf die erste, zweite und dritte Etage des Dormitoriums verteilt.

Nach dem Motto »ora et labora« des heiligen Benedikt teilen die Jesuiten den Tagesablauf ihrer Zöglinge streng in Gebet, Unterricht, Studium, Sport und Mahlzeiten ein. Es geht, mit anderen Worten, darum, möglichst viel zu beten, zu arbeiten und sich sportlich zu betätigen, um Körper und Geist stets mit heiligen, gesunden und produktiven Angelegenheiten beschäftigt zu halten.

Unter der strengen Disziplin der Jesuiten im Colegio Belén entwickelt Fidel die Fähigkeit, eine Führungsrolle zu beanspruchen und diese auch gegen Widerstände einzunehmen. Es wird ihm nicht leichtgemacht, denn für die Söhne der privilegierten Klassen ist der Junge aus der Provinz gesellschaftlich ein Unberührbarer. Deshalb hält er sich abseits und versucht, wie schon in Birán, durch aufsehenerregende Leistungen seine Überlegenheit zu beweisen. Seine Noten sind bemerkenswert, und auch auf dem Gebiet des Sports tut er sich hervor. In Belén stehen ihm die besten Sporteinrichtungen zur Verfügung: Es gibt eine Turnhalle, eine Tartanbahn, einen Hartplatz für Basketball und Volleyball sowie einen Rasenplatz für Baseball, den Nationalsport der Kubaner, und Fußball, die Sportart par excellence der Jesuiten und Lasallisten. Fidel ist in der Fußball-, Baseball- und Leichtathletikmannschaft und vertritt das Colegio in Wettkämpfen mit anderen Schulen.

In Belén hat er keine wirklich guten Freunde, doch er versammelt zahlreiche Bewunderer um sich, die vor allem seine sportlichen Leistungen bejubeln. Mit der Fußballmannschaft des Colegio wird er sogar Meister der kubanischen Jugendliga. Sein Lieblingssport ist jedoch nach wie vor Baseball: Dank seines Rufes als bester Werfer der Schule erhält er den Spitznamen »Kurvenkönig«. Im Schuljahr 1943/44 wird er gar zum besten Athleten der Schule gewählt.

Auch seine schulischen Leistungen sind tadellos. Am Ende des ersten Jahres erhält er beispielsweise 100 von 100 möglichen Punkten in Psychologie, 97 in Englisch, 96 in Spanisch, 92 in kubanischer Geschichte, 90 in Geographie und 82 in Mathematik. Im letzten Jahr bekommt er 100 Punkte in Logik, 98 in der Geschichte des amerikanischen Kontinents, 90 in Spanisch und 75 in Französisch. Schon in der Schule ist er für seine Redegabe bekannt.

So wie er durch seine sportlichen und akademischen Leistungen auffällt, macht er auch durch sein soziales Verhalten auf sich aufmerksam. Er ist einer der wenigen Schüler, die soziale Kontakte zu den Angestellten des Internats unterhalten. Ein Helfer der Krankenstation erinnert sich, Fidel sei »offen und freundlich« gewesen, »anders als die Mehrheit der Schüler, die aus reichen Familien kamen, ihren ausgesuchten Kreis hatten und sich nicht mit dem Personal der Schule abgaben«. Das mag nach einer propagandistisch geschönten Selbstdarstellung des Revolutionsführers klingen, der sich nachträglich ein volksnahes Image geben möchte, diese Einstellung wird ihm jedoch immer wieder von Freund und Feind bescheinigt. Und sie paßt zu seiner gesamten Biographie: Anders als die Eliten der Hauptstadt ist der Landjunge nicht an Klassengrenzen und Standesdünkel gewöhnt. Im Gegenteil, er wird ihr Opfer, denn die Söhne der Geldaristokraten bewundern ihn zwar als Sportler, doch sie geben sich ansonsten kaum mit ihm ab. In seiner Schulzeit in Havanna erwirbt Fidel ein gesundes Mißtrauen gegen die städtischen Eliten und lernt, sich lieber an die unteren Klassen zu halten.

★

In Belén ist Fidel für die Schulbücherei zuständig. Tag für Tag holt er Bücher aus den Regalen und sortiert sie wieder ein, schließt abends die Fenster, schaltet das Licht aus und verläßt die Bibliothek als letzter. Dorthin zieht er sich gern zurück, hier ist seine eigene Welt. Dort denkt er nach und lernt, sich zu konzentieren. Vor allem aber liest er: Cicero, Demosthenes, Aristoteles, Platon, Mirabeau, Rousseau, Diderot und Napoleon. Zum ersten Mal begegnet er hier den Schriften des kubanischen Freiheitskämpfers José Martí, der in den kommenden Jahren zu seiner politischen Leitfigur werden wird. Aber er liest auch die Bibel, die Geschichten von Moses, dem Roten Meer und dem Gelobten Land sowie die Schilderungen der Schlachten und Kriege.

Später erzählt Fidel in einem Gespräch mit Frei Betto: »Ich glaube, in der Heiligen Schrift habe ich zum ersten Mal von Kriegen gehört, will sagen, die Bibel hat in mir ein gewisses Interesse an der Kriegskunst geweckt. Mich faszinierten diese Geschichten von der Zerstörung der Mauern von Jericho durch Josua bis zu Samson mit seinen Riesenkräften, der einen ganzen Tempel mit bloßen Händen einreißen konnte. Die ganze Geschichte des Alten Testaments, von Jonas und dem Wal, der Babylonischen Gefangenschaft und dem Propheten Daniel. Das sind alles wunderbare Geschichten. Und dann das Neue Testament mit der Geschichte der Kreuzigung Jesu. Das alles machte einen großen Eindruck auf mich als Kind und Jugendlicher.«

Als Fidel 1945 die Abschlußprüfung in Belén besteht und die Schule verläßt, hat er fast neun Jahre jesuitische Erziehung hinter sich. Diese Erziehung hat ihn in vielerlei Hinsicht geprägt, er verdankt ihr seine Disziplin, seinen Gerechtigkeitssinn und seine ethische Festigkeit. Hier erhält er das Handwerkszeug, das ihn zum späteren Máximo Líder befähigt: Er lernt logisches und systematisches Denken, mit dem er später politische Situationen einschätzt, er schult seine Redegabe, mit der er die Massen auf seine Seite bringen wird, und er schafft sich ein gewaltiges intellektuelles Kapital an, aus dem er schöpft, um sich und seine Mission in der kubanischen Geschichte zu verankern. Seine ausgeprägte Vorstellung von Märtyrertum, die Bereitschaft, für eine gute Sache wenn nötig zu sterben, bezieht er aus den Predigten der Jesuiten. Vor allem aber lernt er, ein einmal gestecktes Ziel mit Hartnäckigkeit und Opferbereitschaft bis zum Ende zu verfolgen. Bei den Jesuiten erlebt er aus eigener Anschauung, daß Disziplin die Grundlage für jede Unternehmung ist, und daß ein Mensch jedes Vorhaben zum Erfolg führen kann, wenn sein Wille und seine Disziplin nur groß genug sind. Er lernt, selbst in schier ausweglosen Momenten den Mut nicht sinken zu lassen, um erst zu überleben und dann die Niederlage in einen Triumph zu verwandeln. So erklärt sich vielleicht auch einer der scheinbar verrücktesten Momente im Leben Fidel Castros. Am 18. Dezember 1956, wenige Tage nachdem seine kleine Rebellengruppe, von Mexiko kommend, in Kuba gelandet und von der Armee Batistas aufgerieben worden ist, ruft er triumphierend aus: »Und jetzt gewinnen wir den Krieg ganz sicher!« Und das in einem Moment, in dem er nur noch eine Handvoll Guerillakämpfer und ganze sieben Gewehre zur Verfügung hat.

Doch dem jesuitischen Gedankengut schwört er später ab und erklärt: »Ich bin im schlimmsten reaktionären Geiste erzogen worden und habe viele Jahre an Obskurantismus, Aberglaube und Lügen verloren.« Auch die elitäre Kultur der Jesuiten lehnt er ab: »Die Kultur der Reichen, der Großgrundbesitzer, hat mich nie erreicht. Ich glaube, wenn ich der Enkel oder gar der Urenkel eines Großgrundbesitzers gewesen wäre, dann hätte ich die schändliche Kultur und das Bewußtsein dieser Klasse mitbekommen und hätte nicht das Glück gehabt, der bürgerlichen Ideologie zu entkommen.«

Als er 1945 mit offiziell neunzehn Jahren die Hochschulreife in der Tasche hat, ist Fidel Castro freilich noch nicht soweit, sich von den Jesuiten loszusagen. Einige Jahre später verteidigt er sogar in einer öffentlichen Debatte das konfessionelle Bildungssystem. Was er allerdings schon als Pennäler nicht ausstehen kann, das ist die religiöse Routine der Jesuiten, die tägliche Messe und vor allem die berüchtigten zweitägigen spirituellen Exerzitien mit ihren drastischen Schilderungen der Hölle.

Doch das ist nun vorbei, und für Fidel beginnt ein neuer wichtiger Lebensabschnitt. Am 27. September 1945 schreibt er sich an der Juristischen Fakultät der Universität Havanna ein und steigt zum ersten Mal die berühmte Escalinata, die Treppe der wichtigsten Hochschule der Karibik, hinauf.

2

Lehr- und Wanderjahre

»Hast du Lust, Politik zu machen?« fragt Fidel an seinem ersten Tag an der Universität in Havanna seinen Kommilitonen Alfredo Esquível, der sich wie er für das erste Semester Jura einschreibt. Es ist möglicherweise das erste Mal, daß der junge Mann das Wort »Politik« überhaupt in den Mund nimmt. In den Jahren, die er in den Schulen der Jesuiten verbringt, lebt er weit weg von den politischen Realitäten der Insel und interessiert sich für alles, nur nicht für das politische Tagesgeschehen. Er ist ein »politischer Analphabet«, wie er später selbst sagt. Doch die Universität ist eine völlig andere Welt, und Fidel gibt sich ihr auf seine Weise mit demselben Ehrgeiz hin wie zuvor dem Sport. Die Hochschule wird die politische Schule des künftigen Revolutionsführers: Binnen kürzester Zeit verwandelt sich der unpolitische Jesuitenzögling in einen kalkulierenden Machtpolitiker und mit allen Wassern gewaschenen Machiavellisten, der es versteht, Bündnisse zu schmieden und sich mit ihrer Hilfe unaufhaltsam nach oben zu arbeiten.

★

In den vierziger Jahren ist die Universität von Havanna – wie die meisten Universitäten Lateinamerikas damals und heute – in erster Linie ein politischer Ort. Und zwar im weitesten Sinne: Wer ein Studium aufnimmt, dem geht es erst in zweiter Linie um eine solide inhaltliche Ausbildung; viel wichtiger ist es, Kontakte zu Kommilitonen und dem jeweiligen Berufsstand zu knüpfen, um sich eine möglichst gute Ausgangsposition für das Leben nach der Universität zu verschaffen. An den Universitäten des Kontinents, und insbesondere in den juristischen Fakultäten, wächst aber auch die zukünftige politische Elite des jeweiligen Landes heran. Parteien rekrutieren hier ihre neuen Mitglieder, und die Studenten rangeln um studentische Führungspositionen, die ein Sprungbrett zur politischen Karriere außerhalb der Universität sein können. Das macht die Universitäten in ganz Lateinamerika zu einem Brennglas für die sozialen Verhältnisse und die Auseinandersetzungen innerhalb der jeweiligen Gesellschaft.

Auf Kuba sind die Verhältnisse selbst für Lateinamerika reichlich chaotisch. Die Gründe dafür reichen mehr als ein Dreivierteljahrhundert zurück. Mitte des 19. Jahrhunderts ist das »immer treue Kuba« eine der letzten amerikanischen Besitzungen im einstigen spanischen Weltreich. Doch im Aufstand von 1868 erheben sich auch die Kubaner gegen die europäischen Kolonialherren. Der erste Unabhängigkeitskrieg wird nach mehr als zehn Jahren schließlich blutig niedergeschlagen. Waren die Separatisten schon während des Krieges uneins über ihre Ziele, zerfallen sie nach der Niederlage endgültig in zerstrittene Gruppen. Einige sprechen sich für eine gemäßigte Autonomie innerhalb des Kolonialreiches aus, andere plädieren für einen Anschluß an die USA, wieder andere verlangen die völlige Unabhängigkeit. Daneben entstehen soziale Bewegungen, die etwa für die Rechte der ehemaligen afrikanischen Sklaven auf Kuba eintreten, die erst 1886 für frei erklärt werden. Im letzten Jahrzehnt des 19. Jahrhunderts taucht mit dem Dichter José Martí ein charismatischer Führer auf, der in der Lage zu sein scheint, mit seinem nationalen Pathos die verschiedenen Fraktionen wieder zu einen. Im Exil in den USA gründet er 1892 den Partido Revolucionario Cubano (PRC), die Kubanische Revolutionspartei, und tritt für eine unabhängige Demokratie auf Kuba ein. Im Februar 1895 setzt er nach Kuba über, um sich an die Spitze einer neuen Unabhängigkeitsbewegung zu stellen, doch schon wenige Wochen nach seiner Ankunft wird er bei einem kleineren Scharmützel mit der spanischen Armee erschossen. Dadurch wird er zwar für alle nachfolgenden politischen Bewegungen gleich welcher Ausrichtung zum Mythos, der kubanischen Unabhängigkeit ist damit jedoch nicht gedient.

Nach Martís Tod flammen die Kämpfe gegen die Kolonialherren wieder auf, aber auch die internen Querelen der Separatisten nehmen zu. 1898, als der Sieg unmittelbar bevorzustehen scheint, müssen die Kubaner dann mit ansehen, wie ihnen die verdiente Unabhängigkeit von den USA wieder genommen wird. Die Vereinigten Staaten nutzen die mysteriöse Explosion des Kriegsschiffes *Maine* im Hafen von Havanna als Vorwand, um Spanien den Krieg zu erklären. Daß auf Kuba seit längerem ein Befreiungskrieg stattfindet, interessiert sie dabei nicht im geringsten. Unter dem Schlachtruf »Remember the *Maine*, to hell with Spain« trommelt die US-Presse einige Monate lang, bis Präsident McKinley Truppen entsendet, allen voran die Rough Riders von Teddy Roosevelt. Spanien kapituliert, noch ehe es zu schweren Kriegshandlungen kommt, und die USA entsenden eine Besatzungsarmee. Die Generäle der siegreichen US-Armee nehmen keinerlei Verhandlungen mit den Kubanern auf, auch zu den Friedensverhandlungen in Paris werden keine Kubaner eingeladen. Anders als im Fall von Puerto Rico verzichten die Vereinigten Staaten zwar darauf, Kuba zur Kolonie zu machen, doch sie besetzen die Insel, schaffen neue Verwaltungsstrukturen und drücken ihr ein neues Wahlrecht auf. Außerdem sichern sie sich mit Hilfe eines Zusatzes zur neuen kubanischen Verfassung, des berüchtigten Platt-Amendments, das Recht, nach dem Rückzug der Okkupationsarmee jederzeit wieder in die Politik Kubas einzugreifen. Zu Beginn des Jahres 1902 ist Kuba zwar auf dem Papier unabhängig, in Wirklichkeit aber ein Protektorat der USA.

Die Besatzer lassen die Insel im politischen Chaos zurück. Die Gesellschaft ist gespalten zwischen Stadt und Land, zwischen ehemaligen Militärs und Großgrundbesitzern, zwischen weißer und afrokubanischer Bevölkerung, die von den USA eingesetzte Regierung steht auf wackeligen Beinen. Als es 1906 zu einem Aufstand kommt, machen die USA ein erstes und letztes Mal von ihrem Recht Gebrauch und besetzen die Insel erneut. Nach ihrem Abzug 1908 legen sich die Konflikte, und eine den Vereinigten Staaten genehme Politikerelite setzt sich durch. Diese öffnet den US-Konzernen Tür und Tor, immer mehr Land gelangt in die Hände von Trusts wie etwa der berüchtigten United Fruit Company. Kuba verwandelt sich nicht in eine Bananen-, sondern in eine Zuckerrepublik, die Insel wird vor allem von den Interessen der US-Wirtschaft beherrscht. Die Konzerne, die politische Elite Havannas und die Großgrundbesitzer profitieren von einem Zuckerboom, doch auf dem Land spitzen sich die sozialen Probleme dramatisch zu, denn gewachsene kleinbäuerliche Strukturen werden zerstört, und mit den afrikanischstämmigen Einwanderern aus der Karibik schwillt die Zahl der verarmten Saisonarbeiter drastisch an. Mit Beginn der Prohibition in den USA Anfang 1919 nimmt schließlich auch der Einfluß der US-Mafia zu, die den Rumexport kontrolliert und Kasinos und Hotels für durstige Touristen aus dem Norden einrichtet.

Im Jahr 1933 nehmen die inneren Konflikte erneut zu, und nach Unruhen kommt eine Reformregierung unter Ramón Grau San Martín ans Ruder. Doch diese kann sich nicht gegen die Interessen der USA durchsetzen und wird schließlich von Generalstabschef Fulgencio Batista y Zaldívar gestürzt. Wie so viele Politiker beruft auch Grau sich auf José Martí, gründet einen neuen Partido Revolucionario Cubano (PRC), genannt »Auténticos«, und ruft zum Generalstreik auf. Doch Batistas Armee und Polizei gehen hart gegen die Streikenden vor und beenden den Widerstand blutig. Die nachfolgenden Regierungen sind bloße Marionetten der Armee. 1940 läßt Batista sich sogar selbst an die Macht wählen.

Als sich Fidel Castro 1945 an der Universität einschreibt, ist Batista gerade von einer zweiten Regierung Grau abgelöst worden und ins Exil in die USA gegangen. Ramón Grau San Martín hat die Wahlen mit allerhand Reformversprechen gewonnen, doch es zeigt sich schnell, daß auch er sich inzwischen zum korrupten Populisten gewandelt hat. Selbstbereicherung, Bestechung, Postenschacher und politische Morde stehen an der Tagesordnung. Demonstrationen flackern auf und werden niedergeschlagen.

Die Universität von Havanna ist ein getreues Spiegelbild und ein zentraler Schauplatz des politischen Chaos auf Kuba. Es ist kaum eine Übertreibung, den Campus als Kampfplatz zu beschreiben, auf dem sich jeden Tag bis an die Zähne bewaffnete Schlägertrupps gegenüberstehen. Fidel wird später erzählen, der Guerillakrieg in der Sierra Maestra sei weniger lebensbedrohlich gewesen als seine Studienzeit.

★

35

Im Herbst 1945 schreibt sich Fidel Castro für Jura und Wirtschaftsprüfung ein. Im ersten Jahr stehen für ihn elf Kurse auf dem Stundenplan, darunter Allgemeine Staatslehre, Grundlagen des bürgerlichen Rechts und Einführung in die Finanzbuchhaltung. Daneben findet er allerdings noch reichlich Zeit für allerhand andere Aktivitäten. Für Sport zum Beispiel: Wie schon an der Schule, tut er sich an der Universität erneut durch seine sportlichen Leistungen hervor. Er spielt Baseball und Basketball, läuft die 400-Meter-Strecke und betreibt Hochsprung.

Auch durch sein Aussehen erregt der junge Mann überall Aufmerksamkeit. Mit seinen athletischen 1,80 Meter sticht er aus der Menge der ansonsten eher zierlich gebauten Kubaner heraus. Fidel kann und will den Criollo, den Amerikaner mit direkten spanischen Vorfahren, nicht leugnen. Er legt größten Wert auf sein gepflegtes Äußeres. Sein Markenzeichen ist ein dunkler Wollanzug mit feinen Nadelstreifen, den er noch in der größten tropischen Hitze Havannas trägt. Sein Haar ist stets zurückgegelt, das Oberlippenbärtchen fein säuberlich zurechtgestutzt. Die Frauen himmeln ihn an, doch er gibt sich ihnen gegenüber eher zurückhaltend und schüchtern.

Zu Beginn seines Studiums mietet sich Fidel im berühmten Stadtteil Vedado in Havanna ein Häuschen. Die Miete zahlt der Vater, genauso wie das Ford-Cabriolet, mit dem der Sprößling durch Havannas Straßen kurvt. In diesem Häuschen lebt Fidel mit seinen Schwestern Juanita, Emma und Angelita, die an der Mercy Academy studieren, einer Einrichtung des Ursulaner-Ordens aus den Vereinigten Staaten. Doch lange hält es ihn nicht in seinem neuen Domizil: Rastlos zieht Fidel in seiner Studienzeit andauernd von einer Wohnung in die nächste um. Im Laufe der folgenden Jahre wechselt er ein- bis zweimal im Jahr die Unterkunft.

Kaum hat das Semester begonnen, fängt auch schon das politische Leben an der Universität an. Schon in der ersten Woche werden die allgemeinen Wahlen zur Federación de Estudiantes Universitarios (FEU), einer Art Studentenparlament, ausgeschrieben, die neunzig Tage später stattfinden sollen. Jeder Jahrgang ernennt einen Vertreter, und diese Vertreter wiederum wählen innerhalb ihrer jeweiligen Fakultät einen Präsidenten. Die dreizehn Fakultätspräsidenten wählen dann aus ihrer Mitte den Präsidenten der FEU. Bei der FEU handelt es sich aber nicht nur um ein unbedeutendes Studentenparlament, sondern um ein Gremium mit weitreichendem Einfluß in der kubanischen Politik. Daher sind die Wahlen von Stimmenkauf, Drohungen und Morden begleitet, und die Parteien des Landes mischen genauso mit wie die studentischen Banden. »Die Universität verwandelte sich in eine Bastion in Händen der Regierung, der Polizei und des Geheimdienstes«, erzählt Fidel später. »Ich nahm mir daher vor, in die Opposition zu gehen.«

Fidel stürzt sich in die Politik. Oft trifft er sich mit seinen Mitstreitern in einem Austernrestaurant vier Straßenzüge vom Universitätsgelände entfernt, um dort während hitziger politischer Debatten ein paar Dutzend Muscheln zu schlürfen. Seit seiner Kindheit ißt er mit einem Appetit, als würde es am nächsten Tag nichts mehr geben, was einige Psychologen veranlaßt hat, Fidel ein gehöriges Maß an Liebesbedürftigkeit und Unsicherheit zu attestieren. Bei anderen Gelegenheiten trifft er sich mit Freunden, Kommilitonen und Arbeitern, im Parque Aguirre, um die Lage des Landes zu erörtern. Abends ist er oft in der Bar »El Faro« anzutreffen.

Vater Ángel erzählt mit stolzgeschwellter Brust überall in Birán herum, sein Sohn studiere jetzt Jura in der Hauptstadt und werde ihn demnächst in rechtlichen Angelegenheiten vertreten. Doch sein Sohn erweist sich innerhalb weniger Wochen nicht so sehr als eifriger Student, sondern als wahres *zoon politikon*. Angetrieben wird er von einem vagen Idealismus, der vor allem von José Martí befeuert wird. Sein Ehrgeiz ist grenzenlos. Alfredo Esquível erzählt, eines Abends in einem Café hätten er, Fidel und zwei Freunde sich darüber unterhalten, was sie wirklich im Leben erreichen wollten. Alfredo träumt von einem guten Leben mit schönen Frauen, einer der beiden Freunde will Schriftsteller werden, der andere wünscht sich Erfolg im Beruf. Fidel ist derlei Bescheidenheit fremd – er will »Ruhm und Glorie«.

Der Weg führt zunächst über die Universitätspolitik. Fidels erstes Ziel ist es, Präsident der juristischen Studentenschaft und dann der FEU zu werden. Er lernt schnell, wie man Freunde findet und Menschen beeinflußt – das wichtigste Handwerkszeug eines jeden Politikers. Für die Wahl zum Sprecher eines Kurses prägt er sich die Gesichter seiner Kommilitonen ein und spricht sie mit Namen an, wann immer er sie auf dem Universitätsgelände trifft. Damit macht er großen Eindruck und gewinnt die Wahl. Auf einem Wurfzettel, den er verteilt, steht eine Losung von José Martí: »Eine Festung aus Ideen ist besser als eine Festung aus Stein.« Der Freiheitsheld wird ihm für den Rest seines Lebens ein treuer Begleiter sein.

★

Im zweiten Jahr schreibt sich Fidel für Jura und Sozialwissenschaften ein und belegt im ganzen zwölf Kurse. Doch seine politischen und sportlichen Aktivitäten lassen ihm inzwischen kaum noch Zeit für den eigentlichen Zweck des Universitätsbesuchs. Ende September nimmt er an Versammlungen auf der »Escalinata« teil, um gegen die Armut der Bauern zu protestieren und die Abschaffung des Schwarzmarktes zu verlangen. Im Oktober spielt er mit dem Baseballteam der Universität, und am 17. November hält er eine Rede auf einer Veranstaltung zum Gedenken an die Studenten der Universität Prag, die sieben Jahre zuvor von der Gestapo und der SS ermordet wurden. Am 27. November spricht er schließlich auf dem Friedhof Colón als Vertreter der Juristischen Fakultät auf einer Gedenkveranstaltung zu Ehren gefallener Medizinstudenten aus dem Unabhängigkeitskrieg. Fidel nutzt die Gelegenheit zu einem Angriff gegen den Bildungsminister José Manuel Alemán und dessen Verschwendung von Steuergeldern sowie den Präsidenten Ramón Grau San Martín, der zulasse, daß sich die studentischen Gangster in den Reihen seiner Regierung einnisteten, und die Hoffnung des kubanischen Volkes auf eine demokratische Staatsführung zunichte mache.

Diese Rede wird am darauffolgenden Tag in allen Zeitungen der Insel besprochen und macht Fidel Castro über Nacht zu einem bekannten Studentenführer. Mit diesem Paukenschlag endet das Jahr 1946. Anfang 1947 rührt Fidel eifrig die Werbetrommel für die anstehenden Wahlen zum Delegierten seines Jahrgangs. Abends und nachts besucht er seine Kommilitonen in ihren Pensionen und Häusern, um Wahlkampf zu betreiben. Er hält Reden, wo immer er kann, in der Hoffnung, am nächsten Tag einen Bericht darüber in der Zeitung zu lesen, er treibt sich in politischen Komitees herum oder gründet selbst welche.

38

Der Kraftakt lohnt sich: Nach Monaten atemloser Aktivität wird Fidel am 7. März tatsächlich zum Delegierten des zweiten Jahrgangs gewählt. Zwar verliert er die Präsidentschaftswahl am 24. März gegen den Abgeordneten des vierten Jahrgangs, doch dieser tritt schon bald zurück, Fidel rückt nach und wird so zum Präsidenten der juristischen Studentenschaft.

★

Damit steckt er mittendrin im Getümmel der Gangster, die mit den Mitteln des organisierten Bandenkrieges um die studentischen Posten und die Zuwendungen der Regierung ringen. Eine dieser Gruppen ist der Movimiento Socialista Revolucionario (MSR), der von dem ehemaligen Kommunisten Rolando Masferrer angeführt wird, eine andere die Unión Insurreccional Revolucionaria (UIR) des ehemaligen Anarchisten Emilio Tro. Um die einflußreichen Studentenführer bei Laune zu halten, schanzt ihnen Staatspräsident Grau wichtige öffentliche Ämter zu. Mario Salabarría vom MSR kommt auf diese Weise zu einem Posten als Polizeikommandant und Leiter der Kriminalabteilung, Emilio Tro wird gar zum Leiter der Polizeiakademie. Der Präsident der FEU und Mitglied des MSR, Manolo Castro (kein Verwandter Fidels), wird zum nationalen Sportdirektor ernannt. Student im engeren Sinne des Wortes ist keiner dieser Herren. Zwar sind sie sämtlich eingeschrieben und führen ihren Wahlkampf um Ämter auf dem Campus, doch es handelt sich durchweg um gestandene Gangster, die längst über das Studentenalter hinaus sind.

Fidel versucht, auf beiden Seiten mitzuspielen und dabei sein eigenes Süppchen zu kochen. Er ist ein Freund von Manolo Castro und wird eine Zeit lang sogar als dessen Nachfolger gehandelt. Gleichzeitig unterstützt er Emilio Tro bei dessen Übernahme der Polizeiakademie und ermuntert seine Kommilitonen, der UIR beizutreten. Es ist ein Spiel mit dem Feuer. Eine Zeitlang kommt Fidel nur noch bewaffnet zur Universität und kann sich seines Lebens nicht mehr sicher sein. Mario Salabarría droht ihm an, wenn er nicht freiwillig von der Universität verschwinde, dann würde er eben »verschwunden werden«. Das ist durchaus ernst gemeint. Einmal fordert ein Polizist den Studentenführer auf, seine Pistole herauszugeben, da

39

das Tragen von Waffen verboten sei. Der Polizist fordert Fidel heraus, sich eine halbe Stunde später im Baseballstadion mit ihm zu schlagen, und verschwindet, angeblich, um sich umzuziehen. Inzwischen warnen Freunde Fidel, daß rund um den Campus bewaffnete Männer aufgetaucht seien, und raten ihm, sich zu verdrücken. »Es war ein Wunder, daß ich mit dem Leben davongekommen bin«, kommentiert Fidel den Vorfall Jahre später.

Doch auch Fidel ist alles andere als ein Lamm unter Wölfen. Im Gegenteil, er gilt als harter Hund. Unter anderem wird ihm zur Last gelegt, im Auftrag von Manolo Castro einen der Aktivisten der UIR ermordet zu haben. Dann wird er verdächtigt, Manolo Castro selbst umgebracht zu haben, der am 22. Februar 1948 einem Attentat zum Opfer fällt. Und schließlich soll er auch noch einen Zeugen dieses Mordes aus dem Weg geräumt haben. Der Verdacht erhärtet sich nie zur Anklage, und Fidel wird persönlich im Polizeipräsidium vorstellig, um sich zu entlasten. Das Ganze vermittelt einen kleinen Eindruck von der Welt, in der Fidel Castro während seiner Universitätsjahre mitmischt. Er selbst stellt sich später gern als Don Quichotte unter lauter Gangstern dar, dem es vor allem darum gegangen sei, für eine gerechte Sache zu kämpfen.

★

Eine dieser gleichermaßen gerechten wie quichottischen Angelegenheiten ist die Demokratie in benachbarten Karibikstaaten, deren er sich als Präsident eines Komitees zur Unterstützung der Demokratie in der Dominikanischen Republik annimmt. Nachdem er sich vom MSR freies Geleit hat zusichern lassen, schließt er sich in den Semesterferien des Jahres 1947 einer Expeditionstruppe von Kubanern und dominikanischen Exilanten an, die in einem Ausbildungslager auf der kubanischen Felseninsel Confite eine Invasion vorbereiten. Zweck der Aktion ist die Beseitigung des dominikanischen Diktators Rafael Leónidas Trujillo. Neben den zwielichtigen Leuten des MSR und dem ebenso zwielichtigen Bildungsminister Alemán nehmen an der geplanten Invasion auch der Schriftsteller und spätere dominikanische Präsident Juan Bosch und zahlreiche dominikanische Intellektuelle teil. Auf Druck der USA wird die Expedition schließlich von höchster Stelle untersagt. Das hindert die Revolutionäre jedoch nicht daran, trotzdem mit drei Booten in Richtung der Nachbarinsel Hispaniola in See zu stechen. Sie werden schließlich von einem Kanonenboot der kubanischen Küstenwache aufgebracht und schmachvoll wieder nach Kuba zurückgeschickt. Aus Angst, die Leute des MSR könnten noch auf dem Boot kurzen Prozeß mit ihm machen, nachdem sich das gemeinsame Projekt der Invasion zerschlagen hat, springt Fidel in der ersten Aufregung über Bord und schwimmt zu dem gut fünf Kilometer entfernten Inselchen Saetía in der Bucht von Nipe ganz in der Nähe von Birán. So will es zumindest der Mythos, der noch hinzufügt, die Bucht sei in jenem Herbst von außergewöhnlich vielen Haien terrorisiert worden, darunter einem ganz besonders gefräßigen mit dem Spitznamen »Pepe«. Auf der Insel Saetía, die Fidel schon seit seiner Kindheit kennt, schlägt er sich durch die Mangrovensümpfe bis zum Leuchtturm durch, der von einem Freund Ángel Castros bewohnt wird. Der Leuchtturmwärter versorgt ihn mit Essen, Kleidung, einer neuen Pistole und sorgt dafür, daß Fidel auf dem Festland ein Auto bekommt, mit dem er nach Havanna zurückfährt. Das dominikanische Abenteuer ist die erste Erfahrung des künftigen Revolutionsführers als seegängiger Rebell und wird ihm später als Quelle der Inspiration dienen.

Zurück in Havanna, muß Fidel zunächst untertauchen, denn Polizei und Armee suchen nach den flüchtigen Expeditionsteilnehmern, und auch die Leute des MSR sind nicht gut auf ihn zu sprechen. Er versteckt sich im Haus seiner Freundin Mirta Díaz-Balart, die an der Universität von Havanna Philosophie studiert. Kaum daß sich die Lage ein wenig beruhigt und die Sicherheitskräfte ihre Suche einstellen, taucht Fidel wieder auf der Escalinata auf und wettert von dort aus gegen die Regierung.

★

Aufgrund seiner zahlreichen, nicht im Lehrplan vorgesehenen Aktivitäten nimmt Fidel nicht an den Abschlußprüfungen zum zweiten Jahr teil und legt die Prüfungen in den beiden folgenden Jahren als »freier Student« ab. Doch sein studentischer Ehrgeiz scheint unge-

41

brochen: Im neuen Semester schreibt er sich für sage und schreibe zwanzig Kurse ein, darunter auch einer in politischer Ökonomie.

Mit der Umwandlung seines Status zum »freien Studenten«, der nur noch Prüfungen ablegt, aber an keinen Veranstaltungen mehr teilnimmt, kann Fidel sich nicht mehr für Ämter an der Universität zur Wahl stellen. Die Zeit der studentischen Agitation ist damit vorbei. Das heißt jedoch nicht, daß er seine eigenen politischen Ambitionen ebenfalls an den Nagel hängt. Im Gegenteil, er ist längst außerhalb der Universität aktiv.

Unter anderem sucht Fidel die Nähe zu dem Oppositionspolitiker Eduardo Chibás. Dieser ist ursprünglich Mitglied der Regierungspartei der Auténticos von Staatspräsident Grau und gilt als dessen Nachfolger. Als dieser jedoch Arbeitsminister Prío Socarrás fördert, tritt Chibás aus der Partei aus und gründet am 15. Mai 1947 seine eigene Partei, den Partido del Pueblo Cubano (PPC), gemeinhin als »Ortodoxos« bekannt. Neben zahlreichen Professoren und Studenten ist auch Fidel bei der Gründung dabei. Durch sein Radioprogramm, in dem er die Regierung Woche für Woche mit ätzender Kritik überzieht, wird »Eddy« Chibás äußerst populär. Für Fidel bieten die Ortodoxos eine willkommene Plattform, und er versucht nach Kräften, sich zwischen dieser neuen Partei und den alten Verbindungen zur Universität weiter nach oben zu arbeiten. So schnell, wie sich der Jesuitenzögling in einen Studentenführer verwandelt hat, so schnell wird er nun zum ausgebufften Politagitator.

★

Ein schönes Beispiel für Fidels propagandistisches Genie und für seine einzigartige Fähigkeit, die Geschichte Kubas in emotional hochwirksamen Gesten für seine Zwecke einzusetzen, sind die Feiern zum Jahrestag des ersten Unabhängigkeitskrieges gegen die Spanier am 10. Oktober. Grau hat hierfür eine große populäre Demonstration geplant, doch dank Fidel wird die Feier zu einem politischen Desaster für ihn und seine Partei. Das wichtigste Symbol des Unabhängigkeitskrieges und ein ausgewiesenes Nationalheiligtum der Kubaner ist eine Glocke, mit der Rebellenführer Carlos Manuel de Céspedes auf seiner Hacienda in Demajuaga den Beginn des be-

»Ich nahm mir vor, in die Opposition zu gehen.«
Für Fidel, hier mit der berühmten Glocke von Demajuaga,
ist die Universität eine Schule der Politik.

waffneten Widerstandes einläutete. Diese nationale Reliquie befindet sich in Manzanillo und ist Besitztum der Gemeinde. Die Mitglieder des Gemeinderates weigern sich, die Glocke von Demajuaga an Grau herauszugeben, der sie für seine Propagandaveranstaltung nach Havanna bringen will. Statt dessen übergeben sie die Glocke Fidel und einer Gruppe von Studenten, die aus Havanna anreisen und sie im November in die Hauptstadt bringen. Es ist eine der ersten Gelegenheiten, bei denen Fidel sein schier grenzenloses Talent für politische Inszenierungen unter Beweis stellen kann. Es kommt zu einer enormen Kundgebung, die ganze Hauptstadt ist auf den Beinen. In einem offenen Cabriolet wird das Nationalheiligtum vom Bahnhof zum Universitätsgelände gebracht. Neben der Glocke sitzt, den rechten Arm um sie gelegt, in der anderen Hand einen Zeremonienleuchter, kein anderer als Fidel Castro. Während des zweieinhalbstündigen Triumphzuges durch die Stadt wird das Fahrzeug von Abertausenden Kriegsveteranen, Studenten und Bürgern der Stadt Havanna begleitet.

★

Zu dieser Zeit hat Fidel erste engere Kontakte mit den Kommunisten. Es ist ein reines Zweckbündnis, denn mit den Ideen des Kommunismus oder gar mit der Ideologie des Sowjetsozialismus hat er damals noch rein gar nichts am Hut. Im Gegenteil, seine Kommilitonen können ihn politisch kaum verorten und halten ihn manchmal für einen Klerikalen und manchmal für einen Nationalisten. Doch da er sich inzwischen als Gegner der Regierung einen Namen gemacht hat und inmitten der Kleinkriege und Rachefeldzüge der verfeindeten Universitätsgruppierungen nicht schutzlos dastehen kann, erscheint es ihm ratsam, sich Freunde zu suchen. Also trifft er sich heimlich mit Alfredo Guevara, dem Anführer der kommunistischen Jugendorganisation.

Mit diesem unternimmt Fidel im März 1948 auch seine erste wirkliche Auslandsreise. Um seine Verfolger abzuschütteln, schließt er sich Guevara an, der mit einer Delegation der FEU nach Kolumbien reist, um bei der Konferenz der Außenminister des Doppelkontinents gegen die fortgesetzte Kolonialherrschaft der Briten auf den Malvinas und in Belize sowie die Besetzung Puerto Ricos und der Panamakanalzone durch die USA zu protestieren. Bezahlt wird das Ganze von der argentinischen Botschaft, die die Abordnung nach Buenos Aires zum ersten Lateinamerikanischen Studentenkongreß einlädt, der unmittelbar darauf stattfinden soll. Es soll der erste Auftritt des Antikolonialisten Castro werden. Es kommt jedoch etwas anders als geplant.

Nach Stationen in Panama und Venezuela kommen die Kubaner am 1. April in Bogotá an. Dort werden sie zunächst von der Polizei verhört, weil sie verdächtigt werden, regierungsfeindliche Propaganda zu verteilen. Wieder auf freiem Fuß, treffen sie sich mit dem Präsidentschaftskandidaten der Liberalen, Jorge Eliécer Gaitán, einem neuen Hoffnungsträger der lateinamerikanischen Liberalen und Linken. Man versteht sich gut, und ein zweites Treffen wird vereinbart. Doch wenige Stunden vor diesem Treffen am Vorabend der Ministerkonferenz wird Gaitán von einem angeblich Verrückten erschossen.

Gaitáns Mörder wird noch an Ort und Stelle von einer wütenden Menschenmenge gelyncht. Danach kommt es spontan zu gewalttätigen Demonstrationen, die als »Bogotazo« in die Geschichte eingehen. Fünfundvierzig Minuten nach dem Mord an Gaitán stürzt die Regierung. Danach wird in den Straßen drei Tage lang heftig gekämpft, mehrere tausend Menschen kommen ums Leben. Es ist der Auftakt zu einer Reihe von blutigen Konflikten und einer der Auslöser für den späteren Guerilla- und Drogenkrieg. Für Fidel ist der Bogotazo eine erste Lektion in Sachen Revolution. Die kubanischen Studenten geraten in den Strudel der Ausschreitungen in den Straßen Bogotás und nehmen an verschiedenen Demonstrationen teil. Nachdem die Unruhen vorüber sind, besteht weiterhin Gefahr für die Studenten, denn die Sicherheitsbehörden beschuldigen rasch ausländische Kommunisten, für den Aufstand verantwortlich zu sein. In einer Transportmaschine schmuggeln argentinische Botschaftsangehörige Fidel und die übrigen zurück nach Havanna.

Ein kleines Detail verrät einiges über den Charakter des späteren Máximo Líder. So wie er in Havanna stets seinen eleganten Wollanzug trägt, um sich von der Menge abzuheben, so zieht er in Bogotá einen leichten weißen Sommeranzug an. In seiner Autobiographie *Leben, um davon zu erzählen* beschreibt Fidels späterer Intimus Gabriel García Márquez Bogotá als eine Stadt, in der es seit der Conquista durch die Spanier jeden Tag regnet und in der die Menschen das ganze Jahr über dicke Mäntel tragen. Auf einer Höhe von mehr als 2500 Metern und bei Temperaturen von um die 18 Grad muß sich der an die tropischen Temperaturen der Karibik gewöhnte Jungpolitiker schier zu Tode frieren. Aber Hauptsache, er sticht aus der Menge heraus.

★

Aus Bogotá zurück, stürzt sich Fidel in den beginnenden Präsidentschaftswahlkampf und trommelt für Eduardo Chibás und die Ortodoxos. Die Wahlen vom 1. Juni sind eine saftige Ohrfeige: Chibás wird dritter, schlechter als er schneidet nur noch der kommunistische Kandidat ab. Sieger wird Carlos Prío Socarrás, der Kandidat der Auténticos.

Prío Socarrás wird am 10. Oktober 1948, auf den Tag achtzig Jahre nach dem Beginn des ersten kubanischen Unabhängigkeitskrieges, vereidigt. Zwei Tage darauf, am Festtag der Señora del Pilar und am Día de la Raza, dem Jahrestag der Entdeckung Amerikas durch Christoph Kolumbus und dem Tag der hispanischen Rasse, treten Fidel Alejandro Castro Ruz, offiziell zweiundzwanzig Jahre alt, und Mirta Díaz-Balart, tatsächlich zweiundzwanzig Jahre alt, in den heiligen Stand der Ehe ein. Die Feier findet in der Kirche Unserer Barmherzigen Frau in Banes in der Nähe von Birán statt, wo die Familie Díaz-Balart ihre luxuriöse Residenz hat.

Mirta ist die Schwester von Rafael Díaz-Balart, einem Kommilitonen und Freund Fidels, der unter Fulgencio Batista ein hoher Regierungsbeamter wird. Trotz der Freundschaft der Söhne ist die Familie Díaz-Balart gegen die Ehe. Nicht nur, weil Fidel als politischer Raufbold gilt und unter Mordverdacht steht, sondern vor allem wegen seiner familiären Herkunft. Ein galicischer Analphabet und eine dreißig Jahre jüngere Dienstmagd – das ist kein Stammbaum, für den man von einer reichen, großbürgerlichen Familie mit offenen Armen aufgenommen wird. Schon gar nicht, wenn die Kinder außerhalb der Ehe gezeugt worden sind. Doch das Paar läßt sich von dem Vorhaben nicht abbringen.

Vater Ángel ist dagegen stolz auf die Verbindung. Er läßt 10 000 US-Dollar für die Hochzeitsreise springen und übernimmt von nun an die Lebenshaltungskosten der jungen Familie. Die Flitterwochen verbringt das Paar in den Vereinigten Staaten. Fidel ist besonders von New York fasziniert: Die Wolkenkratzer, die Menschenmassen in den Straßenschluchten, der Autoverkehr und vor allem die vielen Geschäfte beeindrucken ihn. Inspiriert von der Umgebung, kauft er sich hier Das Kapital von Karl Marx – zumindest erzählt er dies später.

★

Nach der Rückkehr nach Kuba lebt das frischvermählte Paar in bescheidenen Verhältnissen in Havanna in der Nähe der Universität. Doch Fidel ist alles andere als ein Familienmensch. Seine Frau bekommt ihn kaum zu Gesicht. Er nimmt an verschiedenen Protesten und Demonstrationen teil. Von Eddy Chibás lernt er, das Radio als Propagandainstrument zu nutzen, was ihm in den Jahren in der Sierra Maestra noch gute Dienste leisten wird; in den Radioprogram-

»Für wirtschaftliche Unabhängigkeit, politische Freiheit und
gesellschaftliche Gerechtigkeit!«
Fidel betreibt seinen Wahlkampf vor dem Foto seines Helden Eddy Chibás.

men seines Mentors fordert er vorerst bessere Lebens- und Arbeits-
bedingungen für Arbeiter und Landbevölkerung sowie kostenlose
Bildung und Krankenversicherungen. Als betrunkene US-Matrosen
das Denkmal José Martís im Parque Central schänden, organisiert
Fidel einen Protest vor der US-Botschaft, der brutal niedergeschlagen wird, und auch Fidel bekommt einige Schläge von Polizeiknüp-
peln ab. Doch die neuen blauen Flecken weiß er gut zu nutzen: In der
Presse ist nachzulesen, die Regierung von Carlos Prío Socarrás sei
ein Marionettenregime der USA, ihre korrupte Polizei sei unfähig,
die US-Matrosen zu verhaften, die den großen Nationalhelden be-
sudelt hätten, und knüppele dafür diejenigen nieder, die es in die
Hand nähmen, die nationale Ehre zu verteidigen. Kurzum, Fidel hat
nur noch ein einziges Ziel vor Augen, nämlich die Macht, und seine
Methode, dieses Ziel zu erreichen, ist unermüdliche Propaganda
und Agitation.

Da er sich in der Regierung und unter den Studentenführern
inzwischen viele Feinde gemacht hat, muß er immer wieder untertauchen. So verabschiedet er sich kurz nach der Geburt seines Sohnes Fidelito am 11. September 1949 für vier Monate nach New York.

Vater Ángel gefallen diese Abenteuer gar nicht, und er drängt darauf, daß sein Sprößling endlich sein Studium abschließt. Im September 1950 legt Fidel dann endlich seine Abschlußarbeit vor. Nun sollte für ihn eigentlich das Berufsleben beginnen. Tatsächlich eröffnet er mit zwei anderen Anwälten eine Kanzlei, doch in der hält er sich ungefähr genausohäufig auf wie zu Hause. Als er die Kanzlei drei Jahre später wieder auflöst, hat er umgerechnet gerade einmal 4800 US-Dollar an Honoraren eingenommen. Mit Hilfe der guten Verbindungen seiner reichen Schwiegereltern könnte er problemlos zahlreiche Mandanten gewinnen, einträgliche Prozesse an Land ziehen und ein geruhsames Leben führen, doch das interessiert ihn nicht im geringsten. Er hat allein seine politische Karriere im Sinn, seine Anwaltstätigkeit übt er nur als Mittel zum politischen Zweck aus. Den Unterhalt für die Familie bezahlt weiter der Vater.

Fidels Plattform sind jetzt die Ortodoxos, sein Ziel ist es, auf deren Ticket bei den Wahlen 1952 ins Parlament einzuziehen. Er agitiert, wo er kann, nimmt an Demonstrationen teil, gründet neue Komitees und schreibt wütende Artikel gegen die Korruption und andere politische Mißstände auf Kuba. Nach Kräften unterstützt er Eduardo Chibás, der immer mehr Zulauf erhält, da die Veruntreuung öffentlicher Mittel unter Prío neue Dimensionen annimmt und eine ökonomische Krise heraufzieht. Auch wenn Fidel längst nicht in allem mit Chibás übereinstimmt, scheint es ihm doch nützlich, zumindest eine Zeitlang unter dessen Flagge zu segeln.

Dann geschieht etwas Unfaßbares. Während einer seiner sonntäglichen Radiosendungen behauptet Eddy Chibás, daß sich der Bildungsminister mit Steuergeldern, die den öffentlichen Schulen zuständen, in Guatemala eine Luxusvilla baue. Der Minister verlangt Beweise, doch auch nach zwei Wochen heftiger Wortwechsel kann Chibás keine vorlegen. In der Sendung vom 5. August 1951 ruft Chibás aus:»Genossen Ortodoxe, vorwärts! Für die wirtschaftliche Unabhängigkeit, die politische Freiheit und die gesellschaftliche Gerechtigkeit! Nieder mit den Dieben der Regierung! Kubanisches Volk, steh auf! Kubanisches Volk, wach auf! Dies ist mein letzter Schlag!« Dann schießt er sich mit einer Pistole in den Unterleib. Es wird nie geklärt werden, ob es sich um einen Unfall handelte oder ob Chibás seine Zuhörer möglicherweise nur beeindrucken wollte. Jedenfalls stirbt der Politiker, elf Tage nach seinem tragischen Auftritt, am 16. August im Krankenhaus.

★

Fidel bringt sich sofort als Nachfolger für Chibás als Führer der Ortodoxos ins Gespräch. Er setzt dessen Arbeit fort und sammelt Dokumente, die den Mißbrauch der Regierung Prío dokumentieren. Dabei begeht er nicht den Fehler seines vormaligen Mentors, Behauptungen aufzustellen, die er nicht beweisen kann. Im Gegenteil, in wochenlanger Arbeit häuft er riesige Mengen an Dokumenten über Fälle von eklatanter Korruption und groben Rechtsbrüchen der Regierung Prío an, die er schließlich mit großem propagandistischen Geschick präsentiert. Als Datum seiner Präsentation wählt er den symbolträchtigen 28. Januar 1952, den Geburtstag des Vaterlandshelden José Martí. An diesem Tag legt er dem Obersten Gerichtshof eine fünf Punkte umfassende Anklage vor. In der Manier des von ihm verehrten Émile Zola leitet er jeden seiner Anklagepunkte mit den Worten ein:»Ich klage den Präsidenten der Republik an ...« Das Propagandagenie sorgt außerdem dafür, daß seine Rede am selben Tag unter der Überschrift»Ich klage an« Wort für Wort in der Zeitung *Alerta* abgedruckt wird. Die Radiostation *Voz de las Antillas* sendet die Nachricht über seine Anklage bis zur Erschöpfung.

Fidel arbeitet für zwei, er steht morgens um fünf Uhr auf, hält bis zu vier Reden am Tag, bekommt eine eigene Rundfunksendung, schreibt Artikel für Tageszeitungen und sammelt weiter Beweise gegen die Regierung Prío. Mitte Februar legt er weitere Anklagepunkte vor. Schon wird gemunkelt, die Ortodoxos würden ihn zu ihrem Präsidentschaftskandidaten küren. Doch dann geschieht etwas, das die Hoffnungen Fidels vorerst zunichte macht und seine zivile politische Karriere beendet.

★

In den Monaten vor der Wahl im Frühjahr 1952 herrscht auf Kuba politisches Chaos. Präsident Prío hat die Kontrolle verloren: Die Verwaltung ist gegen ihn, und die Armee verweigert ihm den Gehorsam, als er auf Bitten der USA 25 000 Mann in den Koreakrieg entsenden will. Um seinen politischen Willen durchzusetzen, bedient er sich der Hilfe von Gangstern und Revolverhelden. Die Korruption nimmt bis dahin unbekannte Ausmaße an, die Arbeitslosigkeit schnellt in die Höhe, Demonstrationen sind an der Tagesordnung. Nach dem Tod von Eddy Chibás machen immer wieder Putschgerüchte die Runde.

Als Mann der Stunde gilt der ehemalige Armeechef Fulgencio Batista. Dieser ist schon 1950 aus den USA zurückgekehrt und hat den Partido de Acción Unitaria (PAU) gegründet, mit dem er sich zum Präsidenten wählen lassen will. Doch da es immer weniger so aussieht, als könne er die Wahlen im Juni für sich entscheiden, ändert er die Spielregeln.

In den frühen Morgenstunden des 10. März 1952 betritt Batista mit siebzehn aktiven und ehemaligen Offizieren das Hauptquartier der Armee in Havanna und erklärt sich dort zum Staatsoberhaupt. Ohne Widerstand zu leisten, verschwindet Prío aus Kuba, und mit ihm verschwinden neunzig Millionen US-Dollar aus der Staatskasse.

3

Die Geburt des Revolutionärs

Es heißt, einige Monate vor dem Putsch habe Rafael Díaz-Balart ein Treffen zwischen Batista und Fidel Castro arrangiert. Der ehemalige Armeechef habe Fidel in dessen luxuriöser Finca in Kukine empfangen. Im Verlauf der Unterhaltung habe der junge Oppositionspolitiker versichert, er werde Batista bei einem Militärputsch gegen den Präsidenten Prío unterstützen. Daraufhin habe Batista das Gespräch sofort beendet. Ob die Geschichte stimmt oder nicht – sie zeigt einen wichtigen Charakterzug Fidels, der sein Handeln bis heute bestimmt: Um der Macht willen würde er auch einen Pakt mit dem Teufel schließen.

Der Putsch ist natürlich ein herber Schlag für den ehrgeizigen Nachwuchspolitiker. Politische Beobachter der Zeit sind sich sicher, daß Fidel das Zeug dazu hat, sich über ein Mandat als Abgeordneter zum Präsidentenamt hochzuarbeiten – es scheint nur eine Frage der Geduld zu sein. Er hat einen kometenhaften Aufstieg vor sich, und Batista macht diese Ambitionen zunächst zunichte. Doch zumindest rückblickend profitiert Fidel. Seine Feinde behaupten sogar, er habe mit seiner gezielten Destabilisierung der Regierung Prío den Putsch bewußt heraufbeschworen, um danach eine populäre Bewegung gegen den Diktator anzuführen.

Fidel ist ein gerissener Machtpolitiker, der seine Kraft aus seinen Feinden zieht. Er braucht Fulgencio Batista, so wie er später die USA brauchen wird. An seinen Gegnern schärft er sein Profil, an ihnen wächst er.

★

51

Nach Batistas Putsch taucht Fidel erst einmal unter und versteckt sich im Haus seiner Schwester Lidia. Dort besucht ihn Alfredo Guevara, um ihm vorzuschlagen, zusammen mit den Kommunisten gegen Batista vorzugehen. Doch darauf will sich Fidel nicht einlassen. Er ist kein Kommunist, als Mann der Tat sind ihm Klassenkampf und Historischer Materialismus viel zu abstrakt, und er hat keine Lust, sich der Kaderdisziplin der moskauhörigen Kommunisten zu unterwerfen. Er will die direkte Aktion, er will die Bevölkerung mobilisieren, und er will vor allem den Diktator verjagen.

Doch die politische Arbeit ist schwer. Mit Hilfe von Erlassen setzt Batista die Verfassung außer Kraft und überträgt sich selbst weitreichende Befugnisse. Er löst den Kongreβ auf, setzt die Wahlen aus, löst Gouverneure ab, führt die Zensur ein und gibt der Polizei freie Hand bei der Verhaftung und Folterung von politischen Gegnern. Fidel kann nicht mehr publizieren oder im Rundfunk sprechen. Nur unter Freunden zirkulieren einige Pamphlete, in denen er den Putsch mit einem patriotischen Pathos geiβelt, das einem Martí zur Ehre gereicht hätte:»Keine Patrioten, sondern Usurpatoren! Keine Revolution, sondern Militärputsch! Doch die Prinzipien werden über die Kanonen siegen. Wer das Leben verliert, verliert nichts. Für das Vaterland zu sterben heißt leben!« Es ist nicht das letzte Mal, daβ er erklärt, seine Werte bis in den Tod verteidigen zu wollen.

Nach dem ersten Schrecken beschlieβt Fidel, gegen Batista vor Gericht zu ziehen. Nicht, weil er sich von einer Klage Erfolg verspricht, sondern weil er die Erfahrung gemacht hat, daβ dies ein ausgezeichnetes Propagandainstrument ist. Noch im März legt er eine Klageschrift gegen Batista vor, in der er ihn des»Aufstandes, Verrats, der Rebellion und des nächtlichen Angriffs« bezichtigt und für ihn und seine Verschwörer insgesamt 108 Jahre Gefängnis fordert. Wie zu erwarten, weisen die Richter die Klage ab.

Andere Oppositionspolitiker wie Ramón Grau San Martín oder Carlos Prío Socarrás sammeln sich im Ausland und beschließen mit viel Gerede, erst einmal nichts zu tun. Langsam setzt sich bei Fidel und seinen Freunden die Überzeugung durch, daβ nur der bewaffnete Widerstand Erfolg verheißt.

★

Unter der Regierung Batistas gewinnen die Vereinigten Staaten weiter an Einfluß auf der Insel. Batista setzt verschiedene wirtschaftliche Empfehlungen um, die eine Kommission unter Leitung des US-Bankiers Francis Adam Truslow bei einer Kubareise im Jahr zuvor erarbeitet hat. Unter Anleitung der CIA wird eine Organisation zur Verfolgung kommunistischer Aktivitäten gegründet. Der Tourismus wird angekurbelt, Spielkasinos, Hotels und Luxusbordelle schießen aus dem Boden, der Drogenhandel floriert. Die US-Mafia verdient kräftig mit und arbeitet Hand in Hand mit dem Diktator.

Doch während Millionen US-Dollar in den Bau von Luxushotels wie dem »Havanna Hilton« fließen und ein Spielkasino nach dem anderen für die reichen US-Touristen und Geschäftsleute eröffnet wird, spitzen sich die Probleme auf dem Land zu. 1952 arbeitet ein Landarbeiter im Durchschnitt nur 108 Tage im Jahr, während der Zuckerernte, die übrigen 257 Tage sind »tote Zeit« ohne Einkommen. Von einer Gesamtbevölkerung von fünfeinhalb Millionen sind eine Million Menschen im erwerbsfähigen Alter ohne feste Arbeit. Die Hälfte der Bevölkerung, vor allem Menschen auf dem Land und in den Vorstädten, lebt ohne Strom. Die Menschen in der Stadt zahlen bis zu einem Drittel ihres Einkommens für Miete, und eine halbe Million Menschen lebt in Strohhütten, Bretterverschlägen oder unter freiem Himmel ohne hygienische Einrichtungen oder medizinische Versorgung. Das sind die Zahlen, die Fidel in seiner berühmten Verteidigungsrede vom Oktober 1953 anführen wird.

★

Für Fidel ist die Zeit der Politik vorüber: »Dies ist ein revolutionärer, kein politischer Moment. Die Politik heiligt den Opportunismus derer, die Mittel haben. Die Revolution dagegen öffnet den Weg für den wahren Verdienst, für diejenigen, die ehrliche Ideale haben, die die Brust entblößen und die Fahne in die Hand nehmen.« Er bricht mit den Ortodoxos, die seiner Ansicht nach nur reden.

Im Gegensatz zu Batista plant Fidel keinen Putsch von oben, sondern eine Volksrevolution, bei der die breite Masse der Bevölkerung in Bewegung gesetzt werden soll. Zur Agitation wird eine Zeitung mit dem Namen El Acusador, »Der Ankläger«, gegründet, in der Fidel unter dem Pseudonym »Alejandro« gegen Batista wettert. Außerdem wird ein Piratensender installiert. Er plant zudem einen »kleinen Motor«, eine spektakuläre Aktion, mit der diese Revolution gezündet werden soll.

Auf Reisen kreuz und quer durch Kuba schart Fidel Freunde um sich, vor allem Arbeiter und einige wenige Universitätsstudenten, und baut unter strengster Geheimhaltung Widerstandszellen auf. Seine Gruppe nennt sich »die Bewegung«. Anfang 1953 hat er 1000 bis 1500 Kämpfer um sich versammelt, die in abgelegenen Parks merkwürdige Manöver durchführen und des Nachts unbemerkt durch die Straßen Havannas marschieren. Mit von der Partie ist unter anderem auch Raúl Castro Ruz. Fidels jüngerer Bruder, geboren am 3. Juni 1931, hat so wenig mit dem Älteren gemein, daß es immer wieder Gerüchte gibt, Lina habe Ángel ein Kuckucksei ins Nest gelegt. Raúl hat nichts von Fidels körperlicher Statur und noch weniger von dessen Ausstrahlung. Er ist klein und schmächtig, gilt als undurchsichtig und trinkt bis heute gern einen über den Durst. Seit seiner Einschreibung an der Universität hält er sich in kommunistischen Kreisen auf und wird Anfang 1953 nach seiner Rückkehr vom Weltjugendkongreß der Kommunisten in Wien verhaftet. Fidel holt ihn aus dem Gefängnis. Neben ihm gehören zur »Bewegung« unter anderem Abel und Haydée Santamaría sowie Melba Hernández. Dies ist bereits der Kern jener Unterstützer, die Jahre später den Erfolg von Fidels Guerillakrieg sichern werden.

Eine neue Verbündete ist Natalia Revuelta, genannt Naty, eine blonde, grünäugige Schönheit aus reicher Familie, die in Frankreich und in den USA studiert hat und mit einem bekannten Kardiologen verheiratet ist. Naty bewegt sich schon länger in den Kreisen der Ortodoxos. Wie viele Frauen ist auch sie von Fidels revolutionärem Mut beeindruckt. Sie unterstützt seine Arbeit mit Geld und bietet ihm an, bei Bedarf in ihrer luxuriösen Wohnung unterzuschlüpfen. Fidel sagt nicht nein. Ebenfalls nicht nein sagt er zu den körperlichen Reizen der schönen Naty. Zwischen den beiden entspinnt sich eine Liebesbeziehung und eine intellektuelle Freundschaft.

In Fidels neuer Familie hängt unterdessen der Haussegen schief. Mirta klagt über ständigen Geldmangel, und Fidel beobachtet mit Mißtrauen, wie ihr Bruder Rafael in den Reihen Batistas Karriere macht und zum stellvertretenden Innenminister aufsteigt. Im März 1953 zieht Mirta schließlich zurück zu ihren Eltern und nimmt Fidelito mit, während Fidel kurz vor der Aktion steht, die heute in der Revolutionsmythologie als Beginn der kubanischen Revolution gefeiert wird.

★

Im April 1953 wird ein Universitätsprofessor verhaftet, der ebenfalls mit einer kleinen Gruppe von Verschwörern einen Anschlag auf das Regime geplant hat. Zwar wird Fidel nie von der Polizei behelligt, doch er weiß nun, daß die Zeit knapp wird. Mit dem Geld, das Naty Revuelta und andere Freunde der Bewegung zur Verfügung stellen, schafft Fidel Handfeuerwaffen, Jagdgewehre und Uniformen an. Mit einigen wenigen Vertrauten bestimmt er schließlich Datum und Ziel des geplanten Anschlags: Am 26. Juli, dem Karnevalssonntag, soll ein Überfall auf die Kaserne Moncada in Santiago de Cuba stattfinden. Nach Columbia in Havanna ist Moncada die zweitgrößte Kaserne des Landes. Fidels Plan sieht vor, die Kaserne zu stürmen und das Waffenarsenal zu öffnen. Gleichzeitig sollen der Justizpalast gegenüber der Kaserne und ein benachbartes städtisches Krankenhaus besetzt werden. Außerdem soll Naty Revuelta über den Rundfunk die Nachricht von dem Überfall verbreiten und damit einen Volksaufstand auslösen.

Es ist ein dilettantischer Plan, der Märtyrer schafft, aber keine Sieger. Keiner von Fidels Männern hat je mit der Waffe in der Hand gekämpft, keiner weiß wirklich, wie es in der Kaserne aussieht und wo sich das Waffenarsenal befindet. Hunderten schwerbewaffneter Soldaten steht ein Grüppchen von Amateuren mit ein paar leichten Jagdgewehren gegenüber. Fidels Hoffnung besteht einzig darin, daß die Soldaten wegen des Karnevals betrunken oder gar nicht in der Kaserne sind.

Bis zur letzten Minute behält Fidel die Geheimhaltung bei. Er wählt 165 Männer aus, die Havanna in der Nacht des 26. Juli mit Privatautos verlassen, um die über 1000 Kilometer hinunter nach Santiago zu fahren. Nur die Fahrer wissen ungefähr, wohin es gehen soll. Seiner Familie erzählt Fidel, er werde einige Tage in Pinar del Río verbringen, seiner Frau verrät er gar nichts.

Vor seiner Abfahrt holt er sich bei seiner Geliebten Naty Revuelta eine Kopie seines »Manifests von Moncada« ab und bittet sie, die übrigen Exemplare nach dem Überfall auf die Kaserne zu verteilen. Möglicherweise im unerschütterlichen Bewußtsein seiner historischen Mission hat Fidel seit jeher das Bedürfnis, der Nachwelt seine Worte und Pläne zu hinterlassen. Entsprechend ist sein Weg durch die kubanische Geschichte von Druckerzeugnissen, Bildern und Tondokumenten gesäumt. Eine seiner ersten Taten nach dem Sieg der Revolution wird die Gründung eines Archivs sein, in dem seine andere große Geliebte, Celia Sánchez, sämtliche Dokumente des Revolutionsführers sammeln wird. Dort sind heute seine Reden genauso zu finden wie Nachrichten an seine Mitstreiter in der Sierra, Notizen für Rundfunkansprachen und kleine Zettelchen, auf denen Fidel seine Kommandanten tadelt. Diese Zettelsammlung bildet dann den Grundstock des Büros für historische Angelegenheiten des kubanischen Staatsrates. Ein großer Teil davon ist heute im Internet abrufbar.

Erstes Ziel der Gruppe ist ein Bauernhof namens Siboney außerhalb von Santiago, wo Haydée Santamaría und Melba Hernández Schlafgelegenheiten für die Gruppe organisiert haben. Gegenüber dem Besitzer geben sich die jungen Männer als Karnevalsbesucher aus. In den frühen Morgenstunden des 26. Juli weckt Fidel die Beteiligten auf und verteilt Uniformen und Waffen. Dann eröffnet er ihnen zum ersten Mal seinen Plan: »Kameraden, wir werden die Kaserne Moncada überfallen. Der Angriff wird nicht mehr als zehn Minuten dauern …« Er erläutert die Strategie: Raúl werde den Justizpalast übernehmen, Abel Santamaría das Krankenhaus, dessen Fenster auf den Hof der Kaserne gehen. Der Rest werde Tor Nummer drei, die wichtigste Zufahrt zur Kaserne, stürmen.

Fidel muntert die Gruppe auf: »In wenigen Stunden sind wir entweder Sieger oder Besiegte. Doch hört gut zu: Die Bewegung wird triumphieren. Wenn wir gewinnen, wird sich der Traum Martís bald erfüllen. Wenn das Gegenteil eintritt, sind wir dem kubanischen Volk ein Vorbild, die Fahne in die Faust zu nehmen und vorwärts zu marschieren. Das Volk steht hinter uns, im Oriente und auf der ganzen Insel. Männer der Bewegung! Wie in den Jahren 1868 und 1895 rufen wir ›Freiheit oder Tod!‹ Ohne jeden Zweifel ist die Aufgabe

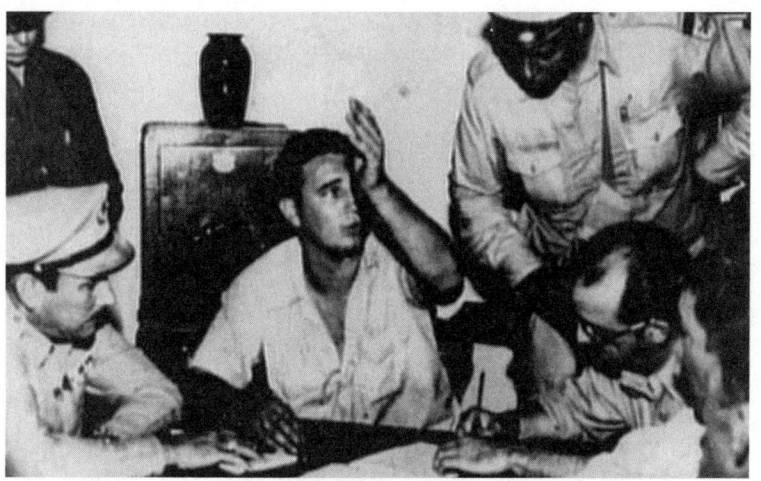

»Freiheit oder Tod!«
Der Überfall auf die Moncada-Kaserne ist ein Desaster, Fidel hat Glück,
überlebt und wird hier verhört.

gefährlich, und jeder der teilnimmt, sollte dies aus freien Stücken tun. Noch ist es Zeit, sich zu entscheiden. Ohnehin werden nicht alle teilnehmen können, da wir nicht genügend Waffen haben. Wer sich entschieden hat, soll einen Schritt nach vorn tun.«

Wie aussichtslos den meisten die Operation auch vorkommen mag, 131 der Anwesenden machen den Schritt nach vorn. Dann liest Fidel das Manifest von Moncada vor, das der Dichter Raúl Gómez García unter seiner Anleitung verfaßt hat:

»Die Revolution erklärt, daß sie keinerlei Verbindung zu fremden Nationen unterhält und dem Einfluß keiner politischen Ideologie unterliegt. Sie erklärt ihren festen Willen, Kuba auf den Weg des wirtschaftlichen Wohlstandes zu führen. Sie erklärt ihre Liebe und ihr Vertrauen in die Tugend, die Ehre und den Anstand der Menschen … Dies ist keine Revolution der Klassen … Die Revolution stützt sich auf die Ideale José Martís, ihre einzige Fahne ist die Trikolore mit dem Stern.«

Weil ihnen der Überfall denn doch ein wenig zu abenteuerlich erscheint, überlegen es sich vier Studenten und ein Funker des Flughafens von Havanna in letzter Minute noch einmal anders. Fidel tobt und läßt sie in der Toilette einsperren und bewachen. Schließlich brechen 123 Männer und zwei Frauen in Richtung Innenstadt von Santiago auf.

★

Die Kaserne Moncada ist ein mehr oder weniger rechteckiger, rund sechs Hektar großer Komplex im Zentrum Santiagos. Die Anlage ist unübersichtlich und besteht aus zahlreichen Gebäuden. Hier ist ein Infanterieregiment mit 400 Soldaten untergebracht. Nach Fidels Berechnungen dürfte in dieser Nacht mehr als die Hälfte der Soldaten in den Straßen Santiagos unterwegs sein, um den Karneval zu feiern, während die andere Hälfte ihren Kater ausschläft. Es sollte ein leichtes sein, die Wachen mit den falschen Uniformen zu überlisten und die Kaserne zu betreten, ohne einen einzigen Schuß abzugeben, so wie es Batista im Jahr zuvor in der Columbia-Kaserne in Havanna getan hat. Soweit zumindest lautet die Theorie. Doch es kommt anders.

Einige Autos verfahren sich schon an der Ausfahrt des Bauernhofes Siboney und biegen in Richtung Havanna ab, statt in Richtung Santiago. Andere verirren sich in den Straßen von Santiago und kommen zu spät vor den Kasernentoren an. Die übrigen Aufrührer übertölpeln zwar wie geplant die Wachen am Eingang und stürmen in die Kaserne, ohne einen Schuß abzufeuern, verirren sich dann aber im Gewirr der Gebäude. Statt die Waffenkammer zu finden, besetzen sie einen Schlafsaal mit fünfzig unbewaffneten Soldaten. Unterdessen fährt auf der Straße ein Jeep mit zwei Soldaten vor, und Fidel, der nach einigen Umwegen eben erst ankommt, reagiert nicht schnell genug. Während er noch überlegt, ob er auf die Soldaten schießen oder mit seinem nagelneuen Buick ihren Jeep rammen soll, fährt er auf den Bordstein auf und würgt den Motor ab. Eine Schießerei beginnt. Ein Feldwebel, der dazukommt, erkennt die Situation und löst in der Kaserne Alarm aus. Von überall strömen plötzlich Soldaten herbei. Unter den Guerilleros bricht Verwirrung aus, sie fliehen in wilder Panik.

Binnen einer halben Stunde ist der Überfall zu Ende, acht der Guerilleros sind tot. Ein Teil der Angreifer sammelt sich am Bauernhof und fährt zurück nach Havanna. Doch rund neunzig der Männer werden von der Armee und der Polizei gefangengenommen und in den folgenden Tagen grausam zu Tode gefoltert. Eines der Opfer ist Abel Santamaría: Ehe sie ihn töten, reißen ihm die Folterknechte bei vollem Bewußtsein ein Auge heraus und zeigen es seiner Schwester Haydée.

Fidel bleibt sein geradezu unheimliches Glück treu. Er und sein Bruder Raúl fliehen in die Berge bei Santiago. Von dort wollen sie sich bis zur Sierra Maestra durchschlagen. Am 1. August wird Fidel jedoch in einer verlassenen Hütte von einer Armeestreife aufgegriffen. Der befehlshabende Offizier Pedro Sarría erkennt ihn, doch er scheint Sympathie für den jungen Rebellen zu empfinden. Statt ihn in die Kaserne zu bringen, übergibt er ihn der Polizei. Auf der Polizeistation in Santiago wartet bereits Enrique Pérez Serrantes, Erzbischof von Santiago und Freund der Familie Castro, um dafür zu sorgen, daß Fidel nicht den Folterknechten in die Hände fällt, sondern einem Gericht übergeben wird.

Batista reagiert mit der ganzen Härte des Staatsapparates. Er verhängt den Ausnahmezustand und die Zensur und nutzt die Gelegenheit, auch Kommunisten verhaften zu lassen, obwohl diese mit dem Anschlag nichts zu tun haben.

★

Am 21. September wird Fidel, zusammen mit den wenigen Überlebenden des Angriffs und zahlreichen Kommunisten, dem Richter vorgeführt. Batista will unter allen Umständen verhindern, daß Fidel den Prozeß zu seiner Bühne macht und vor einem großen Publikum spricht. Er versucht, ihn im Gefängnis vergiften zu lassen und den Tod als Selbstmord zu tarnen. Dann behaupten seine Wachen, Fidel sei krank und könne nicht an dem Prozeß teilnehmen. Es gelingt dem Rebellenführer jedoch, einen Brief an den Richter aus der Zelle zu schmuggeln, in dem er schreibt, man wolle ihn am Sprechen hindern. Niemand, nicht einmal seine Familie, habe ihn während der Haftzeit besuchen dürfen. In seiner Funktion als Verteidiger in eigener Sache verlange er, vor Gericht sprechen zu dürfen. Der Brief wird publik, und die Regierung muß schließlich zähneknirschend einwilligen, daß sich Fidel am 16. Oktober, drei Tage nach

59

der Verurteilung der übrigen Angeklagten, vor Gericht verteidigt. Sein Prozeß findet jedoch nicht wie die anderen in aller Öffentlichkeit im Justizpalast von Santiago de Cuba statt, sondern im Klassenzimmer einer Krankenschwesternschule.

Seine Verteidigungsrede gehört zu den großen Mythen, die sich um Fidel Castro ranken. Die Tage vor Prozeßbeginn verbringt er damit, sie zu entwerfen und auswendig zu lernen. Später, in den Jahren im Gefängnis, schreibt er sie nieder und erweitert sie. Seite für Seite wird sie aus der Festung herausgeschmuggelt und schließlich gedruckt und verbreitet. Heute gehört sie zu den zentralen Texten der kubanischen Revolution, jedes Schulkind auf Kuba kennt einige zentrale Aussagen der Rede, vor allem aber ihren Schlußsatz: »Die Geschichte wird mich freisprechen.«

Die Rede ist ein beeindruckendes politisches Selbstzeugnis des jungen Fidel, in dem er seine Überzeugungen erläutert und rechtfertigt. Sie zeigt, was ihn in diesen Jahren motiviert und wie er denkt. Er verwendet nicht nur juristische Argumente, sondern mobilisiert seine gesamte humanistische Bildung aus seiner Zeit als Jesuitenschüler, seine Kenntnisse aus Geschichte, Soziologie und Philosophie bis hin zur Theologie, um seine Position darzulegen.

Bezugspunkt seiner Verteidigung ist das kubanische Recht. Zunächst zählt er erneut die Verbrechen auf, deren sich der Diktator Fulgencio Batista bei seiner Machtübernahme am 10. März 1952 schuldig gemacht hat. Er rekapituliert noch einmal, wie er selbst den Rechtsweg eingeschlagen habe, um gegen den gesetzeswidrigen Putsch vorzugehen, und welcher Versäumnisse sich die kubanische Justiz mit der Ablehnung seiner Klage schuldig gemacht habe. Er führt aus, daß die Justiz ihm damit selbst jede legale und friedliche Möglichkeit genommen habe, die verfassungsmäßige Ordnung wiederherzustellen, und erinnert daran, daß das kubanische Recht selbst die Möglichkeit vorsehe, eine verfassungswidrige Regierung mittels Gewaltanwendung zu beseitigen.

Er wirft seinen Richtern vor, weder den Geist noch die Buchstaben des Gesetzes zu befolgen: »Ich erinnere Sie daran, daß das mündliche Verfahren öffentlich zu sein hat. Trotzdem haben Sie die Öffentlichkeit daran gehindert, an diesem Prozeß teilzunehmen. Sie haben lediglich zwei Anwälte und sechs Journalisten zugelassen, doch in den Zeitungen wird aufgrund der Zensur nicht ein Wort gedruckt werden. Mein einziges Publikum sind rund hundert Soldaten und Offiziere im Saal und in den Gängen.«

Dann wendet er sich an die anwesenden Soldaten und wirbt um Verständnis: »Ich danke Ihnen für die ernsthafte und freundliche Aufmerksamkeit, die Sie mir zuteil werden lassen! Hoffentlich steht eines Tages die gesamte Armee vor mir! Ich weiß, daß Sie sich irgendwann danach sehnen werden, den schrecklichen Schand- und Blutfleck abzuwaschen, den eine seelenlose kleine Gruppe mit ihrem Ehrgeiz über Ihren Uniformen ausgegossen hat.« Es ist nur einer von vielen Appellen an die Armee, denn Fidel weiß, wie wichtig es sein kann, sie auf seiner Seite oder zumindest nicht gegen sich zu haben. An anderer Stelle führt er aus: »Es war nie unsere Absicht, gegen die Soldaten des Regiments zu kämpfen. Wir hatten vor, uns durch einen Überraschungsangriff der Kontrolle und der Waffen zu bemächtigen, das Volk anzurufen und danach die Soldaten zu versammeln und sie einzuladen, die verhaßte Fahne der Tyrannei zu verlassen und die Fahne der Freiheit zu ergreifen.« Er erinnert daran, daß die Angreifer streng darauf achteten, niemanden zu töten: »Alle Teilnehmer hatten strikte Anweisungen, sich im Kampf vor allem menschlich zu verhalten. Nie war eine Gruppe bewaffneter Männer im Kampf gegen ihre Gegner großzügiger. Von Beginn an machten sie zahlreiche Gefangene, um die zwanzig wurden festgenommen. Zu Anfang gelang es drei Männern, ... in eine Baracke einzudringen und dort an die fünfzig Soldaten festzuhalten. Diese Soldaten haben vor dem Gericht ausgesagt und ohne Ausnahme erklärt, daß sie mit völligem Respekt behandelt worden seien und nicht einmal ein beleidigendes Wort vernommen hätten.«

Die Schilderungen der Folterungen und Ermordungen der Guerilleros werden später in die Revolutionsmythologie eingehen: »Inmitten der Folterungen bot man ihnen an, sie am Leben zu lassen, wenn sie ihre ideologische Überzeugung verrieten und fälschlicherweise erklärten, sie seien von Prío bezahlt worden. Da sie diesen Verrat empört zurückwiesen, wurden sie weiter schrecklich gefoltert. Man zerquetschte ihnen die Hoden [deshalb behaupteten Fidels Feinde später, er sei im Gefängnis kastriert worden und keines seiner Kinder stamme tatsächlich von ihm], man riß ihnen die Augen

61

heraus, doch keiner gab nach, klagte oder flehte um Gnade. Selbst als man ihnen ihre männlichen Organe genommen hatte, waren sie noch tausendmal mehr Mann als alle ihre Folterknechte zusammen ... Jeweils im Morgengrauen wurden Männer aus den Foltergefängnissen geholt und mit Autos nach Siboney, La Maga, Songo und in andere Orte gebracht und dort gefesselt, geknebelt und von den Foltern verstümmelt aus dem Auto geworfen und erschossen. Danach wurde behauptet, sie seien bei Gefechten mit der Armee getötet worden.«

Nach Aufzählung der Mängel des Gerichts und der Greueltaten an den Guerilleros geht Fidel dazu über, die zentralen Motive für seinen Angriff zu benennen und zu erklären, welche weiter gehenden Ziele er bei einem Erfolg gehabt hätte: »Das Landproblem, das Industrialisierungsproblem, das Wohnungsproblem, das Beschäftigungsproblem, das Bildungsproblem und das Gesundheitsproblem: Das sind die sechs Punkte, auf die sich unsere Anstrengungen gerichtet hätten, neben der Wiederherstellung der bürgerlichen Freiheiten und der Demokratie.« Diese sechs Punkte werden auch nach der Revolution seine vordringlichen politischen Ziele bleiben – die beiden, die er hier bezeichnenderweise nachschiebt, sind ihm auch später unwichtig.

Er benennt die sozialen Ungerechtigkeiten und die Konzentration des kubanischen Wohlstands in den Händen einiger weniger Familien und ausländischer Monopole als eines seiner wichtigsten Motive: »Fünfundachtzig Prozent der kubanischen Kleinbauern bezahlen Pacht und leben unter der dauernden Bedrohung, von ihren Parzellen vertrieben zu werden. Mehr als die Hälfte der fruchtbarsten landwirtschaftlichen Nutzflächen befindet sich in ausländischer Hand. In der Provinz Oriente, der breitesten aller Provinzen, reichen die Ländereien der United Fruit Company und der West Indian Company an einem Stück von der Nord- bis zur Südküste. Dort leben 200 000 Bauernfamilien, die nicht einmal eine Elle Land haben, um dort Essen für ihre hungrigen Kinder auszusäen. Daneben liegen rund 400 000 Hektar fruchtbaren Landes brach, das mächtigen Interessen gehört. Wenn Kuba vor allem eine landwirtschaftliche Nation ist und seine Bevölkerung in der Hauptsache aus Bauern besteht, wenn die Stadt vom Land abhängt, wenn das Land unsere Unabhängigkeit erkämpft hat, wenn die Größe und der Wohlstand unserer Nation davon abhängen, daß die Bauern gesund und kräftig sind, die Erde lieben und sie zu bebauen verstehen, und davon, daß der Staat sie schützt und leitet – wie kann es dann sein, daß dieser Zustand fortbesteht?«

Er malt das Leid der Landbevölkerung in grellen Farben und scheut auch nicht vor Pathos zurück:»Aus diesem Elend gibt es nur einen Ausweg: den Tod. Und dabei hilft ihnen der Staat: zu sterben. Neunzig Prozent der Kinder auf dem Land werden von Parasiten aufgefressen, die von der Erde auf die nackten Füße überspringen. Die Gesellschaft gerät in Aufruhr, wenn in der Presse nachzulesen ist, ein Kind sei entführt oder ermordet worden. Doch sie bleibt in krimineller Weise gleichgültig angesichts des Massenmordes, den sie an den Tausenden von Kindern begeht, die Jahr für Jahr wegen mangelnder Ressourcen sterben, in Schmerzen sich windend. Ihre unschuldigen Augen, in deren Glanz sich schon der Tod spiegelt, scheinen in die Ewigkeit zu blicken und dort um Gnade zu bitten für den menschlichen Egoismus, auf daß Gottes Zorn nicht auf die Menschen herabkomme. Aber wenn ein Familienvater nur vier Monate im Jahr arbeitet, wovon soll er dann Kleider und Medikamente für seine Kinder kaufen? Es entwickelt sich die Mundfäule, und im Alter von dreißig Jahren haben sie keinen gesunden Zahn mehr im Mund, haben 10000 Predigten gehört und sterben endlich in Elend und Enttäuschung.

An all diesen Mißständen trage Batista eine Mitschuld, da er sie nicht beseitige und durch seine Wirtschaftspolitik dafür sorge, daß die Situation sich immer weiter verschlimmere. Angesichts dieser immensen Probleme entwirft Fidel in groben Zügen eine Landreform, so wie er sie nach dem Sturz Batistas sechs Jahre später tatsächlich umsetzen wird:»Eine Revolutionsregierung würde zunächst die 100000 Kleinbauern, die heute Pacht zahlen, zu Herren des von ihnen bearbeiteten Landes machen. Dann würde sie das Landproblem endgültig beseitigen. Erstens: Sie würde für jeden landwirtschaftlichen Betrieb eine maximale Größe verfassungsmäßig festschreiben und alles darüber hinaus enteignen, sie würde die besetzten Ländereien dem Staat zuführen, sie würde Marsch- und Sumpfland trockenlegen, riesige Schonungen anlegen und Wiederaufforstung betreiben. Zweitens: Sie würde das verbleibende Land unter die

Bauernfamilien aufteilen, je nach Größe der Familie, sie würde landwirtschaftliche Kooperativen fördern, die teure Gerätschaften gemeinsam nutzen und eine gemeinsame Ausbildung im Ackerbau und in der Viehzucht bekommen, und sie würde schließlich Ressourcen, Geräte, Schutz und Wissen bereitstellen, die für die Bauernschaft von Nutzen sind.« Auffällig ist das völlige Fehlen jeglicher marxistischer Textbausteine in der Analyse der wirtschaftlichen Zustände. Was Fidel hier propagiert, sind Reformen, wie sie in sämtlichen Ländern Lateinamerikas seit Mitte des 19. Jahrhunderts mit immer größerer Dringlichkeit gefordert werden. Zu diesem Zeitpunkt steht er fest in der Tradition des Nationalisten José Martí.

Der Abschluß seines juristischen Plädoyers ist ein rhetorisches Meisterstück:»Sehr geehrte Herren Richter. Ich bin ein bescheidener Bürger, der eines Tages vergeblich die Gerichte anrief, sie mögen die Ehrgeizlinge bestrafen, die die Gesetze gebrochen und unsere Staatsorgane zerschlagen haben. Jetzt, da ich angeklagt werde, dieses illegale Regime stürzen zu wollen, um die legitime Verfassung dieser Republik wiedereinzusetzen, hält man mich sechsundsiebzig Tage in einer Einzelzelle, ohne Möglichkeit, mit irgend jemandem zu sprechen, nicht einmal mit meinem Sohn. Man führt mich zwischen zwei schweren Maschinengewehren durch die Stadt und bringt mich in dieses Krankenhaus, um hier im geheimen über mich zu urteilen, mit aller Strenge und mit einem Staatsanwalt, der mit dem Gesetzbuch in der Hand feierlich sechsundzwanzig Jahre Gefängnis für mich fordert.«

Nachdem Fidel sämtliche juristischen Argumente erschöpft hat, mit denen er belegen konnte, daß er laut kubanischem Gesetz das Recht hatte, sich gegen einen mittels Putsch an die Macht gekommenen Diktator zu erheben, greift er einmal mehr tief in die Kiste seiner jesuitischen Bildung und legt das Recht des Menschen zum Tyrannenmord dar. Die klassischen politischen Vordenker, Sozialreformer oder gar Sozialisten des 19. und 20. Jahrhunderts fehlen interessanterweise in dieser Argumentation. Statt dessen zitiert er eine Reihe von Theologen und Kirchenreformern aus dem Mittelalter und der Reformation: den englischen Philosophen und Theologen Johannes von Salisbury, den mittelalterlichen Cheftheologen Thomas von Aquin, die protestantischen Reformer Martin Luther und Johannes Calvin, den spanischen Jesuiten Juan Mariana, den schottischen Kirchenreformer John Knox, den deutschen Rechtsgelehrten Johannes Althusius und den protestantischen englischen Dichtertheologen und Cromwell-Verehrer John Milton. Der einzige politische Denker, der in der gesamten Rede Erwähnung findet, ist der demokratische Vordenker John Locke. Am Ende schleudert Fidel Castro seinen Richtern den berühmt gewordenen Satz entgegen: »Verurteilt mich, es ist gleichgültig. Die Geschichte wird mich freisprechen!«

★

Fidel Castro Ruz wird am 16. Oktober 1953 zu fünfzehn Jahren Haft auf der Isla de Pinos verurteilt. Nach Verlesung des Urteilsspruchs wird er sofort abtransportiert und kommt am folgenden Tag auf der Gefängnisinsel an.

Die Isla de Pinos gilt als Vorzeigegefängnis der Batista-Diktatur, die es mit Stolz als moderne Korrekturanstalt präsentiert. Es besteht aus fünf runden Gebäuden mit je fünf Stockwerken und dreiundneunzig Zweierzellen. Im Zentralgebäude befindet sich der Speisesaal für die insgesamt rund 3000 Gefangenen. Die Guerilleros genießen als politische Häftlinge einige Vorrechte. Zusammen mit den psychisch kranken Insassen sind sie in der Krankenstation untergebracht und dürfen sogar Pakete erhalten und Briefe schreiben.

Die Mitglieder der »Bewegung«, allen voran Fidel, nehmen sich vor, die Zeit der Gefangenschaft produktiv zu nutzen. Mit viel Elan machen sie sich an den Aufbau einer Bibliothek und gründen eine »Ideologische Akademie«. Diese Akademie besteht aus einer Schiefertafel und einem Tisch, an dem die Häftlinge auch essen. Je nach Begabung unterrichten die Gefängnisinsassen ihre Mithäftlinge in Arithmetik, Grammatik, Geographie, kubanischer Geschichte, Englisch und Philosophie. Unter ihnen befinden sich auch zahlreiche Arbeiter, von denen einige kaum die Grundschule besucht haben und die zunächst in Lesen und Schreiben unterrichtet werden.

Es bedarf kaum der Erwähung, daß Fidel die Rolle des Schuldirektors übernimmt. Außerdem unterrichtet er Philosophie und Politische Ökonomie, wovon er zu dieser Zeit allerdings noch nicht sonderlich viel Ahnung hat. Um sich einzulesen, läßt er sich Bücher zu diesem Thema schicken, unter anderem auch einige Schriften von Karl Marx und Wladimir Iljitsch Lenin. Er versucht, die lange Gefangenschaft gelassen zu nehmen. Gelegentlich schreibt er an Freunde, daß die Haft geradezu ein Glück sei, da er nun zum ersten Mal im Leben ausreichend Muße und Zeit habe, um zu lesen, nachzudenken und zu schreiben. Und das ist nicht übertrieben. Fidel, der schon immer ein Buch nach dem anderen verschlungen hat, liest und schreibt nun mehr als je zuvor.

Fidels Briefe an die Freunde »draußen« könnten einige Bücher füllen. Vor allem seine Briefe an Naty Revuelta sind bekannt geworden. Die Korrespondenz mit seiner schönen Geliebten ist voller Intimität und Gefühl, wie man sie sonst bei Fidel selten findet. Naty ist es auch, die dafür sorgt, daß er in den Jahren im Gefängnis den Mut nicht verliert.

In einem seiner Briefe an Naty beschreibt er den Gefängnisalltag, der ein bißchen an die Routine in einem Jesuiteninternat erinnert: »Um 5.30 Frühstück. Von 8.00 bis 10.30 Unterricht. Mittagessen um 10.45. Von 19.00 bis 20.45 Politische Ökonomie und gemeinsame Lektüre. 21.30 Stille … Jeden Morgen unterrichte ich abwechselnd Philosophie und Geschichte. Geschichte Kubas, Grammatik, Arithmetik, Geographie und Englisch übernehmen andere Kameraden. Abends bin ich mit Politischer Ökonomie dran, und zweimal die Woche Redekunst … Die Bibliothek umfaßt inzwischen 300 Bände.«

Und weiter: »Nachdem ich mir den Kopf über Kant zerbrochen habe, erscheint mir Marx leichter als das Vaterunser. Er und Lenin sind schreckliche Polemiker, und ich unterhalte mich köstlich, lache und genieße die Lektüre. Mit ihren Feinden waren sie unerbittlich und erbarmungslos. In den letzten Tagen habe ich verschiedene interessante Bücher gelesen: *Der Jahrmarkt der Eitelkeiten* von William Thackeray, *Ein Adelsnest* von Iwan Turgenjew oder *Der Ritter der Hoffnung* von Jorge Amado … Was für eine Schule ist dieses Gefängnis!«

Neben den intellektuellen Ergüssen findet Fidel auch Worte, um Naty seine Liebe zu bekunden. In Briefen wie dem folgenden tritt der Politiker und Revolutionär hinter dem Mann zurück: »Ich schicke Dir einen zärtlichen Gruß aus dem Gefängnis. Ich erinnere mich genau an Dich und sehne mich nach Dir, auch wenn es schon eine Weile her ist, daß ich von Dir gehört habe … Den liebevollen Brief, den Du

»Nachdem ich mir den Kopf über Kant zerbrochen habe, erscheint mir
Marx leichter als das Vaterunser.«
Fidel, hier bei einem Besuch seines Sohnes Fidelito,
nutzt die Zeit im Gefängnis zur Lektüre.

über meine Mutter geschickt hast, habe ich hier, und ich werde ihn
für immer aufheben. Wenn Du um meinetwillen verschiedentlich leiden mußt, dann denk daran, daß ich mit Freuden mein Leben für
Deine Ehre und Dein Wohlergehen hingeben würde. Der äußere Anschein soll uns in dieser Welt gleichgültig sein, was zählt, ist das,
was in unserem Bewußtsein ist … Es gibt Dinge von Bestand, trotz
des Elendes dieser Welt, Dinge voller Zärtlichkeit, wie meine Erin-
nerungen an Dich, die unauslöschlich sind und die mich ins Grab
begleiten werden … Auf immer Dein Fidel.«

*

Am 12. Februar findet das beinahe schon idyllische Leben im Gefängnis ein jähes Ende. Fulgencio Batista besucht das Modell-
gefängnis, um die neue Stromversorgung einzuweihen. Nicht faul,
stiftet Fidel seine Kameraden an, dem Diktator einen Willkommens-
gruß zu entbieten, den beide nicht vergessen werden. Als Batista an
den Zellen vorbeikommt, stimmen die politischen Gefangenen aus

voller Brust die »Hymne des 26. Juli« an, in der von »verhaßten Herrschern« und »nimmersatten Tyrannen« die Rede ist und in der es weiter heißt: »Das Blut, das in Kuba vergossen wurde, werden wir nie vergessen. Es lebe die Revolution!« Batistas Zorn ist beispiellos. Am folgenden Tag wird Fidel in eine Einzelzelle gesperrt, ein Loch gegenüber der stinkenden Müllkippe des Gefängnisses, mit Waschbecken, einem Eimer in der Ecke, einer Pritsche an der Wand und ohne Licht. Er hat Besuchsverbot, und seine Post wird streng kontrolliert. Allerdings besticht er die Wachen und erhält eine Lampe, so daß er bei allem Ungemach wenigstens weiter lesen und schreiben kann. Doch mit der Akademie ist es vorbei.

Auch im Gefängnis wird Fidel immer wieder vom Leben »draußen« eingeholt. Mitte des Jahres 1954 erfährt er durch Zufall, daß seine Frau nicht mehr im Innenministerium arbeitet. Bis dahin wußte er gar nicht, daß sie überhaupt dort tätig war, und fühlt sich nun von ihr verraten. Er hat einen Zornesausbruch und läßt sofort die Scheidungspapiere vorbereiten.

Ende des Jahres nehmen die politischen Unruhen auf Kuba zu. Die Krise der kubanischen Wirtschaft und die Staatsverschuldung erreichen neue Rekordhöhen, und es werden immer neue Skandale und Korruptionsfälle aus der Regierung bekannt. Batista versucht den Druck ein wenig zu mildern, indem er die Pressezensur lockert. Im November finden allgemeine Wahlen statt, die Batista nach erheblichen Manipulationen für sich entscheidet. Danach wird eine allgemeine Amnestie verkündet.

Eigentlich will Batista die Gruppe um Fidel von dieser Amnestie ausnehmen, doch auf öffentlichen Druck hin kommt schließlich auch sie frei. Am 15. Mai 1955 verlassen Fidel und die »Jungs der Moncada«, wie sie auf Kuba heißen, die Gefängnisinsel. Als sie am Bahnhof von Havanna ankommen, werden sie von einer Menschenmenge begrüßt.

★

Nach der Entlassung nimmt Fidel die politische Arbeit sofort wieder auf und trifft sich mit seinen politischen Freunden, um erneut nach Möglichkeiten für den Sturz Batistas zu suchen. Sein Bruder Raúl dagegen fährt als erstes zu seinen Eltern nach Birán. Es hat den Anschein, als interessiere sich Fidel nicht im geringsten für seine Familie. Das war schon am 3. September des Vorjahres deutlich, als Vater Ángel, ein unverwüstlicher Raucher, über einer Zigarre einschlief und die elterliche Finca abbrannte. Raúl schrie und tobte, als er die Nachricht davon erhielt, Fidel dagegen zuckte nur mit den Schultern.

Es scheint, als wolle er das Leben in Freiheit in vollen Zügen genießen, denn in den wenigen Wochen, die ihm auf Kuba bleiben, entwickelt er noch mehr Tatendrang als in der Zeit vor der Haft. Er trifft sich wieder mit seiner Geliebten Naty Revuelta. Aus dieser Zeit stammt die gemeinsame Tochter Alina, die sich später nach ihrem Stiefvater Alina Fernández Revuelta nennen und ihren leiblichen Vater aus tiefstem Herzen hassen wird. Außerdem lernt Fidel María Laborde kennen, die zu der Gruppe von Frauen gehört, die die Gefangenen auf der Isla de Pinos versorgen; auch mit ihr zeugt er in diesen Tagen ein Kind, Jorge Ángel.

Auch ein politisches Kind bringt Fidel kurz nach seiner Rückkehr nach Havanna auf den Weg: Aus den Unterstützern der Gefängniszeit und den überlebenden Moncadisten gründet er den »Movimiento 26 de Julio«, die »Bewegung des 26. Juli«, auch bekannt unter den Abkürzungen »M-26« oder »M-26-7«. Diese Bewegung soll das neue politische und militärische Sammelbecken für den Kampf gegen Batista werden. Doch die Aufbauarbeit dieser neuen Anti-Batista-Gruppierung muß Fidel einstweilen anderen überlassen. Denn bald wird deutlich, daß die Häscher des Diktators ein Auge auf ihn haben und er in akuter Lebensgefahr schwebt. Am 24. Juni bricht Raúl nach Mexiko-Stadt auf, und am 7. Juli folgt Fidel ihm nach, fest entschlossen, »tot oder lebendig« wiederzukommen.

4

In Wartestellung

Am 8. Juli 1955 kommt Fidel in Mexiko-Stadt an. Am Abend zuvor ist er von Havanna nach Mérida auf der Halbinsel Yucatán geflogen, von dort hat er einen weiteren Flug nach Veracruz genommen. Von der Hafenstadt aus fährt er mit dem Nachtbus in die Hauptstadt der Republik Mexiko.

Er ist einer von vielen politisch motivierten Flüchtlingen, die aus ganz Lateinamerika in Mexiko-Stadt zusammenströmen. Aus Puerto Rico, aus Peru, aus Nicaragua, aus der Dominikanischen Republik, aus Guatemala, aus Argentinien und aus Kuba finden Oppositionelle der jeweiligen Diktaturen den Weg hierher. Dank seiner Revolution hat Mexiko den Ruf eines freien und von den USA weitgehend unabhängigen Landes, in dem man nicht befürchten muß, ausgeliefert zu werden. Nicht mehr und nicht weniger, denn Mexiko bringt den Flüchtlingen weder große Sympathie noch ausgesprochene Antipathie entgegen. Die Behörden lassen die ausländischen Oppositionellen gewähren, so lange sie nicht allzu offensichtlich politisch aktiv werden und solange sie die Bestechungsgelder bezahlen, um ihre Aufenthaltsgenehmigungen zu erneuern.

In Mexiko angekommen, nimmt Fidel Kontakt zu der Kubanerin María Antonia González auf, die schon seit einigen Jahren im mexikanischen Exil lebt, nachdem ihr Bruder in Havanna ermordet worden ist. Diese bietet Fidel in ihrem Haus in der Calle Emparán 49 einen Treffpunkt. María Antonia ist mit dem mexikanischen Ringer Arsacio »Kid« Vanegas verheiratet, der die Druckerei seines Vaters José Antonio Vanegas, des vielleicht berühmtesten mexikanischen

Druckers aller Zeiten, weiterführt. Die Verbindung hat Symbolwert: Als José Martí sechzig Jahre zuvor im mexikanischen Exil lebte, ließ er seine Schriften zum kubanischen Unabhängigkeitskrieg in der Druckerei Vanegas vervielfältigen. Hier wird Fidel bald auch seine Aufsätze und Reden drucken lassen.

María Antonia González und »Kid« Vanegas sind die ersten und vielleicht die wichtigsten Unterstützer, die Fidel für seine Operation in Mexiko findet. Der Ringer führt Fidel in den Wochen nach seiner Ankunft überall in der Riesenmetropole herum und zeigt ihm, wo er sich verstecken kann, falls ihm die mexikanische Fremdenpolizei oder die Häscher Batistas zu Leibe rücken. María Antonia wiederum bekocht Fidel und bringt ihn mit anderen Exilkubanern zusammen. Oft sitzen sie in der Küche und essen Tortillas, während Fidel stundenlang über seine Pläne redet. Nach der Ankunft des Helden der Moncada kommen täglich mehr Kubaner zu den Treffen, und María Antonia muß nun immer größere Portionen kochen und immer mehr Matratzen im Wohnzimmer auslegen, um die Neuankömmlinge zu versorgen.

Doch bei aller Gastfreundschaft leidet Fidel unter dem Exil. Die neue Umwelt macht ihm zu schaffen. Das mexikanische Klima gefällt dem Kubaner überhaupt nicht. Eingerahmt von vier- bis fünfeinhalbtausend Meter hohen Vulkanen liegt Mexiko-Stadt in einem Hochtal auf einer Höhe von rund 2300 Metern. Die Nächte sind kalt, die Höhenluft ist dünn und trocken. Fidel, gewöhnt an das feuchtheiße Kuba, ist dauernd erkältet, er leidet unter Halsschmerzen und Fieber, und ihm brennen die Augen von der trockenen Luft. Dazu hat er Heimweh nach Kuba. Wenige Wochen nach seiner Ankunft in Mexiko schreibt er an seine Schwester, sein Leben sei »traurig, einsam und hart«. Doch trotz aller Klagen geht es zumindest mit seiner Mission schon bald aufwärts.

★

Vor allem lernt Fidel in Mexiko Menschen kennen, die zu wichtigen Weggefährten werden. Zu einem der allerersten Treffen in der Wohnung María Antonias bringen Raúl Castro und Moncada-Veteran Antonio López einen jungen argentinischen Arzt mit, den letzterer

71

1954 im Exil in Guatemala kennengelernt hat und der seit fast einem Jahr in Mexiko-Stadt lebt: Ernesto Guevara, genannt »el Che«.

Ernesto Guevara de la Serna, der nicht mit dem kubanischen Studentenführer Alfredo Guevara verwandt ist, wird am 14. Juni 1928 in Rosario in Argentinien geboren und ist damit ein Jahr jünger als Fidel. Seit seiner frühesten Kindheit leidet er an starken Asthmaanfällen, was einer der Gründe dafür ist, warum er nach Abschluß seiner Schulzeit 1947 in Buenos Aires ein Medizinstudium aufnimmt. Doch Ernesto wird von einem rastlosen Temperament umgetrieben, es hält ihn nie lange an einem Ort. Er unternimmt zahlreiche Ausflüge und Reisen, die bekannteste die Motorradtour mit seinem Freund Alberto Granados, die beide in den Jahren 1951 und 1952 über Chile, Peru und Kolumbien bis in eine Lepraklinik in Venezuela führt und die Ernesto in einem später veröffentlichten Tagebuch beschreibt.

Schon früh interessiert sich Guevara für Politik. In Argentinien wird 1946 Juan Domingo Perón Sosa zum Präsidenten gewählt. Die Eltern des jungen Ernesto sind leidenschaftliche Gegner des nationalistischen Caudillo und Anhänger der Sozialistischen Partei. Vor allem unter dem Einfluß der Mutter Cecilia de la Serna interessiert sich der Junge für Fragen der sozialen Gerechtigkeit. Auf seiner Motorradreise begegnet er viel sozialer Ungerechtigkeit und menschlichem Leid, und in seinem Tagebuch entwickelt er die vage Idee eines lateinamerikanischen Nationalismus. Die Aufzeichnungen sind das Zeugnis eines jungen Mannes, der sich aus dem Gefühl heraus zu einem politisch denkenden Menschen wandelt.

Ernestos zweite große Reise, die er nach Abschluß seines Studiums im Sommer 1953 beginnt und von der er nicht wieder nach Argentinien zurückkehrt, nimmt einen sehr viel konkreteren politischen Charakter an. Kreuz und quer geht die Reise durch ganz Süd- und Mittelamerika. In Bolivien, das damals von einer neuen sozialdemokratischen Regierung geführt wird, trifft er argentinische Perón-Gegner, mit denen er die Reise durch Lateinamerika fortsetzt. Wieder trifft er überall auf soziale Ungerechtigkeit, doch stärker als auf der ersten Reise werden ihm die politischen Strukturen und Machtverhältnisse dahinter bewußt. Beinahe auf Schritt und Tritt begegnet er geflüchteten Linksintellektuellen oder Exilpolitikern wie etwa dem dominikanischen Oppositionellen Juan Bosch oder den Venezolanern Raúl Leoni und Rómulo Betancourt, und nun beschäftigt sich der Instinktsozialist auch intensiv mit politischen Theorien und Aktionen.

Neugierig auf politische Utopien und Utopisten reist er schließlich nach Guatemala, wo gerade der Sozialdemokrat Jacobo Arbenz Guzmán zum Präsidenten gewählt worden ist und mit einer weitreichenden Landreform und Bildungskampagne beginnt. In Guatemala Stadt trifft Ernesto auch einige der Überlebenden von Moncada, die die Hoffnung auf ein neues Vorbild für eine freiere Gesellschaft ebenfalls nach Guatemala zieht. In linken Kreisen Lateinamerikas ist der Angriff auf die Moncada-Kaserne bereits zum Mythos geworden, der Name Castro ist in aller Munde. Auch wenn dem eher stillen jungen Mann das lautstarke Temperament und die Großsprechereien der Kubaner nicht liegen, läßt er sich von ihrem revolutionären Feuer begeistern. Unter anderem lernt er in diesem Kreis Hilda Onfalia Gadea kennen, die er später heiratet und mit der er eine Tochter haben wird. Die Kubaner verpassen ihm schließlich auch seinen Spitznamen: Weil Argentinier die Eigenart haben, immer wieder den Ausruf »che« – übersetzt etwa »du« – in ihre Sätze einzubauen, nennen ihn die Kubaner bald nur noch »el Che«.

In Guatemala erlebt Ernesto hautnah mit, wie Politik südlich des Río Bravo funktioniert – eine Erfahrung, die seine weitere politische Karriere für immer bestimmen wird. Wie auf Kuba, in Kolumbien und vielen anderen Ländern Lateinamerikas ist die United Fruit Company eine Art Staat im Staate. Der Konzern, der sich heute harmlos »Chiquita – die Kleine« nennt, hat zur Sicherung seines Monopols riesige Besitztümer zusammengekauft, von denen er aber nur acht Prozent bewirtschaftet. Außerdem hält United Fruit in Guatemala ein Monopol auf Eisenbahnen und Häfen. Mit einer Bodenreform, Enteignungen sowie neuen Bahnlinien und Hafenanlagen will die Regierung die Macht des Konzerns brechen, außerdem sollen in einer großangelegten Kampagne die Menschen auf dem Land alphabetisiert werden – ein Experiment, das in ganz Lateinamerika gespannt verfolgt wird. Doch die United Fruit Company und der US-Geheimdienst CIA (dessen Chef Allen Dulles, Bruder des US-Außenministers John Foster Dulles, war pikanterweise zuvor Präsident des Agrarmonopolisten) torpedieren die Reformen: Sie beginnen eine

Propagandaoffensive und bezahlen eine Söldnerarmee, um die Regierung Arbenz zu stürzen und das sozialdemokratische Experiment gewaltsam zu beenden. Guatemala-Stadt und die neuen Hafenanlagen werden von US-Flugzeugen bombardiert. Unter Führung von Castillo Armas rücken die Söldner von Nicaragua aus ins Land ein und übernehmen schließlich die Macht. Damit beginnen drei Jahrzehnte des blutigen Terrors durch wechselnde Militärdiktaturen, dem rund 100000 Menschen zum Opfer fallen, darunter viele Ureinwohner, die weiter für ihr Recht auf Landbesitz kämpfen.

Zu Beginn der Kämpfe schließt sich Ernesto Guevara den Jungsozialisten an. Auf mehreren Treffen fordert er, die Bauern für einen Guerillakrieg zu bewaffnen. So gerät er auf die Abschußliste der CIA und in akute Lebensgefahr. Argentinische Botschaftsangehörige schmuggeln ihn schließlich in den Zug nach Mexiko.

In der Aztekenhauptstadt trifft Ernesto sich auch wieder mit den versprengten Exilkubanern. Er schlägt sich mehr schlecht als recht durch, mal arbeitet er als Arzt im Zentralkrankenhaus von Mexiko-Stadt, mal als Fotograph und Buchhändler. Letztere Anstellung nutzt Ernesto nach Kräften, um sich mit den Schriften von Marx und Lenin einzudecken und in den Historischen Materialismus einzulesen. Als er hört, daß Fidel in die Stadt kommt, will er ihn unbedingt kennenlernen.

Als die beiden sich am 8. Juli, einen Tag nach der Ankunft Fidels in Mexiko, treffen, ist es Liebe auf den ersten Blick. Sie reden die ganze Nacht hindurch, der »Che« muß über Guatemala berichten, und Fidel legt seine Pläne für einen Sturz Batistas und die Zukunft Kubas dar. Der Argentinier ist begeistert vom Optimismus und dem Charisma des Kubaners. »Am frühen Morgen, wenige Stunden nachdem wir uns kennengelernt hatten, war ich bereits einer seiner zukünftigen Revolutionäre«, erzählt er später. Wobei »*einer* der Revolutionäre« eine leichte Untertreibung ist: Ernesto Guevara wird nicht nur einer der wichtigsten Weggefährten Fidels, sondern er wird nach seinem Tod von Fidel auch zum Sinnbild der kubanischen Revolution stilisiert werden.

★

In »Che« findet Fidel einen intellektuellen Widerpart, der ihn in langen Gesprächen in Mexiko und später, in der Sierra Maestra, nach und nach mit der marxistischen Analyse vertraut macht. In Fidels Programm findet sich davon noch lange nichts, und auch später bleibt der Historische Materialismus eher der äußere Anstrich. Die Gründe liegen auf der Hand: Karl Marx beschreibt in seinen Büchern die Situation weitentwickelter Industrienationen, die mit dem Entwicklungsstand einer Agrarnation wie Kuba wenig gemein hat. Einzig sein Aufsatz zum Bonapartismus hat etwas mit der Situation Kubas unter der Herrschaft Batistas zu tun. In Lenins Schriften sieht es kaum besser aus: Der Sowjetrevolutionär beschäftigt sich lediglich in einem einzigen Aufsatz mit dem Imperialismus. Die Probleme Kubas lassen sich viel besser mit den Schriften José Martís in Einklang bringen, und vor allem läßt sich auf Kuba mit dessen Namen mehr bewegen als mit den verketzerten Namen Marx und Lenin. Nur die Chinesen könnten mit ihrem Agrarsozialismus ein Modell abgeben, doch für die interessiert sich Fidel in diesem Moment überhaupt noch nicht.

Zur Zeit seiner Begegnung mit »Che« schreibt Fidel an seinem ersten Manifest für das kubanische Volk, das ganz dem Antikolonialismus Martís und anderer lateinamerikanischer Nationalisten verpflichtet ist. Das Manifest kronkretisiert die Forderungen aus Fidels Verteidigungsrede zu fünfzehn Punkten, in denen es unter anderem heißt: »Beseitigung der Latifundien, Verteilung des Landes unter Bauernfamilien ... Recht der Arbeiter auf Beteiligung an den Gewinnen der großen Industrie-, Handels- und Bergbauunternehmen ... Minderung sämtlicher Mieten ... Sofortige Industrialisierung des Landes durch einen umfassenden und vom Staat vorgelegten Plan ... Verstaatlichung der öffentlichen Einrichtungen: Telefon, Elektrizität und Gas ... Errichtung von zehn Kinderdörfern mit dem Ziel, 200 000 Kinder von Arbeitern zu beherbergen und zu erziehen ... Verbreitung der Kultur in den letzten Winkel des Landes ... Reform des Finanzwesens ... Einrichtung einer Arbeitslosenversicherung ... Angemessene Entlohnung der Staatsdiener, Rentner und anderer dem Gemeininteresse dienlicher Berufsgruppen wie Ärzte und Lehrer ... Ende der Rassendiskriminierung ... Umbau der Justiz ... Konfiszierung sämtlicher von früheren Regierungen veruntreuter Besitztümer.«

Dieses Manifest läßt Fidel bei Vanegas drucken. Ondina Pino, die ebenfalls im Exil in Mexiko lebt und zur Gruppe von Fidel gehört, schmuggelt ein Manuskript nach Kuba, wo es die verbliebenen Mitglieder der Gruppe M-26-7 in einer Auflage von 50000 Exemplaren drucken und am 16. August, dem Todestag von Eduardo Chibás, verteilen.

In der Republik Mexiko begegnet Fidel einem weiteren antikolonialistischen Modell, das viel mit dem seinen gemein hat und dem bis dahin als einzigem in Lateinamerika ein gewisser Erfolg beschieden ist. Sorgfältig studiert er die Agrarreform des früheren mexikanischen Präsidenten Lázaro Cárdenas, der 1938 die US-amerikanischen und britischen Ölförderunternehmen enteignete und in das Unternehmen Petróleos Mexicanos überführte. Später begegnet er dem Ex-Präsidenten persönlich und freundet sich mit ihm an.

Fidel lernt einige der Großen in der mexikanischen Politik kennen, darunter auch den damaligen Arbeitsminister und späteren Präsidenten Adolfo López Mateos. Diese Freundschaft wird dazu führen, daß der Kontakt zwischen Mexiko und Fidels Kuba auch gegen die ausdrücklichen Interessen der USA eng bleibt. Eine Bekanntschaft mit Fernando Gutiérrez Barrios, dem Chef der politischen Polizei, sorgt dafür, daß Fidel vor den Agenten Batistas einigermaßen sicher ist, die mit Mordaufträgen nach Mexiko einreisen oder ihn bei den mexikanischen Behörden als kommunistischen Agitator anschwärzen sollen.

★

Einen weiteren wichtigen Weggefährten lernt Fidel am 26. Juli 1955, dem zweiten Jahrestag des Angriffs auf die Moncada-Kaserne, kennen. Morgens geht Fidel in den Park von Chapultepec im Zentrum der Stadt, um dort einen Kranz vor dem Denkmal der »Niños Héroes« niederzulegen. Die »kleinen Helden von Chapultepec« sind Kadetten der Militärakademie, die sich am 13. September 1847 den einrückenden US-Truppen entgegenstellten, als diese in die mexikanische Hauptstadt einmarschierten und den Mexikanern die Hälfte ihres Territoriums abnahmen. Am Abend desselben Tages trifft Fidel sich im Spanischen Athenäum mit Flüchtlingen der Franco-Diktatur, die dem Helden von Moncada zujubeln. Dort lernt er einen weiteren Mann kennen, der in seinen politischen Plänen eine große Rolle spielen wird: Alberto Giroud Bayo, einen gebürtigen Kubaner, der lange Jahre in Spanien gelebt hat.

Alberto Bayo ist eine der vielen glücklichen Begegnungen, die Fidel in Mexiko hat, denn er verfügt über außergewöhnliche Erfahrungen im Untergrundkrieg. In der militärischen Tradition Spaniens und Lateinamerikas ist die Guerilla tief verwurzelt – nicht umsonst verwendet man im Deutschen und in anderen Sprachen das spanische Wort »Guerilla« für das, was Carl von Clausewitz den »Kleinkrieg« nennt. Schon im Spanien des 15. Jahrhunderts kam die Strategie der Nadelstiche im Kampf gegen die muslimischen Herrscher zum Einsatz, Anfang des 19. Jahrhunderts wurde auf diese Weise die napoleonische Besatzungsarmee in Spanien zermürbt, und der Krieg der Kubaner gegen die spanischen Herrscher wurde ebenfalls über weite Strecken nicht von festen Armeen, sondern von Guerilleros geführt. Bayo lernt das Handwerk der Guerilla von der Pike auf. In der Militärakademie in Toledo spezialisiert er sich auf die Bekämpfung von Guerilleros und unterrichtet dieses Fach schließlich an der Staatlichen Universität von Salamanca. Als Offizier der spanischen Armee kämpft er in den zwanziger Jahren in den spanischen Kolonien in Nordafrika gegen Abd el-Krim, den berüchtigten Anführer der Rifkabylen. Während des Spanischen Bürgerkrieges schlägt er sich auf die andere Seite und drängt darauf, daß die republikanische Armee just diese Strategie des Kleinkriegs gegen die anrückende Armee von Francisco Franco Bahamonde zum Einsatz bringt, die, dank der Unterstützung durch die deutschen Nationalsozialisten und die italienischen Faschisten, besser bewaffnet, besser ausgebildet und disziplinierter ist. Nach der Niederlage der Republikaner flieht Bayo, wie viele andere politische Flüchtlinge, aus Spanien nach Mexiko. Hier lehrt er an der Lateinamerikanischen Militäruniversität und an der Fliegerschule. Außerdem bildet er linke Rebellen für den Kampf gegen die Diktaturen von Somoza in Nicaragua und Trujillo in der Dominikanischen Republik aus.

Die Begegnung mit Bayo ist entscheidend für Fidels weitere Zukunft. Als die beiden einander vorgestellt werden, ruft Fidel aus: »Sie sind Kubaner, und Sie haben die Pflicht, uns zu helfen!« Fidel gelingt es nicht nur, Bayo davon zu überzeugen, seine Mitstreiter auszubilden, sondern auch, seine sämtlichen anderen Aktivitäten einzustellen und sich allein der kubanischen Sache zu widmen. Noch im Spanischen Athenäum gibt Bayo Fidel einen Rat, den er nie vergessen wird: »Der Guerillero ist unbesiegbar, wenn er die Unterstützung der Bauern in der Region hat.«

Im Juli 1955 verfügt Fidel allerdings über keinen einzigen Guerillero und hat außer dem Unterhalt seines Vaters keinen Peso in der Tasche. Der Veteran, damals fünfundsechzig Jahre alt, erinnert sich später, er habe Fidel, ohne groß zu überlegen, seine Hilfe zugesagt, da er den begeisterten jungen Mann nicht vor den Kopf stoßen wollte. Im stillen habe er gedacht, eine Invasion ohne Männer und ohne das nötige Geld für Ausrüstung, Waffen oder ein Boot für die Überfahrt durchführen zu wollen, wäre so, als wolle man mit bloßen Händen Berge versetzen. Doch Fidel ist sich seiner Sache sicher, und als er Bayo sagt, er werde in sieben oder acht Monaten noch einmal auf ihn zukommen, nimmt dieser ihn beim Wort: »Ich danke Ihnen schon im voraus, auch wenn man es keinem Kubaner besonders danken sollte, wenn er bereit ist, für sein Vaterland zu sterben.« Und Fidel erwidert prompt: »Gut, dann mache ich mich in die Vereinigten Staaten auf und sammle Männer und Geld.«

★

Gesagt, getan. Fidel leiht sich Geld für eine Bahnfahrkarte und steigt am 12. Oktober 1955 in Mexiko-Stadt in den Zug in Richtung USA, wo schon sein Vorbild José Martí seine Invasion vorbereitet hatte. Über San Antonio in Texas reist er nach Philadelphia und von dort aus weiter nach New York City, Union City in New Jersey, Bridgeport in Connecticut und Long Island. Über Miami und Tampa in Florida geht es am 10. Dezember 1955 wieder zurück nach Mexiko.

Überall trifft er sich mit Exilkubanern, gründet »patriotische Clubs« und »Clubs des 26. Juli« und sammelt vor allem Geld für seine Unternehmung. Seine größten Auftritte hat er in New York City im Palm Garden Auditorium und im Flager Auditorium, wo er im feinen Anzug jeweils vor rund 1000 Zuhörern spricht. In New York erklärt er dem Publikum: »Das kubanische Volk will mehr als einen bloßen Machtwechsel, es sehnt sich nach einem radikalen Wandel auf allen

Gebieten des öffentlichen und gesellschaftlichen Lebens. Das Volk will mehr als Freiheit und Demokratie in ihrer abstrakten Form, es will ein Leben in Würde. Der Staat darf das Glück keines einzigen seiner Bürger vernachlässigen.«

Die Rundfahrt ist ein bescheidener Erfolg. Fidel sammelt Spenden und spricht mit verschiedenen Exilpolitikern. Nach mehr als zwei Jahren Gefängnis und Exil gelingt es ihm, sich wieder als einer der führenden Gegenspieler von Fulgencio Batista ins Spiel zu bringen und ganz allmählich neue Unterstützer für seinen Kampf gegen den Diktator zu gewinnen.

In Miami sieht Fidel auch seinen Sohn Fidelito wieder. Der Knabe ist inzwischen sechs Jahre alt und lebt bei der Mutter in Havanna, der die Gerichte das Sorgerecht zugesprochen haben. Lidia Castro bringt Fidelito von Havanna herüber, um seinen Vater zu treffen. Später wird es vor kubanischen und – als Mirta in die USA auswandert – auch vor US-amerikanischen Gerichten einen langen Rechtsstreit um das Sorgerecht für den Knaben geben. Fidel wird den Streit schließlich für sich entscheiden und Fidelito in sein revolutionäres Kuba holen.

★

Bei seiner Rückkehr nach Mexiko ist Fidel voller Tatendrang. In einem zweiten Manifest formuliert er die Notwendigkeit einer gewaltsamen Revolution gegen Batista und entwickelt strategische Überlegungen: »Die Revolution mit lauter Stimme zu verkünden bringt ohne Zweifel mehr Frucht, als öffentlich vom Frieden zu sprechen und sich im stillen zu verschwören … Die Revolution soll das Zeichen geben, daß ihr überall die Massen folgen sollen, wenn die nationale Erhebung wie ein Sturm losbricht.« Den Movimiento 26 de Julio bezeichnet er in diesem Manifest als den einzigen rechtmäßigen Erben von Eduardo Chibás und den einzigen, der eine solche Volksrevolution gegen Batista anführen dürfe.

Die Bewegung des 26. Juli nimmt allmählich immer konkretere Formen an. Mit der Zahl der Flüchtlinge aus Kuba steigt auch die Zahl der Mitstreiter, und aus den USA kommt Geld in die Kassen. Nun nimmt Fidel die Ausbildung seiner zukünftigen Guerilleros in Angriff. Um den Männern so etwas wie eine Ausbildung angedeihen zu lassen, pachtet er mit dem gesammelten Geld einen Bauernhof in der Nähe der Ortschaft Chalco, rund fünfzig Kilometer südlich von Mexiko-Stadt. Der Bauernhof heißt Santa Rosa und liegt am Fuße eines Berges.

Er wirkt wie eine Festung: Vier Türme sollen ihn vor den Dieben und Räubern schützen, die noch zu Beginn des Jahrhunderts in dieser Region ihr Unwesen trieben, und feste Mauern umschließen einen Innenhof von 200 mal 500 Metern. Ein großer Teil des Berges, an den der Bauernhof gebaut ist – immerhin ein Grundstück von 10 mal 15 Kilometern –, gehört zum Hof. Dabei handelt es sich nicht um Ackerland, sondern um dürres, felsiges und zum Teil mit Bäumen und Sträuchern überwuchertes Gelände, das wie geschaffen ist für Kriegsspiele.

Die Disziplin und körperliche Fitneß der angehenden Guerilleros lassen einiges zu wünschen übrig. Viele von Fidels neuen Anhängern haben noch nie eine Waffe in der Hand gehabt. Also entwickeln Alberto Bayo und »Kid« Vanegas zunächst eine Art Grundausbildung mit Ausdauertraining, Gewaltmärschen mit schwerem Gepäck, Hindernisläufen, Klettern, Selbstverteidigung, Schießen und Gefechtstraining. Die Kämpfer müssen lernen, um fünf Uhr morgens aufzustehen, ohne Wasser und ohne Nahrung zu überleben, unter freiem Himmel und auf der bloßen Erde zu schlafen und zehn Tage ohne Wasser, Seife, Rasierer und Zahnbürste auszukommen. Das Training ist hart, doch die Kämpfer der Sierra Maestra erzählen später, ohne diese Schinderei hätten sie kaum überlebt.

Fidel nimmt das Training sehr ernst. Als Bayo die Gruppe einmal stundenlang unter sengender Sonne die Hänge hinauf und hinunter hetzt und ihnen nur eine halbe Orange zugesteht, lassen sich die Kubaner auf die Wiese fallen, während Fidel und »Che« weiterlaufen. Als der Anführer seine Leute auf der Wiese liegen sieht, bekommt er einen Wutausbruch: Sie sollten sich schämen, sich auszuruhen, während ein asthmakranker Ausländer weiter für die kubanische Sache kämpfe. Überhaupt ist Fidels Temperament zu dieser Zeit alles andere als ausgeglichen. Mal verfällt er in Apathie, dann wieder erfaßt ihn jäh ein Anfall von Hyperaktivität. Das Projekt Invasion kommt nicht recht voran.

★

Inzwischen spitzt sich die Situation in Havanna zu, die Auseinandersetzungen zwischen Demonstranten und Polizei in den Straßen der Stadt werden immer heftiger. Die FEU besetzt die Universität und organisiert Protestaktionen, die in Schießereien mit der Polizei enden. Zahlreiche Studentenführer werden verhaftet. Am 23. Dezember, mitten in der Zafra, treten eine Viertelmillion Zuckerarbeiter – Zuckerrohrschneider, Fabrik- und Hafenarbeiter – in einen Streik für höhere Löhne. Um die Ernte zu sichern, muß die Regierung Zugeständnisse machen.

Fidel ist zu weit weg, um mit seiner Bewegung in diesen Protesten eine Rolle spielen zu können. Doch zu dieser Zeit taucht auf der Insel zum ersten Mal in roter oder schwarzer Farbe der Schriftzug »M-26-7« an den Hauswänden auf. Im ganzen Land werden Flugblätter verteilt, auf denen zu lesen ist: »1956 kommen wir zurück, oder wir werden zu Märtyrern.«

Der Führer der Bewegung tut alles, um weiter Einfluß auf das politische Geschehen auf Kuba zu nehmen und sich als der führende Oppositionspolitiker in Stellung zu bringen. Er lädt politische Freunde nach Mexiko ein und läßt sich von den politischen Aktivitäten auf Kuba berichten. Bei einer solchen Gelegenheit erfährt er von José Antonio Echevarrías Versuch, in der FEU eine bewaffnete Widerstandsgruppe zu formieren. Das kann Fidel nicht gefallen, also versucht er, ein Treffen mit Echevarría in Mexiko zu arrangieren, um die Kräfte zu bündeln, natürlich unter seiner Führung. Fidel sieht sich als alleinigen Oppositionsführer, sämtliche anderen Gruppen haben sich ihm zu unterstellen. Doch das heißt noch nicht, daß Echevarría und andere diesen Anspruch auch anerkennen.

Allmählich baut Fidel auch seine Organisation weiter aus. Mit den wachsenden Demonstrationen erhält seine Bewegung auf Kuba weiteren Zulauf. Immer mehr Mitglieder der Gruppe folgen Fidel nach Mexiko, um sich dort dem bewaffneten Kampf anzuschließen. Unter anderem sind nun auch Haydée Santamaría und Melba Hernández in Mexiko. Auch Fidelito lebt seit Mitte September bei seinem Vater in Mexiko, nachdem Freunde ihn aus Miami herausgeschmuggelt haben.

Fidels Guerillera-Truppe wächst. Im Februar 1956 hat er bereits fünfzig Kämpfer um sich geschart. Neuankömmlinge werden in die

Wohnung von María Antonia González gebracht, die ihnen Quartiere in der Stadt verschafft. Die Wohnung ist nun kaum noch bewohnbar und vollends zum Hauptquartier des M-26-7 geworden. Auf Kuba führt Frank País die Bewegung an und hält sich treu an jede von Fidels Weisungen. Er beginnt mit der Suche nach einem geeigneten Landungsort für eine Invasion und entscheidet sich für die Provinz Oriente. Celia Sánchez, Tochter des Arztes Manuel Sánchez, die seit 1955 der Gruppe in Manzanillo angehört, beschafft detaillierte Karten der Küste sowie Seekarten mit Angaben über Gezeitenströmungen, Winde und Untiefen und schickt sie nach Mexiko.

★

Natürlich läßt auch Batista nichts unversucht, seinen Gegner in Mexiko auszuschalten. Immer wieder tauchen Spione in Mexiko-Stadt auf, die die Bewegung unterwandern oder Fidel ermorden sollen. Über die Ankunft einiger dieser Spione ist Fidel vorab durch seine Kontaktleute auf Kuba informiert: Sie werden in die Quartiere der Guerilleros gebracht und dort ermordet, ihre Leichen werden außerhalb der Stadt vergraben oder verschwinden in der Kanalisation. Doch nicht alle werden enttarnt: Einem gelingt es, die mexikanische Polizei umfassend über die Aktivitäten der Gruppe zu informieren.

Am 20. Juni wird Fidel auf der Straße von der Polizei festgenommen. Der Geheimdienst durchsucht die Wohnung in der Calle Emparán 49 und verhaftet Hilda Gadea, María Antonia González, Melba Hernández und rund zwanzig weitere Kubaner. Auch der Bauernhof Santa Rosa wird durchsucht; hier werden »Che« Guevara und etwa zwanzig weitere Guerilleros verhaftet und einige kleinkalibrige Waffen konfisziert. Raúl Castro und Alberto Bayo schaffen es, der Verhaftung zu entkommen.

Insgesamt achtundzwanzig Gefangene werden dem Richter vorgeführt. Ihnen wird vorgeworfen, sie hätten das politische Exil in Mexiko zur Gründung einer terroristischen Gruppe mißbraucht. Die kubanische Botschaft fordert die Auslieferung der Gefangenen, da diese eine kommunistische Verschwörung planten und den Staatspräsidenten Batista ermorden wollten. Bei dieser Gelegenheit schreibt Fidel: »Die Behauptung, ich sei Kommunist, muß jedem absurd erscheinen, der meinen politischen Werdegang kennt: Mit der kommunistischen Partei hatte ich nicht das geringste zu tun.« Ex-Präsident Lázaro Cárdenas setzt sich für die Gefangenen ein und verhindert ihre Auslieferung an Kuba. Ende Juli sind Fidel und seine Mannen wieder auf freiem Fuß.

★

Obwohl der Gefängnisaufenthalt kaum mehr als einen Monat dauert, ist es ein harter Rückschlag für die Bewegung. Sie steht nun unter verschärfter polizeilicher Beobachtung, muß sich neue Quartiere suchen und neue Waffen anschaffen und hat mit dem Bauernhof Santa Rosa einen wichtigen Teil ihrer Infrastruktur verloren. Einige Mitglieder der Gruppe ziehen in den 500 Kilometer entfernten Hafen von Veracruz am Golf von Mexiko um, andere ins mehr als 1000 Kilometer entfernte Mérida auf der Halbinsel Yucatán. Alberto Bayo bekommt kalte Füße und will nun nichts mehr mit der Sache zu tun haben. Fidel läuft die Zeit davon, wenn er sein Versprechen wahr machen will, noch 1956 nach Kuba zurückzukehren.

Im August zitiert er Frank País nach Mexiko, um mit ihm die Strategie für die Invasion zu besprechen. Sie vereinbaren, daß die Gruppe M-26-7 keine neuen Freiwilligen mehr nach Mexiko schicken, sondern sich darauf konzentrieren soll, ein Netz an Unterstützern auf Kuba aufzubauen. Im Moment der Invasion soll die Gruppe an verschiedenen Stellen der Insel Anschläge verüben, bewaffnete Erhebungen anführen und einen Generalstreik ausrufen. Am 29. August kommt das Treffen mit dem Studentenführer José Antonio Echevarría schließlich zustande, und die beiden vereinbaren den Zusammenschluß des revolutionären Direktoriums der Studenten in Havanna mit dem M-26-7 unter der Führung Fidels. Theoretisch zumindest, denn Echevarría läßt es sich nicht nehmen, weiter auf eigene Faust Aktionen gegen Batista durchzuführen.

Vor allem braucht Fidel nun ein Schiff, um überhaupt an eine Landung denken zu können. Also fährt er noch einmal in die USA, um Spenden zu sammeln. Er wirft alle früheren Bedenken über Bord und trifft sich dort mit dem kubanischen Ex-Präsidenten Carlos Prío Socarrás. Der gibt sich offenbar der Illusion hin, der junge Mann könne nach einer gelungenen Invasion ins zweite Glied zurücktreten und ihm wieder die Macht überlassen. Also gibt Prío Socarrás ihm 100 000 US-Dollar.

Wieder in Mexiko, macht sich Fidel auf die Suche nach einer Jacht. Ein Waffenhändler stellt einen Kontakt zu einem US-Amerikaner namens Robert B. Erikson her, der in Mexiko lebt und im Hafen von Tuxpan, rund 300 Kilometer nördlich der Stadt Veracruz, eine Holzjacht und einen Schuppen zum Kauf anbietet. Das Boot ist nicht mehr das jüngste und trägt den passenden Namen *Granma*, Großmutter. Es hat einen Dieselmotor und bietet mit seinen gerade mal einundzwanzig Metern Länge rund fünfundzwanzig Personen Platz. Doch es kostet nur 25 000 Dollar, so daß Fidel noch genügend Geld bleibt, um Gewehre, Granatwerfer, Munition, Uniformen und Tarnmaterial zu beschaffen. Nach und nach läßt er die Ausrüstung von Mexiko-Stadt hinunter nach Tuxpan bringen. Auf der kurvenreichen Strecke die Berge der Sierra Madre Oriental hinunter läßt er an jedem Motel Waffen verstecken, denn, wie er später erzählt, »die haben uns überall gesucht«.

★

Zwischendurch begibt Fidel sich jedoch auf Freiersfüße und scheint die geplante Invasion völlig zu vergessen. Eine der neuen Unterstützerinnen der kubanischen Rebellen ist die Witwe Teresa Casuso. Als die beiden sich zum ersten Mal begegnen, ist Teresa in Begleitung der achtzehnjährigen Isabel Custodio, einer blonden, großgewachsenen Kubanerin. Fidel verliebt sich auf Anhieb in das Mädchen, stellt ihr nach, überhäuft sie mit Geschenken und macht ihr schließlich sogar einen Heiratsantrag. Sie lehnt ab, da sie keine Lust hat, mit ihm zusammen nach Kuba überzusetzen, um dort einen Untergrundkrieg zu beginnen.

Etwa um diese Zeit, am 21. Oktober, stirbt Ángel Castro. Er rutscht auf den nassen Fliesen im Bad seiner Finca in Birán aus, fällt auf den Rand der Wanne und erleidet dabei einen Leistenbruch. Mittags wird er ins Krankenhaus der United Fruit Company in Marcané gebracht, wo er sofort operiert wird. Am frühen Morgen des folgenden Tages hat er einen Herzanfall. Ein Priester wird gerufen, der Ángel die Beichte abnimmt und ihm die Kommunion erteilt. Um 8.45 Uhr stirbt Ángel Castro im Alter von einundachtzig Jahren. Raúl weint, als er die Nachricht erhält. Fidel zuckt nur wieder mit den Schultern.

★

Die Zeit wird immer knapper. Am 21. November wird Fidel völlig unerwartet eine Mitteilung der mexikanischen Einwanderungsbehörde zugestellt, in der es heißt, er habe drei Tage, um das Land zu verlassen. In aller Eile ruft er die Guerilleros aus allen Teilen des Landes in Tuxpan zusammen. Am 24. November schickt er verschlüsselte Telegramme an verschiedene Untereinheiten seiner Bewegung auf Kuba, um den Beginn der Aktion anzukündigen und dafür zu sorgen, daß zeitgleich mit der Ankunft der Guerilleros auf ganz Kuba Anschläge verübt und Generalstreiks ausgerufen werden.

Auf der Fahrt nach Tuxpan macht er vorsorglich sein Testament. »In dem Auto, das mich zur Abfahrtsstelle nach Kuba bringt, um eine heilige Schuld an meinem Vaterland und meinem Volk einzulösen, schreibe ich meinen letzten Willen nieder für den Fall, daß ich im Kampf ums Leben komme. Meinen Sohn übergebe ich in die Obhut des Ehepaares Alfonso Gutiérrez und Orquídea Pino. Ich treffe diese Entscheidung, da ich nicht möchte, daß mein Sohn Fidelito in meiner Abwesenheit in die Hände meiner schlimmsten Feinde fällt ... Da sich meine Frau als unfähig erwiesen hat, sich aus der Gefangenschaft durch ihre Familie zu befreien, möchte ich verhindern, daß mein Sohn in dem unheilvollen Gedankengut aufwächst, im Kampf gegen welches ich möglicherweise sterbe. Daher lasse ich ihn bei denen, die ihn besser erziehen, bei dem großzügigen Ehepaar, das im Exil unsere besten Freunde waren und in dessen Haus wir, die kubanischen Revolutionäre, ein wirkliches Zuhause gefunden haben. Und indem ich den beiden meinen Sohn überantworte, gebe ich ihn auch in die Obhut Mexikos, auf daß er hier in diesem freien und gastfreundlichen Land aufwächst und erzogen wird und nicht in meine Heimat zurückkehrt, bis sie frei ist oder er für sie kämpfen kann.«

Fidels Wunsch soll nicht in Erfüllung gehen. Schon in der zweiten Dezemberwoche wird der Junge von der mexikanischen Polizei »befreit« und wieder zurück nach Miami zu seiner Mutter gebracht.

★

Insgesamt 132 Rebellen versammeln sich in einem Motel namens »Mi Ranchito« in der Nähe von Tuxpan. Am späten Abend des 24. November machen sie sich von dort aus auf den Weg hinunter zum Hafen. Bei anhaltendem Nieselregen holen sie die Waffen aus dem Schuppen, verladen sie und besteigen dann einer nach dem anderen das Boot. Insgesamt zweiundachtzig Männer werden auf der *Granma* zusammengepfercht, der Rest muß zurückbleiben. Am 25. November um zwei Uhr morgens macht die *Granma* die Leinen los und tuckert, ohne Licht und mit gedrosseltem Motor, den Río Tuxpan hinunter in Richtung Golf von Mexiko und Kuba. Als die *Granma* hinaus aufs offene Meer schaukelt, singen die durchnässten und dichtgedrängt beieinander stehenden Rebellen die kubanische Nationalhymne.

5

Der Comandante

Die Geschichtsschreibung der kubanischen Revolution ist voller Mythen und Helden, doch die Überfahrt an Bord der *Granma* und die anschließende, mehr als zwei Jahre dauernde Guerilla in der Sierra Maestra sind die zentralsten. Das Schiffchen steht heute als Wallfahrtsschrein der Revolution im Garten des Revolutionsmuseums von Havanna. Und der »Barbudo«, der bärtige Guerillero, der in olivgrüner Uniform und Hand in Hand mit der Landbevölkerung gegen den Diktator kämpft, wurde zum Inbegriff des kubanischen Revolutionärs.

Die Sierra Maestra ist eine Gebirgsregion von 150 Kilometern Länge und fünfzig Kilometern Breite, bewachsen von feuchten, schwer zu durchdringenden Regenwäldern. Der höchste Gipfel ist der Pico Turquino mit 1950 Metern. Von oben gesehen ist die Sierra nur ein welliges Blätterdach in verschiedenen Grüntönen. Im Halbdunkel am Boden ist es jedoch ein nicht zu überblickendes Gewirr aus Schluchten, Wasserfällen, Bächen, Felsen, Baumstämmen und dichtem Unterholz. Es ist schwer, hier eine kleine bewegliche Rebellengruppe auszuräuchern, aber genauso schwer ist es, von hier aus einen Bürgerkrieg zu gewinnen, wenn niemand kommt, um ihn zu führen. Fidels größte Leistung ist es in den kommenden zwei Jahren denn auch, sich von einer abgelegenen Ecke der Insel aus an die Spitze des Widerstandes gegen den Diktator zu setzen und den Krieg in die Sierra zu holen.

Im Grunde ist der Erfolg dieses Unternehmens buchstäblich ein Triumph des Willens. Fidel hat keine Armee zur Verfügung, sondern nur eine Handvoll Abenteurer mit leichten Waffen. Er ist ein Draufgänger, ein Besessener, vielleicht ein Verrückter, der sehenden Auges in den sehr wahrscheinlichen Tod geht. Aber wie schon beim Überfall auf die Moncada-Kaserne scheint ihn das nicht zu interessieren. Er wird angetrieben von dem unbedingten Willen, Batista zu vertreiben und selbst die Macht zu übernehmen. Dieser Wille zur Macht ist seine einzige, aber eine hochwirksame Waffe.

★

Um die mexikanische und die kubanische Küstenwache zu umgehen, nimmt die *Granma* in großem Bogen Kurs auf den kubanischen Süden, vorbei an Jamaika und den Kaiman-Inseln. Laut Plan wollen die Guerilleros nach fünftägiger Überfahrt am 30. November in der Nähe des Dorfes Niquero in der Provinz Oriente an Land gehen.

Fidel vergleicht sich gern mit Don Quichotte, und angesichts dieses Unternehmens versteht man gut, warum. Wie schon der Überfall auf die Moncada-Kaserne scheitert die Landung grandios. Das Wetter ist genauso schlecht wie die Planung, die Wellen im Golf schlagen hoch, und überladen wie sie ist, kommt die *Granma* langsamer voran als erwartet. Immer wieder schwappt Wasser ins Boot, und da die Pumpen nicht funktionieren, müssen die Rebellen mit Eimern zu Werke gehen. Während der ersten Tage sind die meisten die ganze Zeit über seekrank und müssen sich übergeben. Nachdem das Wetter sich einigermaßen gebessert hat, geht zuerst das Trinkwasser und in Sichtweite der kubanischen Küste auch noch der Sprit aus. Zu allem Überfluß wird die *Granma* von einem Hubschrauber der kubanischen Marine gesichtet, dessen Besatzung der Armee Meldung macht.

Während die Jacht langsam in Richtung Kuba tuckert, erfahren die Männer aus dem Radio, daß Frank País, wie verabredet, mit Mitgliedern der Bewegung des 26. Juli in Santiago die Moncada-Kaserne, das Hauptquartier der Küstenwache und der Polizei sowie den Flughafen überfällt. In Matanzas und Las Villas beginnen Sabotageakte, in Guantánamo wird gestreikt. Sämtliche Aktionen scheitern, und als keine Nachricht von Fidel kommt, zerstreuen sich die Rebellen.

Am 2. Dezember, zwei Tage nach der angekündigten Ankunft, langt die *Granma* endlich an der kubanischen Küste an einer Stelle namens Punta Colorada an. Von »Landung« kann allerdings keine Rede sein: Wie der »Che« später erzählen wird, handelt es sich mehr um einen Schiffbruch. Ohne Benzin wird das Boot weit vom ursprünglich geplanten Landepunkt in einem Mangrovensumpf angespült. Die Guerilleros springen von Bord und waten durch tiefen Schlick und brackiges Wasser, das ihnen zum Teil bis zu den Schultern geht. Einen Großteil ihrer Waffen und Ausrüstungsgegenstände müssen sie an Bord der *Granma* zurücklassen. Fast zwei Stunden benötigen sie, um sich zum Festland vorzukämpfen, und das, obwohl sie nur ein paar hundert Meter zurückzulegen haben. Die herabhängenden, dornigen Blätter zerschneiden den Guerilleros Gesichter und Hände, und die Wurzeln und Schlingen, die sich unter der schlammigen Wasseroberfläche verbergen, zerreißen ihnen die neuen Uniformen und Stiefel. Als sie endlich festen Boden betreten, haben fast alle blutige Füße.

Drei Tage lang schlagen sich die Guerilleros unter Fidels Führung ins Landesinnere durch, immer wieder werden sie beschossen. Als sie am 5. Dezember auf einer Anhöhe mit dem Namen Alegría de Pío ihr Lager aufschlagen, findet das Abenteuer schon fast sein Ende. Die Guerilleros werden von einer Einheit der Armee entdeckt, aus der Luft bombardiert und gleichzeitig von Infanteriesoldaten aus nächster Nähe unter Beschuß genommen. Bei dem Angriff kommen vier Guerilleros und ein Soldat ums Leben.

Die Rebellen werden in alle Himmelsrichtungen zerstreut und versuchen sich nun auf eigene Faust zu einem vorab vereinbarten Treffpunkt am Fuße der Sierra Maestra durchzuschlagen. Das Militär verfolgt die entkommenen Kämpfer und durchkämmt die ganze Region. Auf der Flucht werden achtunddreißig Guerilleros aufgegriffen, siebzehn werden an Ort und Stelle von der Armee ermordet und weitere einundzwanzig verhaftet und später zu Gefängnisstrafen in Santiago und auf der Isla de Pinos verurteilt.

Bei dem Angriff von Alegría de Pío erhält »Che« Guevara einen Schuß in den Hals und überlebt nur durch die Hilfe von Juan Almeida. Auf der Flucht muß er seinen Rucksack mit den Medikamenten und medizinischen Geräten zurücklassen, die er aus Mexiko mitgebracht hat.

Fidel entkommt mit dem für ihn sprichwörtlichen Glück. Zusammen mit seinen beiden Leibwächtern Universo Sánchez und Juan Manuel Márquez versteckt er sich in einem Zuckerrohrfeld. Immer wieder donnern Flugzeuge im Tiefflug über die Flüchtenden hinweg und beschieβen sie. Dabei wird Márquez getötet. Am Abend des ersten Tages stöβt der Arzt Faustino Pérez zu Fidel und Universo. Eine Woche lang halten sich die drei in Zuckerrohrfeldern verborgen, in steter Angst vor den Jagdflugzeugen der kubanischen Luftwaffe, die im Tiefflug die Gegend absuchen. Sie haben kaum Wasser und ernähren sich von Zuckerrohr, was nur noch durstiger macht. Pérez erinnert sich, daβ Fidel ununterbrochen im Flüsterton auf seine beiden Begleiter einredet – nicht etwa über Fluchtmöglichkeiten, sondern über seine Pläne für ein befreites Kuba nach dem Sturz Batistas. Schlieβlich stellt die Armee die Verfolgung ein. Kubanische und US-amerikanische Nachrichtenagenturen vermelden, die Invasion sei gescheitert und die Castro-Brüder seien tot.

Nachdem die Flugzeuge verschwunden sind, trauen sich die Totgesagten aus den Feldern heraus und machen sich auf den Weg zum vereinbarten Treffpunkt. Unterwegs stoβen sie auf einen Bauern, der sie fragt, ob einer von ihnen Alejandro heiβe. Das ist einer der Kampfnamen Fidels, und die Rebellen wissen damit, daβ sie den ersten Verbündeten gefunden haben. Der Bauer gehört zu einer Gruppe, die von Frank País in Santiago und Celia Sánchez in Manzanillo organisiert worden ist – das Netz des M-26-7 scheint zu funktionieren. Der Bauer nimmt die Flüchtenden auf, gibt ihnen zu essen und berichtet, es seien schon andere Guerilleros vorbeigekommen.

★

Nach und nach treffen kleine Grüppchen von Versprengten am Treffpunkt ein. Am 18. Dezember taucht Raúl mit acht Männern auf, und am 21. der »Che« mit Juan Almeida, Camilo Cienfuegos und einigen weiteren Kämpfern. Bis zum Jahresende haben sich insgesamt neunundzwanzig Guerilleros mit genau sieben Gewehren versammelt und machen sich auf den Weg in die Berge. Doch Fidel ist wie gewohnt zuversichtlich und ruft aus: »Jetzt hat Batista keine Chance mehr!«

Zu Beginn des Jahres 1957 sammeln die Guerilleros ihre Kräfte.

»Die Zeit ist auf unserer Seite.«
Der Guerillakrieger Fidel hat in der Sierra viel Muße zum Lesen.

Aus Santiago kommt Verstärkung, und auch die Bauern der Region
unterstützen die Rebellen mit Lebensmitteln. Einer von ihnen ist
ein Bergführer namens Eutimio Guerra, der die Gruppe in die Sierra
führt. Zunächst suchen die Männer einige der Waffen zusammen,
die sie auf der Flucht versteckt oder verloren haben. Um sich weiter
zu verstärken, überfallen sie am 17. Januar einen kleinen Militärpo-
sten, eine Holzhütte inmitten der kleinen Schlucht des Baches La
Plata. Nach einem fünfundvierzigminütigen Feuergefecht ist die Sta-
tion eingenommen, zwei Soldaten sind tot und fünf verwundet, während die Guerilleros keinerlei Verluste haben. Die Beute ist ganz
ordentlich: Ihnen fallen neun Gewehre, ein Maschinengewehr, Munition sowie Medikamente in die Hände. Wichtiger ist dieser Überfall jedoch für die Moral der Gruppe: Es ist das erste Erfolgserlebnis
seit dem Aufbruch in Mexiko und hebt die Stimmung. Es zeigt, daß
Bayo die Truppe gut vorbereitet hat und daß die Guerillastrategie
Früchte trägt. Auch in Havanna schlägt die Nachricht Wellen und ist
ein kleiner Schock für Batista: Der Überfall beweist, daß Castro noch
am Leben und der bewaffnete Widerstand nicht zu leugnen ist.

★

Die Freude hält nicht lange vor. Die Guerilleros werden weiter verfolgt und die Bauern der Gegend für ihre Unterstützung von der Armee ermordet oder vertrieben. Am 22. Januar landet in Palma Mocha (auch unter dem Namen »Valle del Infierno – Höllental« bekannt) eine Fallschirmspringereinheit. Die Guerilleros töten einige der Soldaten, vertreiben den Rest und ziehen sich in ein Waldgebiet namens Bosque del Mulato zurück. Dort bittet Eutimio Guerra Fidel, seine kranke Mutter in einem Dorf in der Nähe besuchen zu dürfen, und erklärt ihnen den Weg zum Pico Caracas. Kaum steigen die Rebellen den Berghang hinauf, erscheinen plötzlich B-26-Bomber am Himmel und werfen ihre explosive Fracht ab. Einige Rebellen kommen ums Leben, die Moral ist erneut am Boden. Einige der Überlebenden denken ans Aufgeben, doch Fidel redet ihnen gut zu. Er ist von Zuversicht geradezu besessen und scheint in keiner Situation die Gewißheit zu verlieren, daß er mit seiner Handvoll Rebellen den Diktator im 1000 Kilometer entfernten Havanna stürzen wird.

Einige Tage später, just nachdem sich der Bergführer ein weiteres Mal abgesetzt hat, kommt es erneut zu einem Luftangriff auf die Gruppe. Wieder und wieder werden genau die Waldstücke bombardiert, in denen sich die Rebellen aufhalten. In drei Tagen kommen zehn Männer ums Leben. Wie durch ein Wunder erreichen die übrigen den Treffpunkt Derecha de la Caridad, an dem auch Eutimio Guerra wieder zu ihnen stößt.

Ein Zufall können diese gezielten Angriffe nicht gewesen sein, das ist allen klar. Ein Bauer aus der Bewegung warnt Fidel, der Führer sei in der Zwischenzeit gesehen worden, wie er ein Militärflugzeug bestiegen habe. Der Verräter wird von Fidel verhört und gibt zu, den Auftrag gehabt zu haben, Fidel zu ermorden. Schließlich wird er vom »Che« hingerichtet. Es ist die erste, aber lange nicht die letzte Hinrichtung: Fidel läßt keinen Zweifel daran, daß in der Sierra die Gesetze des Krieges herrschen: »Ungehorsam, Desertion oder Defätismus sind Verbrechen, die mit der Höchststrafe belegt werden.«

★

Die Kämpfe in der Sierra wären in der Tat ein quichottischer Kampf gegen Windmühlenflügel gewesen, wenn Fidel nicht dafür gesorgt hätte, die Bevölkerung hinter sich zu bringen: die Bauern der Region, die ihn mit Lebensmitteln versorgen, aber auch die Menschen in den weit entfernten Städten der Insel, die eine politische Macht darstellen können. Batista will die Rebellion in der Sierra totschweigen, Fidel muß sich daher ins Gespräch bringen. Hier zeigt sich ein weiteres Mal sein Gespür für politische Inszenierungen und sein propagandistisches Genie.

Im Dezember schreibt Fidel an Frank País in Santiago, er möge ihm einen Journalisten aus den Vereinigten Staaten in die Sierra schicken. Ganz Kuba und die USA sollen von seiner Bewegung und dem Widerstand gegen Batista erfahren. Tatsächlich macht sich der US-Journalist Herbert Matthews von der *New York Times* auf den Weg nach Kuba und in die Sierra Maestra nach Derecha de la Caridad, wo er Fidel am 17. Februar trifft. Matthews interviewt den Rebellenführer und schießt zahlreiche Fotos von Fidel und dessen Männern.

Matthews sitzt der Show willig auf, die Fidel für ihn inszeniert. Zu diesem Zeitpunkt hat er lediglich achtzehn Guerilleros um sich. Außerdem sind Haydée Santamaría, Vilma Espín und Celia Sánchez, die den Widerstand im Tiefland organisieren und die Männer in der Sierra mit Lebensmitteln versorgen, anläßlich des Interviews in die Berge gekommen. Während Matthews Fidel interviewt, läßt Raúl die Guerilleros in wechselnden Formationen vorbeimarschieren, um den Eindruck zu erwecken, es befänden sich weit mehr Männer im Lager, als es tatsächlich der Fall ist. Immer wieder unterbrechen »Boten« das Gespräch, um Fidel Neuigkeiten von angeblichen weiter entfernten Frontabschnitten zu bringen. Haydée, Vilma und Celia werden als Beweise präsentiert, daß auch Frauen gegen Batista kämpfen.

In seinem Interview erklärt Fidel: »Wir kämpfen seit neunundsiebzig Tagen und werden jeden Tag stärker … Sie wissen nie, wo wir sind, aber wir wissen immer, wo sie sind … Sie haben das Risiko auf sich genommen hierherzukommen, doch Sie werden ohne Gefahr wieder gehen können, denn wir haben die gesamte Region unter Kontrolle … Die Zeit ist auf unserer Seite. Ganz Kuba befindet sich im Kriegszustand, und Batista will diese Tatsache verheimlichen. Die Diktatur gibt sich allmächtig, doch wir werden zeigen, daß sie ohnmächtig ist.«

Matthews ist tief beeindruckt und läßt sich das Heft mit seinen Aufzeichnungen von Fidel signieren. Vom 24. Februar 1957 an erscheint in der *New York Times* seine dreiteilige Artikelserie, in der er den bärtigen jungen Rebellen zu einer Ikone stilisiert. Wie erfolgreich Fidels Strategie war, zeigt sich darin, daß Matthews den Widerstand völlig überschätzt: »Fidel Castro, Anführer der jungen kubanischen Rebellen, lebt und kämpft in den fast undurchdringlichen Bergen der Sierra Maestra im äußersten Süden der Insel … Batista hat Eliteeinheiten in die Gegend abgeordnet, doch diese führen einen aussichtslosen Kampf gegen den gefährlichsten Feind, den der General je hatte.« Und: »Es entsteht eine gewaltige Oppositionsbewegung gegen General Batista. Fidel Castro und seine Bewegung sind ein flammendes Symbol der Opposition gegen dieses Regime.«

Vor allem ist Matthews aber von Fidel selbst und dessen tiefer moralischer Ernsthaftigkeit und Ausstrahlung beeindruckt. Er schafft den Mythos des revolutionären Helden, der Fidel durch seine ganze restliche Karriere begleiten wird: »Was für ein Mann! Ein kräftiger Kerl von 1,80 Meter, mit gebräunter Haut und einem struppigen Bart. Bekleidet war er mit einem olivgrünen Kampfanzug. Besonders stolz war er auf sein Gewehr mit Zielfernrohr … Die Persönlichkeit dieses Mannes ist faszinierend. Man versteht, warum seine Männer ihn bewundern … Schon auf den ersten Blick erscheint er kultiviert, ein fanatischer Kämpfer für seine Sache, ein Mann mit Idealen, Mut und außergewöhnlichen Führungsqualitäten.« Matthews legt auch den Grundstein zum Mythos vom guten Rebellen, wenn er schreibt: »Fidel bezahlt alles, was er von den Bauern bekommt.«

Das politische Programm des bärtigen Guerillaführers erscheint ihm eher vage und romantisch: »Niemand weiß, was er mit seiner Macht anstellen wird. Auch er selbst weiß es noch nicht … Es handelt sich um eine revolutionäre Bewegung, die sich selbst als sozialistisch bezeichnet. Sie nennt sich außerdem nationalistisch, was in Lateinamerika immer auch yankeefeindlich heißt.«

Die Artikel hinterlassen einen nachhaltigen Eindruck in den USA und gehen um die ganze Welt. Auch an Kuba geht ihre Wirkung nicht vorüber. Das kubanische Verteidigungsministerium behauptet zwar, das Interview habe nie stattgefunden und Fidel Castro sei tot, doch am 28. Februar veröffentlicht die *New York Times* Bilder von Matthews und Fidel im Gespräch. Größer hätte der Erfolg der Artikel nicht sein können: Mit einem Schlag wird Fidel als Rebellenführer in ganz Kuba bekannt und ernst genommen.

★

Das Frühjahr 1957 ist in vielerlei Hinsicht eine entscheidende Zeit für Fidel. Bei einem Treffen kurz nach dem Interview mit Matthews diskutieren die Guerilleros und das Direktorium der Bewegung M-26-7 erstmals über die Möglichkeit, eine zweite Front zu eröffnen, um die zunehmenden Aktivitäten der Regierungstruppen zu schwächen. Zunächst sollen die Kämpfer Verstärkung von rund sechzig Mann aus der Nähe von Manzanillo zu Füßen der Sierra bekommen, wo Celia Sánchez ein Trainingslager eingerichtet hat.

Außerdem entsteht das »Erste Manifest der Sierra Maestra«, das sich an die oppositionellen Gruppierungen in den Städten richtet und unter anderem sechs Maßnahmen zum Sturz Batistas fordert: »1. Intensivierung der Brandanschläge auf Zuckerrohrfelder, um der Regierung die Mittel zu nehmen, mit denen sie Soldaten in den Tod schickt und Flugzeuge und Bomben kauft, um Familien in der Sierra Maestra zu ermorden … 2. Allgemeine Sabotage aller öffentlichen Einrichtungen, Kommunikationsmittel und Transportwege … 3. Sofortige Hinrichtung sämtlicher Polizeiagenten, die Revolutionäre foltern und töten, sämtlicher Politiker des Regimes, die diese Situation durch ihre Dummheit und Arroganz heraufbeschworen haben, und aller, die sich den Zielen der Revolutionsbewegung in den Weg stellen … 4. Organisation des zivilen Widerstandes in allen Städten Kubas … 5. Intensivierung der wirtschaftlichen Kampagnen, um die wachsenden Kosten der Bewegung zu decken … 6. Revolutionärer Generalstreik als Höhepunkt des Kampfes … Unterzeichnet in der Sierra Maestra am 20. Februar 1957, Fidel Castro Ruz.« Das Manifest wird unter anderem von Carlos Franqui in Havanna vervielfältigt, der auch die Zeitung *Revolución* illegal druckt und vertreibt.

Mit seinem Aufruf will sich Fidel an die Spitze der Batista-Gegner setzen, doch so einfach ist die Sache denn doch nicht. Die Kommunisten lehnen seinen Führungsanspruch rundweg ab, denn für sie ist er nichts weiter als ein idealistischer Hitzkopf. Und die Auténticos

95

um Prío Socarrás, die Ortodoxos um Raúl Chibás und das Directorio Revolucionario der FEU unter José Antonio Echevarría stimmen zwar zu und liefern zum Teil sogar Waffen, doch verfolgt jeder dieser politischen Führer seine eigenen Pläne.

Gerade der Studentenführer hat ehrgeizige Ambitionen. Am 13. März greift Echevarría mit einer Handvoll Auténticos und Kommilitonen den Präsidentenpalast in Havanna an. Eine Gruppe besetzt den Radiosender Reloj und strahlt bereits die Ansprache Echevarrías aus, und eine Weile sieht es so aus, als sei Batista tatsächlich gestürzt. Eine Handvoll Rebellen gelangt sogar bis in das Büro des Diktators, doch dieser hat sich inzwischen durch einen Geheimgang in ein höhergelegenes Stockwerk geflüchtet. Die Präsidentengarde mäht die Eindringlinge am Ende mit Maschinengewehren nieder, und die Armee macht mit den übrigen kurzen Prozeß. Echevarría wird auf dem Weg zur Universität, von wo aus er einen Massenaufstand anführen will, erschossen.

Fidel erfährt die Nachricht vom Überfall auf den Präsidentenpalast aus einem Batterieradio, das Celia ihm in die Berge gebracht hat. Er ist alarmiert. Wäre Echevarrías Coup geglückt, wären all seine Anstrengungen vergeblich gewesen, und er wäre in den Pantheon der unbekannten Versager eingegangen. Mehr denn je fühlt er sich von Havanna, dem Zentrum der politischen Intrige, abgeschnitten. Andererseits empfindet er große Genugtuung über das Scheitern des Angriffs, denn mit Echevarría ist einer seiner wichtigsten Rivalen ausgeschaltet. Fidel versteht es erneut meisterlich, die Niederlage in einen Sieg umzumünzen: Er erhebt den Studentenführer zu einem der großen Märtyrer seiner eigenen Revolution und untermauert damit einmal mehr seinen Anspruch, Anführer aller revolutionären Bewegungen auf Kuba zu sein.

★

Die Artikel in der New York Times sorgen dafür, daß nun auch andere US-Medien mit einem Bericht über den romantischen kubanischen Rebellenführer aufmachen wollen. Der Fernsehsender CBS schickt den Journalisten Robert Taber und den Kameramann Wendell Hoffman nach Kuba. Die beiden gelangen über die Militärbasis Guan-

»Die schönste Blume der Revolution.«
Fidels Geliebte Celia Sánchez organisiert den Widerstand in der Ebene und
den Nachschub für die Sierra.

tánamo unbemerkt ins Land und werden von dort aus zu den Rebellen geführt. Es ist eine Ironie der Geschichte, daß ausgerechnet die von den Vereinigten Staaten bis heute besetzt gehaltene Zone im Süden der Insel für Fidels Kampf eine wichtige Rolle spielen wird: Von hier aus gelangen Waffen, Munition und Briefe zu den Rebellen. Während es Batista nicht gelingt, auch nur einen einzigen Agenten in die Nähe des Revolutionsführers zu bringen, erreichen von hier aus ganze Scharen von Journalisten ungehindert die Berge.

Für CBS bereitet Fidel eine ganz besondere Darbietung vor. Mit einigen seiner Leute steigt er auf den Pico Turquino, den höchsten Berg der Sierra Maestra. Auf dem Gipfel steht eine Statue von José Martí, die Celia Sánchez und ihr Vater, der Arzt und Sozialist Manuel Sánchez, Jahre zuvor dort oben aufgestellt haben. Dort läßt Fidel sich von Taber interviewen. In dem Dokumentarfilm, der unter dem Titel *The Story of Cuba's Jungle Fighters* ausgestrahlt wird, beklagt sich Fidel darüber, daß Washington weiter Waffen an Batista verkaufe und dem Diktator Militärhilfe gewähre. Das verstoße gegen die »Interessen der Hemisphäre« und müsse aufhören. Noch einmal betont er, die politischen Probleme Kubas könnten nur durch den Sturz von Batista gelöst werden. Am 4. Mai filmt Hoffman auch ein Verhör mit einem Spitzel, der später erschossen wird – nicht vor laufender Kamera, wohlgemerkt.

★

Der Kazikensohn Fidel ist bekannt für seinen freundschaftlichen Umgang mit den Bauern, mit denen er in Kontakt kommt. Bei jeder Gelegenheit diskutiert er mit ihnen über Politik und fragt sie nach ihrer Meinung. Dies und die Tatsache, daß er in seinem »befreiten Territorium« in der Sierra Großgrundbesitzer enteignet, deren Land und Vieh unter Kleinbauern verteilt und diese Bauern vor der Armee beschützt, die sie aus Rache foltert und vertreibt, spricht sich rasch herum. Im Frühsommer treten die Guerilleros sogar als Erntehelfer an und unterstützen die Bauern bei der Kaffeelese. Auf diese Weise gewinnt der Ejército Rebelde, die »Rebellenarmee«, eine breite Basis in der Bevölkerung. Fidel hat den Rat seines Mentors Alberto Bayo nicht vergessen.

Bei aller Romantik der zerzausten Bärte sind die Rebellen mit ihren zerlumpten Uniformen und ungewaschenen Haaren eine Zumutung. Sie stinken meilenweit gegen den Wind. Der »Che« schreibt selbst, er habe sich in den fünf Monaten zwischen Dezember 1956 und April 1957 gerade dreimal gewaschen. Den Bauern der Sierra Maestra scheint das nichts auszumachen, sie adoptieren die Rebellen und nennen sie liebevoll »Barbudos«, die Bärtigen.

Auch nichts auszumachen scheint der Gestank Celia Sánchez. In der Sierra entspinnt sich zwischen ihr und Fidel ein romantisches Band. Mit ihrer Klugheit, Einfachheit und Diskretion ist sie die perfekte Frau an Fidels Seite. Sie spielt eine wichtige Rolle bei der Ernährung der Rebellenarmee: Sie weiß, welche Waldfrüchte eßbar sind und welche nicht, kennt Heilpflanzen, entdeckt Pfade durch den Wald, indem sie Wildschweinen folgt, und kennt Tricks, sich die lästigen Mücken vom Hals zu halten. Neben seiner Geliebten wird sie auch seine persönliche Sekretärin und engste Vertraute. Sie ist eine der wenigen, die ihm die Meinung sagen darf – im stillen, wohlgemerkt.

Im Ejército Rebelde entwickeln sich bald weitere Romanzen. Vilma Espín, Tochter eines Arztes aus Santiago, die in den Vereinigten Staaten die Schule besucht hat und deshalb bei den Interviews mit US-Journalisten als Dolmetscherin einspringt, tut sich mit Raúl Castro zusammen. Melba Hernández und Jesús Montané sind bereits verheiratet, Haydée Santamaría und Armando Hart sind ein weiteres Paar aus dieser Zeit. Zumindest die Brüder Castro bleiben ihren Frauen treu: Raúl heiratet Vilma unmittelbar nach dem Triumph der Revolution, und obwohl die beiden nie heiraten, hält Fidels Beziehung zu Celia bis zum Jahr 1980, als sie einem Krebsleiden erliegt.

In der Sierra Maestra ist ein Phänomen zu beobachten, das auch von anderen lateinamerikanischen Revolutionen und Guerillas vorher und nachher bekannt ist. Die Guerilleros, ausschließlich Männer, werden von einer Gruppe von Frauen begleitet, die sich um die Verwundeten kümmern, kochen, Kleider flicken, Analphabeten unterrichten, deren Briefe schreiben und Post von der Familie vorlesen. Es herrscht eine klare Machokultur, in der die Männer mit ihren Waffen spielen und die Frauen sich um den Haushalt und die erweiterte Familie kümmern.

★

In der zweiten Maiwoche überfällt Fidel in Pino de Agua eine Einheit von Soldaten der Armee und stockt sein Arsenal auf. Inzwischen verdient seine Armee den Namen schon beinahe: Neben den wenigen Überlebenden der *Granma* hat Frank País mehr als hundert Männer aus Santiago in die Berge geschickt, dazu kommen die Bauern, die eher informell an verschiedenen Aktionen teilnehmen. Am 28. Mai greift die Truppe die Garnison Uvero in der Nähe der Karibikküste an. Nach dreistündigem Gefecht nehmen die Rebellen das Lager ein, wobei sechs Guerilleros getötet und neun verletzt werden. Auf seiten der Soldaten sind vierzehn Tote und neunzehn Verletzte zu beklagen. »Che« Guevara beschreibt den Sieg als Reifeprüfung: »Danach stieg unsere Moral und mit ihr unsere Hoffnung, am Ende zu siegen.«

Wenige Tage später wendet sich das Glück jedoch schon wieder, und so geht es den ganzen Sommer über. Die Guerilleros verfolgen Alberto Bayos Strategie der Nadelstiche, sie tauchen plötzlich aus dem Dunkel des Waldes auf, überfallen eine Kolonne oder einen abgelegenen Stützpunkt und verschwinden ebenso plötzlich wieder hinter einer Blätterwand. Scharmützel wie diese begründen den Mythos der Guerilleros, doch es sind keine wirklichen strategischen Erfolge gegen das Batista-Regime im weit entfernten Havanna. Dennoch nutzt Fidel jeden Zentimeter Bodengewinn propagandistisch für seine Sache. Er ist in den Bergen abgeschnitten von der Opposition der Städte, und wenn er der unumstrittene Führer des Widerstandes gegen Batista sein will, dann muß er zumindest den Eindruck erwecken, als sei in der Sierra die Entscheidungsschlacht gegen das Regime entbrannt. Die Opposition des M-26-7 in den Städten darf keinerlei Eigenleben entwickeln, ihre einzige Funktion ist die Unterstützung für die Kämpfer in der Sierra und damit für ihn, Fidel Castro.

Größere Sorge als die militärische Bedrohung durch Batistas kleine Einheiten in den Bergen bereitet Fidel, daß in den Städten ohne ihn eine erfolgreiche Oppositionsbewegung entstehen könnte. Daher lädt er die Führer der Ortodoxos und der Auténticos in die Berge ein und verfaßt zusammen mit ihnen ein Zweites Manifest der Sierra Maestra, das am 28. Juli in der Zeitschrift *Bohemia* abgedruckt wird. In diesem Manifest betonen sie die Notwendigkeit, eine revolutionäre Front aus allen Oppositionsgruppen zu bilden. Die Unterzeichner legen einen Plan für die Zeit nach Batista vor, der unter anderem jede Einmischung eines fremden Staates (sprich der Vereinigten Staaten) zurückweist, eine Rückkehr zur demokratischen Verfassung von 1940 verlangt und Wahlen innerhalb eines Jahres vorsieht. Für Fidel geht es allerdings weniger um den Inhalt des Papiers: Wie »Che« Guevara später sagt, ist es ein Kompromiß, um Zeit zu gewinnen und bei einem möglichen Sieg über Batista nicht außen vor zu bleiben.

Daß es Fidel schließlich im Laufe der zwei Jahre aus der abgelegenen Sierra heraus gelingt, die städtische Opposition seiner Führung zu unterstellen, ist vielleicht ein größerer Erfolg als seine militärischen Siege und Ausdruck seines unbedingten Machtwillens. In der Sierra wird ein Prinzip deutlicher, das sich bereits in Mexiko abgezeichnet hat und nach dem Sieg der Revolution immer klarer hervortritt: Für Fidel ist Macht etwas, das man ausübt, nicht teilt. Alle Bewegungen haben sich seiner unterzuordnen, und innerhalb seiner eigenen Organisation duldet er niemanden, der seinen Führungsanspruch hinterfragt. Vorschläge, wie er den Kampf in der Sierra zu führen hat, verbittet er sich: Kritik an seiner Strategie begreift er als Kritik an seiner Person.

Das bekommt Frank País zu spüren, der den Widerstand in Santiago organisiert und darauf drängt, die Aktivitäten in den Städten zu forcieren. País trifft sich mit dem US-Konsul in Santiago, der im Auftrag des Außenministeriums Kontakt zu Fidel sucht. Angesichts der fortgesetzten Unruhen auf Kuba ist die US-Regierung im Begriff, ihre Ansicht zu Batista zu revidieren. Nach dem Treffen schreibt País an Fidel: »Wir haben uns lange mit dem Konsul unterhalten, der uns offen sagte, die US-Regierung habe ihre Haltung zu Batista geändert und hätte kein Problem damit, eine nationalistische Regierung anzuerkennen. Sie betrachte uns mit Wohlwollen, und wenn wir an die Macht kämen, dann würde sie uns sofort anerkennen. Ihre Sorge besteht darin, daß wir die Macht nicht halten könnten. Ich habe auch eine gewisse Panik bemerkt, daß hinter uns die Kommunisten stehen könnten … Er empfiehlt uns, die Sabotage zu verstärken. Wenn wir eine Aktion wie die vom 30. November vergangenen Jahres in zwei oder drei Städten wiederholen würden, dann würde das Regime stürzen«. Frank País hat aber nicht nur Kontakte zum Konsulat, sondern auch zum Geheimdienst. Von der CIA erhält er ungefähr 50 000 US-Dollar in bar, mit denen er Waffen für die Guerilla kauft.

País stellt damit nicht nur den Führungsanspruch der Sierrakämpfer in Frage, er kritisiert indirekt auch Fidels autokratischen Führungsstil. In einem weiteren Brief schreibt er: »In einer Revolution kann nicht alles in einer einzigen Person vereint sein.« In den Augen

Fidels entwickelt sich País mehr und mehr zu einem gefährlichen Gegenspieler, der in die Schranken gewiesen werden muß. In einer Antwort stellt er klar:»Wir werden hier weiterkämpfen, solange es nötig ist, und diesen Krieg entweder mit dem Tod oder mit dem Sieg der Revolution beenden. Die kleine Welt der Sierra, das ist wirklich unsere große Welt.«

Am 30. Juli wird Frank País in seinem Haus in Santiago von Geheimpolizisten verhaftet und in einer kleinen Seitenstraße erschossen. Eine große Menschenmenge begleitet den Sarg, und es kommt zu einem dreitägigen Streik mit schweren Auseinandersetzungen zwischen Polizei und Streikenden. Sein Tod ist ein schwerer Rückschlag für die Bewegung des 26. Juli und für die Guerilleros in der Sierra, da País eine wichtige Verbindung zwischen Bergen und Flachland war und die Versorgung mit Waffen und Nahrungsmitteln organisierte. Außerdem reißt mit seinem Tod die Verbindung zum US-Konsulat ab. Andererseits ist damit jedoch ein weiterer von Fidels möglichen Gegenspielern aus dem Weg geräumt. Auch País wird einer der Märtyrer der Revolution.

★

Frank País war nicht der einzige, der daran zweifelte, daß Batista in den Bergen zu besiegen ist. Für die meisten Oppositionspolitiker und selbst für viele Mitglieder des M-26-7 ist die Sierra eher eine romantische und publikumswirksame Veranstaltung, ihr Wert ist eher symbolischer Natur. Für die Kommunisten ist Fidel gar nur ein Caudillo, ein Abenteurer und Alleinherrscher im Stile Francos. Andere Oppositionsgruppierungen halten einen Generalstreik oder Sabotageakte in den Städten für weitaus wirkungsvoller. Der spontane Streik nach der Ermordung von Frank País scheint ihnen recht zu geben. In Havanna beteiligen sich Teile des Movimiento an einer Verschwörung der Armee, der Marine und der Luftwaffe, die schließlich niedergeschlagen wird.

Im November treffen sich auf Einladung des ehemaligen Präsidenten Carlos Prío kubanische Oppositionspolitiker in Miami. Unter anderem folgen Vertreter der Auténticos, der Ortodoxos, der Studentenvereinigung FEU und deren Revolutionsdirektorium der

Einladung. Auch ein Vertreter des M-26-7 ist dabei. Im Gegensatz zum Manifest vom Juli, das sich jede Einmischung von außen verbittet, vereinbaren die Vertreter in ihrem Pakt von Miami unter anderem, eine Interimsregierung unter Aufsicht der Organisation der Amerikanischen Staaten (OAS) und der UNO aufzubauen. Innerhalb von achtzehn Monaten sollen Wahlen stattfinden.

Als die Nachricht von dem Pakt in der Sierra eintrifft, ist Fidel außer sich vor Wut. Er sieht in dem Dokument nichts anderes als den Versuch Príos, die Initiative an sich zu reißen, während er selbst abseits bleiben soll. Am 14. Dezember schreibt Fidel einen geharnischten Brief an die Mitglieder des Movimiento und die Unterzeichner des Pakts von Miami, in dem er dem Dokument seine Unterstützung entzieht: »Die Bewegung des 26. Juli hat niemanden ernannt und keine Delegation autorisiert, an den besagten Verhandlungen teilzunehmen.«

In seinem Brief unterstreicht er einmal mehr seinen Führungsanspruch und verweist dabei auf seine militärischen Erfolge: »Während die Führer anderer Parteien, die den Pakt unterzeichnet haben, sich im Ausland aufhalten und eine Revolution in ihrem Kopf kämpfen, sind die Führer der Bewegung des 26. Juli auf Kuba und kämpfen für eine wirkliche Revolution ... Die Bewegung des 26. Juli nimmt für sich in Anspruch, die öffentliche Ordnung herzustellen und die bewaffneten Einrichtungen der Republik zu reorganisieren. Denn sie ist die einzige Gruppierung, die im ganzen Land über diszipliniert organisierte Milizen verfügt sowie über eine kämpfende Armee, die zwanzig Siege gegen den Feind errungen hat.« Jede politische Aktion habe sich der Bewegung des 26. Juli unterzuordnen: »Ein Generalstreik wird unter der Koordination der revolutionären Front, der nationalen Arbeiterfronten oder einer anderen, von den Parteien unabhängigen und der Bewegung des 26. Juli nahestehenden Gruppe durchgeführt, da diese im Moment die einzige Gruppe ist, die im ganzen Land Widerstand leistet.« Fidel beansprucht auch das Recht, einen Präsidenten zu ernennen: »Diese Persönlichkeit soll der ehrenwerte Richter aus dem Oriente, Dr. Manuel Urrutia, sein. Nicht wir machen ihn dazu, sondern sein Verhalten.« Der Betreffende weiß zu diesem Zeitpunkt allerdings noch nichts von seinem Glück. Auch Fidel kennt den Mann nicht, er weiß lediglich, daß dieser im Mai 1957 einige Männer aus der Bewegung des 26. Juli freigesprochen hat. Urrutia scheint ein aufrechter Mann und vor allem ein brauchbarer Kompromißkandidat zu sein. Fidel schließt seinen Brief mit einer Drohung: »Sollten unsere unparteiischen Bedingungen nicht angenommen werden, setzen wir den Kampf so wie heute fort, nur mit den Waffen, die wir der Armee abgenommen haben, und nur mit der Unterstützung des Volkes. Wer in Würde fällt, braucht keine Gesellschaft.«

★

Der Pakt von Miami und die kompromißlose Haltung des Comandante führen auch in der Bewegung und ihrem Umfeld zu Diskussionen. Der Vorwurf wird immer lauter, Fidel sei im Grunde ein Caudillo wie Franco in Spanien oder Perón in Argentinien. In einem Brief an René Ramos Latour verteidigt der »Che« den Machtanspruch des Comandante en jefe: »Für mich war Fidel immer der authentische Führer der Linksbourgeoisie.« Darauf erhält er die bissige Antwort: »Die Leute deiner ideologischen Tendenz glauben, die Lösung allen Übels bestünde darin, daß wir uns von der verhaßten Herrschaft durch die Yankees befreien, indem wir uns unter die nicht weniger verhaßte Herrschaft der Sowjets begeben.« Faure Chomón, Führer des Revolutionsdirektoriums, schreibt: »Keine Organisation kann und darf für sich in Anspruch nehmen, die kubanische Revolution zu vertreten, so wie das Dr. Fidel Castro in sektiererischer Art und Weise getan hat.«

★

Fidel ist in Zugzwang, er muß in der Sierra Ergebnisse vorweisen, sonst zerrinnt ihm seine Struktur zwischen den Fingern. Schon im Sommer 1957 baut er daher in einem ersten Schritt seine Rebellenarmee um. Ziel ist die Kontrolle über ein möglichst großes Territorium mit möglichst vielen Feindkontakten. »Che« Guevara, der inzwischen zu einem der engsten Vertrauten Fidels aufgestiegen ist, wird zum Comandante ernannt. Er bekommt eine eigene Einheit, die durch seine Tagebücher berühmt gewordene »Columna 4« (die nicht so heißt, weil es so viele Einheiten gäbe, sondern, wie der

»Volk von Kuba, die Stunde ist gekommen. Wir müssen die Tyrannei
Batistas beenden.«
Der Generalstreik, ausgerufen unter anderem über den Radiosender in
der Sierra, scheitert kläglich.

»Che« schreibt, »aus reichlich infantilen Gründen der Geheimhaltung«) mit einem eigenen Stützpunkt auf der Ostseite des Pico Turquino. Der »Che« schlägt sein Hauptquartier in einer Gegend mit
dem Flurnamen »El Hombrito – Das Schülterchen« auf. Dort entsteht eine eigene Gemeinschaft mit einer Schule für die Bauern der
Region, die meist weder lesen noch schreiben können. Dort wird
auch eine Handpresse aufgebaut, mit der die erste Zeitung der Guerilleros gedruckt wird. Sie erhält den Namen El Cubano Libre, nach
der Zeitung der Befreiungsarmee des 19. Jahrhunderts. Nach und
nach entstehen hier auch ein Luftschutzraum, ein Staudamm, eine
Küche, eine Bäckerei und eine einfache Klinik.

Zu Beginn des Jahres 1958 kontrolliert die Rebellenarmee mit
rund 300 Mann mehr als die Hälfte der Sierra oder ein Gebiet von
der Größe des bayerischen Allgäus, des Schweizer Kantons Wallis
oder des österreichischen Burgenlandes, in dem allerdings nur etwa

50 000 Menschen leben. Im März wird die seit mehr als einem halben Jahr diskutierte zweite Front eröffnet: Raúl Castro verlegt eine Einheit in die Sierra del Cristal, ganz in die Nähe der elterlichen Finca. Auch hier entsteht ein befreites Territorium, es werden Ländereien umverteilt und Schulen und andere Infrastruktureinrichtungen geschaffen. Eine dritte Front entsteht unter der Führung des Moncada-Veterans Juan Almeida an den Hängen der Sierra, nordöstlich von Santiago de Cuba. Im April schließlich übernimmt der neu ernannte Comandante Camilo Cienfuegos in der Llanura del Canto, dem Flachland nördlich der Sierra, eine vierte Front.

Vielleicht eine der wichtigsten, sicher aber eine der bekanntesten Institutionen entsteht im Februar 1958. Der Journalist Carlos Franqui richtet in Fidels Hauptquartier den Kurzwellensender Radio Rebelde ein, der Nachrichten von Aktionen aus den Bergen ins Tiefland sendet und über den vor allem Fidel seine politischen Verlautbarungen verkünden kann. Der Sender ist ein wichtiges Instrument für ihn, denn auf diese Weise kann er seine propagandistische Arbeit fortsetzen und sich aus der Ferne wenigstens in Erinnerung bringen, wenn er schon nicht mitmischen kann.

★

Ebenfalls im Frühjahr 1958 entsteht ein Konkurrenzunternehmen. Am 8. Februar landet Faure Chomón mit der Jacht *Scapade*, von Florida kommend, mit sechzehn Expeditionären aus dem Revolutionsdirektorium der Studentenvertretung FEU und sieben Tonnen Waffen und Munition an der Küste der Provinz Camagüey im Herzen der Insel. Die Rebellen setzen sich im Escambray-Gebirge fest, doch da es dort an Infrastruktur fehlt, bleibt die Wirkung dieser Gruppe begrenzt.

Finanziert wird dieses Unternehmen von Carlos Prío und der CIA. In den Vereinigten Staaten setzt sich immer mehr die Erkenntnis durch, daß Batista sich nicht mehr lange halten wird. Zu groß sind die Unruhen im Land, zu verbreitet die Sabotageakte gegen Zuckerbetriebe und andere Industrieanlagen, und der Diktator kann sich nur noch mittels Gewalt an der Regierung halten. Über den US-Botschafter übt Washington Druck auf Batista aus, so daß dieser am 25.

Januar ankündigt, die Zensur zu lockern, Wahlen auszuschreiben und den Wahlsieger anzuerkennen. Gleichzeitig suchen die USA verstärkt den Kontakt zu Oppositionspolitikern.

Unterdessen versucht die CIA, die verschiedenen oppositionellen Gruppen zu infiltrieren. Einer der Spione ist der Journalist Andrew St. George, der Anfang 1958 für einen Fotoartikel der Zeitschrift *Look* in die Berge kommt, die wirklich interessanten Interviewdaten jedoch im CIA-Hauptquartier abgibt. Im Sommer 1958 schließlich wird mit einer Waffenlieferung, die der Pilot Pedro Luis Díaz Lanz in die Sierra fliegt, auch der CIA-Agent Frank Sturgis ins Lager der Rebellen gebracht. Nach der Revolution, als sich die Kubapolitik der USA erneut ändert, wird Sturgis zahlreiche Sabotageaktionen gegen Kuba unternehmen und mehrere Attentate auf Fidel einfädeln.

★

Gerade einmal sechs Wochen nachdem Batista auf Druck der USA die Zensur aufgehoben hat, führt er sie Mitte März 1958 wieder ein und läßt zahlreiche Oppositionelle verhaften und ermorden. Die USA drohen daraufhin, keine weiteren Waffen mehr an Batista zu liefern. In den Straßen Kubas beschleunigt sich die Gewaltspirale aus Polizeibrutalität, Folterungen, Demonstrationen und Sabotageakten. Aktivisten aus den Städten, einer von ihnen Faustino Pérez aus Havanna, kommen in die Sierra, um auf einen Generalstreik zu drängen. Fidel ist von der Idee noch immer nicht begeistert, doch diesmal setzen sich die Städter gegen die Kämpfer in der Sierra durch. Für den 9. April wird ein Generalstreik angekündigt, und auch der Comandante en jefe hegt trotz anfänglicher Skepsis große Hoffnungen.

Über einen besetzten Radiosender wird der Streikaufruf verlesen: »Volk von Kuba, die Stunde ist gekommen. Wir müssen die Tyrannei Batistas beenden ... Wir müssen Läden am Öffnen hindern, wir müssen den Verkehr in den Straßen stoppen, wir müssen jeden Schritt der Diktatur unterbinden.«

Doch der Streik ist ein Fiasko, er ist schlecht vorbereitet, und ihm fehlt die breite Unterstützung durch andere politische Gruppierungen. Nach Fidels Reaktion auf den Pakt von Miami weigern sich die

Auténticos und die Ortodoxos, an einer Aktion teilzunehmen, die von der Bewegung des 26. Juli ausgeht. Auch die Kommunisten und wichtige Arbeiterorganisationen unterstützen den Streikaufruf nicht. Die Regierung hat dagegen ein massives Militäraufgebot aufmarschieren und zahlreiche Regimegegner verhaften und foltern lassen. In diesem Klima der Unterdrückung und staatlichen Gewaltdemonstrationen kommt es kaum zu Arbeitsniederlegungen, in Havanna und anderen Städten geht das Leben seinen mehr oder minder normalen Gang.

Fidel ist außer sich vor Zorn. An Celia Sánchez schreibt er: »Ich soll der Führer der Bewegung sein, und nun muß ich mich vor den Augen der Geschichte für die Dummheit anderer verantworten.« Auch wenn er für den Streik war, sieht er sich auf ganzer Linie darin bestätigt, alle Kräfte des Widerstandes in der Sierra zu bündeln. Nun wird er tatsächlich recht behalten: Der Kampf gegen den Diktator wird in den Bergen entschieden.

★

Gestärkt durch den gescheiterten Streik, beginnt Batista eine militärische Großoffensive gegen die Guerilleros in der Sierra, die Operation »FF« – »Fase Final – Endphase« oder »Fin de Fidel – Das Ende Fidels«. Er mobilisiert vierzehn Bataillone der Infanterie sowie die gesamten Luft- und Seestreitkräfte. Im ganzen stehen 10 000 Soldaten unter Waffen. Fidel hat dagegen genau 321 Guerilleros und kaum Waffen und Munition zur Verfügung.

Am 24. Mai greifen Einheiten der Armee gleichzeitig an verschiedenen Stellen der Sierra an und drängen die Rebellen Stück für Stück in Richtung Pico Turquino zurück, wo sich Fidels Kommandozentrale und wichtige Einrichtungen wie der Radiosender befinden. Vom Süden her kommend, werfen Bomber vom Typ B-26 in den USA hergestellte Spreng- und Napalmbomben über der Sierra ab. Später wird bekannt, daß einige dieser Flugzeuge auf der US-Basis Guantánamo bestückt wurden. Betroffen von den Bombardements sind jedoch vor allem die Bauern. Angesichts der Opfer schreibt Fidel diese geradezu prophetischen Zeilen an Celia: »Als ich die Raketen gesehen habe, die das Haus von Mario zerstört haben, habe ich mir geschworen, daß die Nordamerikaner teuer für das bezahlen werden, was sie hier anrichten. Wenn dieser Krieg vorüber ist, beginnt für mich ein neuer Krieg, der länger und heftiger sein wird: der Krieg, den ich gegen sie führen werde. Ich weiß jetzt, daß dies meine wahre Bestimmung ist.«

Fidel zieht seine Truppen um den Pico Turquino zusammen, wo die Regierungssoldaten schon bedrohlich nahe kommen. Dabei setzen die Rebellen weiter auf die bewährte Guerillataktik der Nadelstiche: Sie nutzen ihre überlegene Ortskenntnis aus, locken Truppen in Hinterhalte, tauchen aus dem Nichts auf, überfallen Nachschubzüge und verschwinden wieder. Ihnen bleibt aber auch gar nichts anderes übrig, denn sie sind zu wenige, um selbst einer kleineren Einheit des Feindes offen entgegenzutreten, und sie müssen jede Patrone zweimal umdrehen. Doch die psychologische Wirkung dieser Strategie ist immens. Die Soldaten wissen nie, wann und woher der Feind kommt: Hinter jedem Baum kann ein Heckenschütze lauern, jeder Felsvorsprung ein Hinterhalt sein. Dadurch fühlen sie sich ständig verunsichert, vor allem die unerfahrenen Rekruten, die fast drei Viertel von Batistas Kräften ausmachen.

Trotzdem kommen die Truppen immer näher. Am 19. Juni stehen sie kurz vor dem Hauptquartier: 600 Soldaten rücken von zwei Seiten gegen die Stellungen der Rebellen vor. Mit Hilfe eines Mörsers gelingt es den Guerilleros in letzter Minute, den Ring zu durchbrechen und die Soldaten wieder zurückzudrängen.

Zwischen dem 28. und dem 30. Juni kommt es zu einem Gefecht, das eine erste Wende andeutet. In der Nähe von Santo Domingo läßt Fidel eine Stellung der Armee angreifen. Die kleine Rebelleneinheit siegt über drei Kompanien mit fast 1000 Soldaten und erbeutet nicht nur große Mengen an Waffen, sondern auch ein Funkgerät und ein Kodebuch zur Entschlüsselung der Nachrichten. Damit kennen die Rebellen die Frequenzen der Armee, können deren Funkverkehr abhören und wissen fortan immer genau, was der Feind wann und wo vorhat.

In einem dreisten Coup nimmt Raúl Castro an der zweiten Front in der Nähe von Guantánamo vierundzwanzig US-Marinesoldaten fest, um zu verhindern, daß von dem US-Militärstützpunkt aus weitere Waffen an die Armee Batistas geliefert werden. Außerdem nimmt er in Nickelminen und den Besitzungen der United Fruit Company fünfundzwanzig US-Bürger als Geiseln. Die zweite Front, die in dieser Zeit kurz vor dem Zusammenbruch steht, verschafft sich auf diese Weise etwas Luft, denn Batista stellt die Luftangriffe ein, um die Gefangenen nicht zu gefährden. Die neunundvierzig Geiseln werden auf Geheiß Fidels bis Mitte Juli wieder freigelassen. Washington streicht im Gegenzug jegliche militärische Unterstützung für Batista und verstärkt die Kommunikation mit der Rebellenarmee.

Zwischen dem 11. und dem 22. Juli kommt es zu einer entscheidenden Schlacht in El Jigüe, einem Tal, sieben Kilometer nördlich der Küste und zehn Kilometer westlich des Pico Turquino. Es gelingt den Rebellen, zwei Bataillone in einen Hinterhalt zu locken, aufzureiben und in die Flucht zu schlagen. Nach diesem Sieg bricht die Armee in sich zusammen und zieht sich sang- und klanglos zurück.

Am 20. August verkündet ein triumphierender Fidel über Radio Rebelde seinen Sieg: Die Offensive »FF« hat 76 Tage gedauert. In ihrem Verlauf sind rund 1000 Soldaten getötet oder schwer verwundet worden, 400 wurden von den Rebellen gefangengenommen und dem Internationalen Roten Kreuz übergeben. Die Militäroperation offenbart nicht nur, daß Batista die Kontrolle über Kuba entglitten ist, sondern auch, daß er selbst in der Armee nicht mehr viel Rückhalt hat: Die Offiziere zeigen wenig Engagement, viele Soldaten desertieren. Dagegen werden von den 321 Guerilleros, die den 10 000 Soldaten Paroli bieten, nur 25 getötet, weitere 50 werden verletzt.

★

Noch während die letzten Schlachten geschlagen werden, setzt Fidel seine Verhandlungen mit anderen Oppositionsgruppen fort. Am 20. Juli unterzeichnet ein Vertreter des Movimiento in der venezolanischen Hauptstadt den vom Comandante formulierten »Pakt von Caracas«, in dem Fidel als Revolutionsführer anerkannt und Manuel Urrutia als Präsident für die Zeit nach einem Sturz Batistas genannt wird.

Mit dem Rückzug der Armee aus den Bergen beginnt die Gegenoffensive der Rebellen, unterstützt von einer neuen Welle von Sabotageakten in den Städten. Der Ejército Rebelde erhält neuen Zu-

110

lauf. Raúl und Fidel Castro bleiben im Oriente, während sich der »Che« und Camilo Cienfuegos mit rund 600 Guerilleros in den kommenden Monaten in Richtung Norden durchschlagen. In Scharmützeln mit der Armee erbeuten die Guerilleros Gewehre, Munition und schwere Waffen bis hin zu Panzern. Die Moral von Batistas Armee ist miserabel, viele Soldaten der regulären Truppe desertieren oder laufen zu den Rebellen über.

Von seinem Hauptquartier in der Sierra aus instruiert Fidel die Rebellen, sich auf dem Weg unter allen Umständen immer der Unterstützung der Bevölkerung zu versichern. Gleichzeitig verkündet er über Radio Rebelde eine Agrarreform in den befreiten Gebieten. Mit der nun offensichtlichen Streitmacht im Rücken und der Unterstützung durch die Landbevölkerung hat er es leicht, seinen Führungsanspruch gegenüber den oppositionellen Gruppen zu behaupten und erste Maßnahmen in die Wege zu leiten. Doch nicht nur die Oppositionspolitiker ordnen sich ihm jetzt unter, auch angesehene kubanische Unternehmer unterstützen die Rebellen und zahlen eine »Revolutionssteuer«, mit der Waffen angeschafft und über Miami nach Kuba gebracht werden.

In den Städten gehen die Verhaftungen, Folterungen und Ermordungen politischer Gegner weiter. Batista erläßt eine Verordnung, nach der alle Ärzte, die verwundete Rebellen versorgen, mit dem Tod zu bestrafen sind. Am 3. November läßt er überstürzt Wahlen abhalten, um sein Regime noch einmal legitimieren zu lassen. Doch die Wahl ist eine Farce. Die Wahlbeteiligung ist nach Boykottaufrufen gering, und die Ergebnisse sind gefälscht. Auch international wird die Wahl nicht mehr anerkannt: Die UN weigern sich, Beobachter zu entsenden, verschiedene lateinamerikanische Staaten brechen die diplomatischen Beziehungen zu Batistas Kuba ab und unterstützen die Rebellen. Der Sturz des Diktators ist nur noch eine Frage der Zeit.

In den letzten Dezembertagen kommt es an verschiedenen Stellen im Oriente und im Zentrum der Insel noch einmal zu heftigen Kämpfen zwischen Guerilleros und dem Militär. Ende Dezember schlagen der »Che« und Camilo Cienfuegos eine entscheidende Schlacht bei der Stadt Santa Clara, nördlich des Escambray-Gebirges. Am letzten Tag des Jahres nehmen sie die dortige Militärgarnison ein und blockieren die einzige Straße, die den Norden Kubas mit dem Süden der Insel verbindet.

Am frühen Morgen des 1. Januar erklärt Batista den überraschten Gästen auf seiner Silvesterfeier im Präsidentenpalast von Havanna seinen Rücktritt. Mit seiner Familie und Koffern voller Geld flieht er noch in derselben Nacht in die Dominikanische Republik. Für einen Moment sieht es so aus, als könne Fidels Revolution in letzter Minute scheitern, denn Batista ernennt Carlos Manuel Piedra zu seinem Nachfolger und übergibt den Befehl über die Streitkräfte an Generalmajor Eulogio Cantillo y Porras. Unterstützt wird die Aktion von der Botschaft der Vereinigten Staaten und der Eisenhower-Regierung, die verhindern will, daß Castro an die Macht gelangt. Einige Stunden lang muß Fidel fürchten, daß ein von Batista unterstützter Staatsstreich seine Anstrengungen zunichte macht, doch das Militär ist nach den verlorenen Kämpfen völlig apathisch und scheint kein Interesse daran zu haben, die neue politische Entwicklung zu unterstützen. In einer Radioansprache ruft Fidel: »Ja zur Revolution, nein zu einem von Batista unterstützten Putsch.« Doch Cantillo wird von Armeeangehörigen verhaftet, die politischen Gefangenen der Isla de Pinos werden freigelassen, und die Soldaten feuern keinen Schuß ab, als die Rebellen unter »Che« Guevara und Camilo Cienfuegos die Festung La Cabaña und das Militärhauptquartier Columbia in Havanna einnehmen. Der Einzug der bärtigen Revolutionäre verläuft absolut friedlich, es kommt zu keinem Zeitpunkt zu Übergriffen gegen die Bevölkerung oder gar zu Plünderungen.

Am 2. Januar betritt Fidel die Stadt Santiago de Cuba, ohne daß sich ihm auch nur ein einziger Soldat entgegenstellt. Symbolisch besetzt er die Moncada-Kaserne und zieht dann von Santiago aus in einem fünftägigen Triumphzug vom Süden der Insel in die Hauptstadt Havanna. Der Kampf gegen die Diktatur ist zu Ende, Fidels Revolution beginnt.

6

An der Macht

»Die Revolution beginnt jetzt. Diese Revolution wird keine leichte Aufgabe sein. Die Revolution ist ein schwieriges Unterfangen, voller Gefahren. Doch es wird nicht so kommen wie 1898, als die Nordamerikaner sich zu Herren unseres Landes aufgeschwungen haben ... Jetzt geht es erst einmal darum, die Macht zu konsolidieren ... Eine Revolution macht man nicht in zwei Tagen, doch jetzt habe ich die Gewißheit, daß die Republik zum ersten Mal völlig frei ist und das Volk das bekommt, was ihm gebührt ... Diesen Krieg hat das Volk gewonnen!«

Das ruft Fidel den begeisterten Menschen am 2. Januar 1959 in Santiago zu. Der junge Revolutionär ist im Alter von offiziell zweiunddreißig Jahren am Ziel seiner Träume angekommen. Oder besser: an einem Etappenziel. Denn allein die Macht erlangt zu haben markiert für ihn noch nicht das Ende der Revolution, sondern erst deren Beginn. Als Batista am Neujahrsmorgen 1959 das Land fluchtartig verläßt, ist zwar der Kampf gegen den Diktator gewonnen, doch die eigentliche Revolution steht noch bevor. Einerseits gilt es, das Reformprogramm umzusetzen oder überhaupt erst auszuarbeiten, andererseits müssen die alten Eliten, die ihn zum Teil unterstützt haben und deren Unterstützung er noch weiter benötigt, Schritt für Schritt ausgeschaltet werden. Die ersten Monate sind entscheidend für Fidels weitere politische Zukunft auf der Insel.

★

Als Fidel vor 200 000 Menschen in Santiago spricht, steht auch Manuel Urrutia neben ihm auf dem Podium. Dem Mann, der laut Vereinbarung mit den übrigen revolutionären Gruppen künftiger Staatspräsident sein wird, begegnet er an diesem Tag bei dessen Vereidigung zum ersten Mal. Es ist keine Liebe auf den ersten Blick, im Gegenteil: Der Richter ist kein Politiker, er hat weder Ausstrahlung noch Vision, und mit seinen Ansichten steht er im konservativen Lager. Doch nun muß Fidel mit dem Mann leben, den er selbst über die Köpfe der anderen Oppositionsgruppen hinweg bestimmt hat. Fidel findet sich also mit Urrutia ab und nennt sich vorerst etwas pompös »Generalvertreter des Präsidenten bei den bewaffneten Kräften«.

Der Einzug des Rebellenführers in Havanna gerät zu einem überbordenden Fest. Hunderttausende Menschen drängen sich in den Straßen der Hauptstadt, um den legendären Barbudo zu begrüßen. Der sitzt in seiner olivgrünen Uniform und mit Militärmütze auf einem Panzer und wendet sich von links nach rechts, hinunter zur Straße und hinauf zu den Fenstern und Balkonen, um von allen Seiten die Glückwünsche der Menschen entgegenzunehmen. Nur langsam kommt der Zug voran, so viele Hauptstädter drängen sich heran, um ihm die Hand zu schütteln oder ihn zumindest zu sehen. Auf dem Malecón, der berühmten Uferpromenade, auf der die Menschen so dicht stehen, daß kein Blatt Papier mehr dazwischenpaßt, läßt er plötzlich den Konvoi anhalten. In einer Seitenstraße hat er seine Schwester Lidia und seinen Sohn Fidelito entdeckt. Fidel klettert von dem Panzer, schiebt sich durch die Menge, umarmt den Jungen und holt ihn zu sich nach oben auf den Geschützturm. Dann setzt sich der Zug wieder in Bewegung, weiter bis zum Präsidentenpalast, wo Fidel sich mit Manuel Urrutia bespricht und vom Balkon aus eine Rede hält.

★

Die Ansprache, die er an diesem Abend im Hof der Columbia-Kaserne hält, wird zur Legende. Während der Rede lassen einige Kämpfer des Ejército Rebelde weiße Tauben aufsteigen, von denen sich eine auf die linke Schulter des Comandante setzt. Es ist ein fast sakraler Moment, und die zumeist religiösen und dem Santerismus

»Jetzt habe ich die Gewißheit, daß die Republik zum ersten Mal völlig frei ist!«
Weil sich bei seiner ersten Rede in Havanna eine weiße Taube auf seine linke
Schulter setzt, halten die Santeros Fidel für einen Liebling der Götter.

anhängenden Zuschauer reagieren ekstatisch. »Fidel! Fidel!« rufen
sie begeistert. Der Mann mit der Taube auf der Schulter erscheint
in diesem Moment tatsächlich wie der siegreiche mythische Krieger Aggayú und die Verkörperung des langersehnten Friedens. Die
Babalaos, die Priester der kubanischen Santería, sind überzeugt,
daß die Tauben den Gott Obatalá verkörpern, der die Menschen erlöse, ihre Gedanken und Träume beherrsche und das Gute bringe.
Daß sich die Taube auf seine linke Schulter gesetzt habe, zeige, daß
Fidel ein Liebling der Götter sei und diese ihn gesandt hätten, um
Kuba zu retten und zu führen.

Die Rede ist auch eine erste Demonstration der Brillanz, mit der
Fidel seine Zuhörer beherrscht, und für die Magie, die von ihm ausgeht. Fidel, der bis vor wenigen Tagen noch nie vor vergleichbaren
Menschenmassen gestanden hat, spricht selbstsicher wie einer, der
weiß, daß er endlich an dem Platz angekommen ist, der ihm zusteht.
Mit seiner Körpergröße von rund einem Meter achtzig und seiner

kräftigen Statur überragt er die beiden anderen Guerilleros, die neben ihm auf dem kleinen Podium stehen. Seit der Sierra hat er sich nicht rasiert, noch immer trägt er seine olivgrüne Uniform, die er in den kommenden fast fünfzig Jahren seiner Herrschaft nur zu ganz seltenen Anlässen gegen einen zivilen Anzug eintauschen wird. Im Gürtel trägt er eine Pistole, die er ebenfalls nur ablegt, wenn er vom diplomatischen Protokoll dazu gezwungen wird. Seine Körpersprache ist ausdrucksstark: Er spricht mit den Händen, macht weite, einladende Gesten mit den Armen, und sein ganzer Körper gerät in Bewegung und geht auf seine Zuhörer zu. Er dreht sich in alle Richtungen, um zu den Menschen um ihn herum Kontakt aufzunehmen. Dabei bewegt er sich mit einer für seinen großen Körper ungewöhnlichen Leichtigkeit, nichts scheint ihn festhalten zu können. Fest steht er mit beiden Beinen auf dem Boden, seine Stimme klingt bei aller Heiserkeit befreit, und er spricht für kubanische Verhältnisse langsam und klar. Anders als andere Politiker, die gern das »Volk« im Munde führen, hat er keine Angst vor dem Volk, und er will ihm auch keine Angst einflößen. Es scheint nichts zu geben, was ihn von seinen Zuhörern trennt oder was er vor ihnen verbirgt: Mit seinem ganzen Auftreten drückt er aus, daß er Teil der Menschen ist, zu denen er spricht, er wirkt ganz wie ihr organischer Führer. Wer gerade den jungen Fidel je hat sprechen sehen, versteht ohne weitere Erklärungen, warum er eine derartige Faszination auf die Kubaner und die Menschen in ganz Lateinamerika ausübt.

Ähnlich wie schon in Santiago, verkündet er, daß diesmal, nach so vielen Enttäuschungen in der kubanischen Geschichte, die Revolution tatsächlich gekommen sei. Keine Diebe, keine Verräter und keine Eroberer würden den Kubanern die Revolution stehlen. Der Comandante en jefe beschwört die Einheit der Revolution, die vom Volk gewonnen worden sei. Gleichzeitig läßt er keinen Zweifel daran, wer diese Revolution anführen wird: die Rebellenarmee und er selbst, ihr oberster Befehlshaber. »Ich denke, wenn wir mit kaum zwölf Mann eine Armee aufgestellt haben, die niemals einen Verwundeten zurückgelassen oder einen Gefangenen geschlagen hat, dann sind wir es auch, die die Kräfte der Republik führen sollten ... Weil ich ihr Comandante bin, sehen einige vielleicht einen Anlaß zu sagen, es handele sich um eine ›politische Armee‹. Nein. Diese

Armee steht allen revolutionären Kämpfern offen. Niemand hat das Recht, eine Privatarmee zu führen.« Staat und Revolution sind damit vom ersten Tag an eins. Die Rebellenarmee ist die Speerspitze der Revolution, doch im Unterschied zur Armee Batistas hat sie sich dem Volk zu unterstellen: »In der Zeit der Diktatur war die öffentliche Meinung nichts, doch in der Zeit der Freiheit ist sie alles. Die Gewehre werden sich der öffentlichen Meinung beugen.«

An diesem ersten Abend in Havanna entwickeln sich spontan einige der vielen ritualisierten Interaktionen zwischen Fidel und der Masse seiner Zuhörer. Einmal dreht sich der Comandante mitten in seiner Rede zu Camilo Cienfuegos um und fragt ihn: »Voy bien, Camilo? – Hab' ich recht, Camilo?« Und Camilo antwortet: »Sí, vas bien, Fidel! – Ja, du hast recht, Fidel!« Die Menge prägt daraufhin den Ruf »Vas bien, Fidel, vas bien!«, mit dem sie seine Aussagen immer wieder bekräftigt.

Im Kasernenhof entsteht die Art von Dialog zwischen dem Redner und seinen Zuhörern, die Fidels Reden zum Teil noch bis heute kennzeichnet. Er stellt rhetorische Fragen und entlockt der Menge immer wieder Rufe der Zustimmung. Damit entsteht eine Art Komplizenschaft zwischen ihm und seinen Zuhörern, beide sind wie elektrisiert. Zugleich verschafft sich Fidel auf diese Weise die Legitimation für seine Handlungen. An diesem Abend beschuldigt er Mitglieder des Revolutionsdirektoriums um Faure Chomón, sich bewaffnet zu haben, und fragt: »Warum in diesem Moment an verschiedenen Stellen der Hauptstadt Waffen verstecken? Warum in diesem Moment Waffen verstecken? Wozu? Zu welchem Zweck? Um gegen wen zu kämpfen? Gegen die Revolutionsregierung, die die Unterstützung des gesamten Volkes hat?« Und die Zuhörer rufen einstimmig im Chor: »Nein, nein!« Fidel fragt von neuem: »Ist es dasselbe, wenn der Richter Urrutia die Republik regiert, wie wenn Batista die Republik regiert?« Erneut rufen die Menschen: »Nein, nein!« Und so geht es weiter: »Waffen wozu? Gibt es hier eine Diktatur?« Und wieder schallt ihm entgegen. »Nein, nein!« Mit seinem Frage- und Antwortspiel fesselt Fidel seine Zuhörer: »Wollen sie gegen eine freie Regierung kämpfen, die die Rechte des Volkes vertritt? Wozu Waffen, wenn es so bald wie möglich Wahlen geben wird? Warum Waffen verstecken? Um den Präsidenten der Republik zu erpressen? Waffen wozu? ... Ich muß euch berichten, daß vor zwei Tagen Mitglieder einer bestimmten Organisation in ein Militärlager eingedrungen sind und sich in den Besitz von 500 Gewehren, sechs Maschinengewehren und 80 000 Schuß Munition gebracht haben.« Diesmal antwortet die Menge nicht: »Nein!«, sondern: »Verfolgt sie, verfolgt sie!« Die Antworten der Menschen sind wie eine Volksabstimmung, in der sich der Comandante, der jetzt immer häufiger Máximo Líder genannt wird, seinen Anspruch auf alleinige Führerschaft der Revolution legitimieren läßt.

★

Wochen später, als die Prozesse gegen die Schergen Batistas beginnen, gehören die Sprechchöre bereits zur festen Einrichtung der kubanischen Revolution. Jedesmal wenn »Che« Guevara in seiner Funktion als Staatsanwalt der Revolutionstribunale die Anklagepunkte gegen einen der Angeklagten verliest, kann man noch Straßen weiter den Ruf »Paredón! Paredón! – An die Wand! An die Wand!« aus Zehntausenden Kehlen hören.

Noch in der Columbia-Kaserne kündigt Fidel an, er werde unter keinen Umständen gemeinsame Sache mit den alten Kräften machen. Die Verbrechen der Anhänger Batistas würden bestraft. »Ich warne alle schon jetzt, daß niemand die Verbrecher retten kann, die ohne Ausnahme und Erbarmen gemordet haben.« Die Revolutionstribunale machen ernst mit dieser Drohung. In Schauprozessen werden die Totschläger und Folterknechte Batistas mit ihren Opfern konfrontiert. Bei einem Schuldspruch wird das Urteil sofort vollstreckt, die zum Tode Verurteilten werden von einem Priester gesegnet und an Ort und Stelle von einem Hinrichtungskommando erschossen.

Insgesamt verhängen die Tribunale in den ersten Wochen rund 500 Todesurteile gegen die Verbrecher des Batista-Regimes, die gleich vollstreckt werden. Im Vergleich zu anderen Revolutionen oder Machtübernahmen wie etwa in Rußland, China oder gar dem Batista-Regime selbst verlaufen die Prozesse öffentlich und geordnet, es kommt nicht zu Lynchmorden, und die Zahl der Hingerichteten ist gering. Viele der Angeklagten, darunter auch der Bruder Batistas, werden freigesprochen. Trotzdem wird vor allem in der

US-Presse, die den Taten des Batista-Regimes weitgehend unbeteiligt zugesehen hat, ein Sturm der Entrüstung laut. Im April drängt Fidel deshalb darauf, die Revolutionstribunale einzustellen.

★

Trotz Fidels laut verkündeten Führungsanspruchs ist er mit seiner Rebellenarmee Anfang 1959 weit davon entfernt, Kuba tatsächlich regieren zu können. Großzügig gerechnet, hat sie im Februar gerade einmal 3000 Mitglieder, und bei aller Begeisterung der Kubaner für das Ende der Batista-Diktatur gibt es viele unterschiedliche politische Strömungen, von denen bei weitem nicht alle von Fidels Sieg begeistert sind.

Das Kabinett um Staatspräsident Urrutia stellt eine Art Koalitionsregierung aus den verschiedenen liberalen und antibatistischen Kräfte dar, die mit den Zielen der Revolution wenig gemein haben. Es ist ein Kompromiß, an dem die Führer aller im Pakt von Caracas vertretenen Gruppierungen beteiligt sind. Die Auténticos sind mit dem Bankier Felipe Pazos als Direktor der Nationalbank genauso dabei wie die Ortodoxos mit ihrem Vorsitzenden Roberto Agramonte im Außenministerium. Ministerpräsident wird der Anwalt und Auténtico José Miró Cardona. Im Grunde genommen, ist dieses Kabinett handlungsunfähig, denn die Parteipolitiker haben neben der Gegnerschaft zu Batista nur ihr Machtstreben gemeinsam.

Der Movimiento ist nur mit drei gemäßigten Mitgliedern – Landwirtschaftsminister Humberto Sorí Marín, Erziehungsminister Armando Hart und Verteidigungsminister Augusto Martínez Sánchez – vertreten. Der Máximo Líder hat genausowenig einen Platz im Kabinett wie die übrigen Comandantes Raúl Castro, »Che« Guevara und Camilo Cienfuegos. Den braucht er allerdings auch nicht. Es stellt sich sehr schnell heraus, daß er der eigentliche Strippenzieher im Hintergrund ist. Seine drei engsten Weggefährten sowie Raúls Frau Vilma Espín, Moncada-Veteran Ramiro Valdés, die Studienfreunde Alfredo Guevara und Antonio Núñez Jiménez, der kommunistische Wirtschaftswissenschaftler Óscar Pino Santos und der Journalist Segundo Ceballos treffen sich in der Hacienda Cojímar, wo Fidel manchmal nächtigt, und in »Ches« Haus am Strand von Tarará.

Diese Gruppe ist vom ersten Tag an ein Gegenkabinett, von dem weder Urrutia noch andere Kabinettsmitglieder etwas wissen. In den nächtlichen Sitzungen, auf denen heftig zwischen den kommunistischen und linksbürgerlichen Kräften diskutiert und gestritten wird, entstehen hier an der offiziellen Regierung vorbei Gesetze und Reformen, die Kuba verändern werden. Heimlich trifft sich Fidel auch mit den Kommunisten Blas Roca, Carlos Rafael Rodríguez und Aníbal Escalante, um dafür zu sorgen, daß der Partito Socialista Popular (PSP) ihn zumindest toleriert, wenn er ihn schon nicht in das offizielle und das inoffizielle Kabinett aufnimmt.

In Fidels Schattenkabinett entsteht unter anderem die Idee eines Ressorts für die Wiederbeschaffung von gestohlenem Staatseigentum; Minister wird *Granma*-Veteran Faustino Pérez. Ein Gesetz über betrügerische Machenschaften erlaubt es dem Staat, zahlreiche Immobilien zu beschlagnahmen. Unternehmen, die beschuldigt werden, sich auf Kosten der Allgemeinheit zu bereichern, werden enteignet; die Eigentümer werden zu Gefängnisstrafen verurteilt oder fliehen nach Miami. Am 4. März ordnet Fidel eine Senkung der Telefontarife der kubanischen Telefongesellschaft, einer Tochter der US-Gesellschaft ITT, an, wenig später übernimmt der Staat die Firma. Weitere Gesetze verfügen eine Senkung der Wohnungsmieten um die Hälfte, eine Abschaffung sämtlicher Privatstrände auf Kuba und eine Bestrafung des Rassismus (der in Batistas Kuba so weit ging, daß selbst der Diktator aufgrund seiner afrikanischen Abstammung dem US-Jachtclub von Havanna nicht betreten durfte). Außerdem werden Alphabetisierungskampagnen für die Landbevölkerung gestartet, und alle Bürger erhalten kostenlosen Zugang zur medizinischen Versorgung.

Die Konflikte mit den bürgerlichen Kräften der Regierung lassen nicht lange auf sich warten. Ministerpräsident Miró tritt schon am 13. Februar zurück. Darauf bekommt Fidel schließlich doch noch seinen Platz am Kopfende des Kabinettstisches, womit er auch offiziell die Befugnisse hat, die Reformen durchzusetzen, die von seinem Schattenkabinett erarbeitet werden.

★

Wieder in Havanna setzt Fidel das unstete Leben der Sierra Maestra fort. Kaum eine Nacht schläft er am selben Ort – aus Angst vor Anschlägen, wie es heißt, aber auch, weil sein rastloses Temperament es nicht zuläßt, daß er sich eine feste Wohnung sucht oder gar im Stile eines Batista einen Palast einrichtet. Große Häuser, teure Autos, ein Leben im Luxus, das alles interessiert ihn nicht. Er weigert sich, in Batistas prunkvollen Präsidentenpalast zu ziehen, und richtet sich in der Penthouse-Suite des Hilton-Hotels ein, das er bald in »Habana Libre – Freies Havanna«,umtauft. Ihm stehen verschiedene Häuser in der Stadt offen, doch die Nächte verbringt er meist mit Freunden, politischen Weggefährten oder Journalisten. Fidel raucht seine dicken Zigarren, diskutiert leidenschaftlich über kleinste Details seiner Reformen und schläft, wo ihn gerade die Müdigkeit überfällt.

Er arbeitet mit unermüdlicher Energie, schläft wenig und unregelmäßig, ist auch nach einer durchdiskutierten Nacht schon früh auf und läßt sich von einem seiner Adjutanten über Neuigkeiten informieren. Ununterbrochen nimmt er Informationen auf, speichert sie in seinem unheimlichen Gedächtnis und baut sie bei der nächsten passenden Gelegenheit in eine seiner zahllosen improvisierten Reden ein. In diesen Monaten hält er mehrmals wöchentlich stundenlange Ansprachen, die in Radio und Fernsehen übertragen werden, um der Bevölkerung die Ziele der Revolution bis ins kleinste zu erklären. Gabriel García Márquez beschreibt seine erste Begegnung mit dem Phänomen Castro so: »Zu Beginn der Revolution, kaum eine Woche nach seinem triumphalen Einzug in Havanna, redete er ohne Pause sieben Stunden lang im Rundfunk. Das muß ein Weltrekord sein. In den ersten Stunden setzten sich die Habaneros, die die hypnotische Wirkung dieser Stimme ja noch nicht kannten, in traditioneller Weise um den Empfänger, um zuzuhören, doch im Laufe der Zeit kehrten sie zu ihren Verrichtungen zurück, ein Ohr bei ihrer Arbeit, das andere bei der Rede. Ich war tags zuvor mit einer Gruppe von Journalisten aus Caracas gekommen, und wir hörten den Anfang der Rede im Hotelzimmer. Später hörten wir ihn ohne Unter-brechung im Aufzug, im Taxi, mit dem wir zum Markt fuhren, auf der Caféterrasse, in der Eisdiele und sogar auf der Straße aus den geöffneten Fenstern, wo die Radios in voller Lautstärke plärrten. Abends kamen wir zurück ins Hotel und hatten nicht ein Wort versäumt.«

In einem Büro, einem Ministerium oder einer Regierungssitzung ist Fidel so gut wie nie anzutreffen: Sein Büro ist dort, wo er sich gerade aufhält, und wo das ist, das weiß oft nur er allein. Zu Sitzungen erscheint er entweder gar nicht oder mit stundenlanger Verspätung. Politik zu machen bedeutet für ihn vor allem, mit dem Auto auf der Insel herumzufahren, mit Kleinbauern, Handwerkern, Fabrikarbeitern, Krankenschwestern oder Schulkindern über ihre Situation zu sprechen, immer neue Informationen zu sammeln, neue Pläne zu entwickeln und vor allem die Dinge in die Hand zu nehmen. Dies ist *seine* Revolution, und er selbst *ist* die Revolution auf eine Weise, die man gar nicht wörtlich genug verstehen kann. Man hat den Eindruck, daß er überall Hand anlegen und jede Veränderung selbst in die Wege leiten will. Der Tag ist gar nicht lang genug, um alles zu erledigen. Trotzdem will er weniger denn je Aufgaben delegieren oder gar seine Macht teilen: Er ist der Máximo Líder, und deswegen soll alles genau nach *seinen* Vorstellungen gemacht werden. Wenn er nicht da ist, können im Kabinett keine Entscheidungen gefällt werden, und er ist so gut wie nie da. Aber das macht ja nichts, denn er fällt die Entscheidungen ja ohnehin selbst.

Auch in seinen persönlichen Beziehungen bleibt er ruhelos. Während Bruder Raúl mit Vilma Espín in den Hafen der Ehe einfährt und selbst der wanderlustige »Che« sich nach seiner Scheidung von Hilda Gadea gleich wieder mit Aleida March de la Fore verheiratet, bleibt Fidel nur seiner Rastlosigkeit treu. Es scheint ihm schwerzufallen, eine feste emotionale Bindung einzugehen. Schon damals heißt es, die Revolution sei seine einzige und wahre Geliebte. Celia Sánchez ist oft an seiner Seite zu sehen, und er geht in ihrem Haus in der Calle 11 im Stadtteil Vedado ein und aus. Sie ist seine Geliebte, Privatsekretärin, Kabinettschefin und wird von den Kubanern als die »First Lady« der Revolution verehrt. Das hindert Fidel jedoch nicht daran, sich hin und wieder mit Naty Revuelta zu treffen, auch wenn die sich inzwischen lieber ihrem Mann widmet. Von Freunden läßt er sich gelegentlich junge Frauen zuführen, die dem attraktiven Abenteurer scharenweise zu Füßen liegen. Auch wenn hin und wieder neue Biographien von früheren Geliebten des Comandante en jefe erscheinen, wird man von den meisten dieser Beziehungen wohl nie etwas erfahren.

Die vielleicht berühmteste seiner öffentlich bekannten Romanzen beginnt im Februar 1959. Während er mit einem Boot durch den Hafen von Havanna fährt, erspäht er auf der Brücke des deutschen Kreuzfahrtschiffs MS Berlin eine attraktive junge Frau. Fasziniert entert er den Ozeanriesen und lernt so die neunzehnjährige Deutsche Marita Lorenz kennen, die mit ihrem Vater Heinrich Lorenz, dem Kapitän der MS Berlin, auf See lebt. Noch auf der Brücke des Schiffes verspricht ihr Fidel, sie zur Königin von Kuba zu machen – so schreibt sie zumindest in ihrer Autobiographie. Eigentlich soll die junge Frau in New York City studieren, doch Fidel überredet sie, ins »Habana Libre« zu ziehen. Die beiden sehen sich gelegentlich, und der Comandante nimmt Marita mit auf Auslandsreisen. Die Beziehung hält bis Oktober, und was dann passiert, klingt nach einer Episode aus einem James-Bond-Film. Die junge Deutsche, im sechsten Monat schwanger, wird angeblich entführt und verliert unter mysteriösen Umständen ihr Kind. CIA-Agenten werden ihr später erzählen, Fidel habe die Entführung und Abtreibung veranlaßt, weil er kein Kind von ihr haben wollte. Das klingt nicht ganz schlüssig, denn den kubanischen Führer stört es ansonsten wenig, uneheliche Kinder zu zeugen – im ganzen weiß man von acht Kindern, doch es ist keineswegs sicher, daß es nicht mehr sind. Es ist durchaus denkbar, daß die CIA selbst die junge Frau entführt hat, um sie später gegen den kubanischen Comandante einzusetzen. Es ist aber auch nicht auszuschließen, daß Marita die ganze Geschichte erfunden hat. Wie dem auch sei, Marita ist jedenfalls im Oktober 1959 wieder in den USA, und Frank Sturgis von der CIA ist mehr als interessiert an ihr.

★

Im April 1959 landet Fidel Castro einen neuen Publicity-Coup. Für den 15. April lädt ihn die Society of Newspaper Editors in die Vereinigten Staaten ein. Dort wird der Máximo Líder immer mißtrauischer beäugt. Nach den Hinrichtungen der ersten Wochen reagiert die Presse mit moralischer Entrüstung, und nach der Verstaatlichung der kubanischen Telefongesellschaft werden an der Wall Street Drohungen laut, man werde weniger kubanischen Zucker kaufen. Außerdem verstummt der Verdacht nicht, die kubanische Revolution sei in Wirklichkeit kommunistisch gesteuert. Fidel kommt der Einladung in die USA nur zu gern nach, denn ihm ist jede Gelegenheit willkommen, im mächtigen Nachbarland für seine neue Regierung zu werben.

Fidel ist sich nur zu bewußt, daß er mit seinen revolutionären Plänen an einem Konflikt mit den USA nicht vorbeikommen wird: Als Hauptabnehmer des Zuckers ist der Nachbar nach wie vor der wichtigste Außenhandelspartner Kubas, die vertraglich garantierte Zuckerabnahme ist eine wirtschaftliche Nabelschnur für die Insel. Doch der Einfluß der USA geht viel weiter: Im letzten Jahr der Batista-Diktatur besitzen US-Unternehmen Vermögenswerte von über einer Milliarde Dollar auf Kuba. Vierzig Prozent der Zuckerproduktion und fünfzig Prozent der Reserven an Nickel und Kobalt sind in US-Hand, dazu kommen zwei der drei Erdölraffinerien, die Hälfte aller Eisenbahnstrecken und neunzig Prozent der Telefongesellschaften und Stromversorgungsunternehmen. Ganze Produktionszweige und Märkte – Textilien, Getränke und weiterverarbeitete Nahrungsmittel – werden fast vollständig von US-Firmen beherrscht. Dazu kommt der Einfluß der Mafia, die von Miami aus den Tourismus kontrolliert und Glücksspiel, Drogenkonsum und Prostitution auf der Insel fördert. Auch wenn Fidel klar sieht, welche Bedrohung die USA für ihn darstellen, und auch wenn er aus Fällen wie Guatemala nur zu gut weiß, daß die US-Außenpolitik im Umgang mit mißliebigen Regierungen kaum Skrupel kennt, sucht er zunächst gute Beziehungen zum übermächtigen Nachbarn. Die Einladung kommt wie gerufen für eine Sympathiekampagne.

In Hinblick auf die öffentliche Meinung ist der Besuch ein voller Erfolg. In Begleitung seines Sohnes Fidelito besucht der Gast aus Kuba New York City, wo er die UNO, die Universität Harvard, die Kaffeebörse und das Rathaus besichtigt. Im Central Park kommen sage und schreibe 30000 Menschen zusammen, um ihm zuzuhören und -zujubeln. Er hat Auftritte im Presseclub und in der berühmten Fernsehsendung »Before the Press«. Zwar will er sich, was die versprochenen Wahlen betrifft, nicht festlegen – in zwei Jahren vielleicht, wenn Kuba soweit ist. Doch er überrascht die US-Fernsehzuschauer angenehm mit der Aussage, er sei nicht gekommen, weil er um ökonomische Unterstützung bitten wolle. Mit seinem vorsichtigen Englisch und seiner in der Fremdsprache noch zerbrechlicher klingenden Stimme sagt er in die Mikrophone:»Ich bin gekommen, um gute Beziehungen, ein gutes Verständnis und gute wirtschaftliche Beziehungen zu pflegen. Wir sind ein armes Volk, aber wir leben in einem reichen Land. Wir wollen nur in unserem reichen Land arbeiten können.« Das ist durchaus ungewöhnlich, denn neue Regierungschefs aus Lateinamerika verbinden ihren Antrittsbesuch in den USA gern mit der Bitte um Kredite und Wirtschaftshilfe. Seine Beteuerung entspricht auch nicht ganz der Wahrheit, denn Fidel erhofft sich sehr wohl eine Finanzspritze, auch wenn er sich in der Öffentlichkeit lieber unabhängig gibt.

In der kubanischen Botschaft trifft er erstmals mit einem hohen Sowjetfunktionär zusammen, dem damaligen Botschafter Michail A. Menschikow, und bespricht mit ihm Möglichkeiten der wirtschaftlichen Zusammenarbeit. Doch auf alle Fragen der Presse und anderer Gesprächspartner versichert er immer wieder, nichts mit dem Kommunismus am Hut zu haben. Die CIA schickt ihren Agenten Frank Bender alias Gerry Decher, einen deutschen Flüchtling und angeblichen»Kommunismusexperten in Lateinamerika«, um sich mit Castro zu unterhalten; nach dem Gespräch in New York City informiert Bender seine Vorgesetzten, Fidel sei mit größter Wahrscheinlichkeit kein Kommunist.

Die politische Klasse in Washington begegnet dem Comandante weitaus reservierter als die breite Öffentlichkeit. Zwar legt der kubanische Ministerpräsident an der Washingtoner Mall einen Kranz vor dem Lincoln Memorial nieder, doch diese Geste gegenüber dem unbequemen Sklavenbefreier wird so zweideutig verstanden, wie sie gemeint ist. Abends trifft Fidel Vizepräsident Richard Nixon zu einem zweistündigen Essen. Präsident Dwight D. Eisenhower hält sich währenddessen in Georgia zum Golfspielen auf. Da es sich jedoch nicht um einen offiziellen Staatsbesuch handelt, ist die Abwesenheit des Präsidenten nicht der Affront, als der sie oft dargestellt wird. Nixon und sein Gast verstehen sich nicht sonderlich gut. Fidel erzählt später, Nixon sei ein politisches Leichtgewicht und habe ihn nicht beeindruckt. Nixon andererseits hält den Comandante für naiv hinsichtlich der Gefahr des Kommunismus in Lateinamerika und behauptet, der Kubaner habe nicht die geringste Ahnung von wirtschaftlichen Fragen. Doch immerhin gesteht er dem Gast großes Charisma zu. In einem Memorandum für Eisenhower empfiehlt er, die US-Politik solle versuchen, den neuen kubanischen Führer in eine den USA genehme Richtung zu lenken.

Von Washington aus reist Fidel über Boston weiter nach Montreal und von dort nach Buenos Aires zum Gipfel der Organisation der Amerikanischen Staaten (OAS). Dort kritisiert er den Verteidigungshaushalt und den Antikommunismus der USA und schlägt vor, die Vereinigten Staaten sollten den Kontinent lieber mit dreißig Milliarden US-Dollar unterstützen, um die Armut zu bekämpfen, ähnlich wie es der Marshallplan nach dem Zweiten Weltkrieg in Europa getan habe. Washington lehnt die Forderungen als lächerlich und demagogisch ab. Interessanterweise legt John F. Kennedy keine zwei Jahre später eine »Allianz für den Fortschritt« vor, in der Fidels Vorschläge wieder auftauchen – jedoch ohne daß dieser erwähnt würde oder Kuba auch nur einen Cent davon bekäme.

★

Gleich nach seiner Rückkehr geht Fidel die wichtigste und zugleich am heftigsten umstrittene Maßnahme der Revolution an: die Agrarreform. Seit Beginn seiner politischen Laufbahn hat er sie immer wieder angemahnt, in seiner Rechtfertigungsrede im Moncada-Prozeß spielten die soziale Ungerechtigkeit und das Elend der Menschen auf dem Land eine wesentliche Rolle. Die Reform ist das Herzstück seiner Revolution, und Fidel will sie möglichst bald anpacken.

Eine erste Fassung der Agrarreform war schon im Oktober 1958 von Sorí Marín in der Sierra Maestra ausgearbeitet worden, um nachträglich die Enteignungen und Umverteilungen zu regeln, die dort praktiziert wurden. Nun soll sie im großen Maßstab auf das ganze Land angewendet werden. Autor ist jedoch nicht der Landwirtschaftsminister, sondern das Schattenkabinett von Veteranen der Sierra. Symbolisch unterzeichnet Fidel diese Reform am 17. Mai in La Plata in der Sierra Maestra, weshalb die Reform auch Sierra-Gesetz genannt wird. Sie beschränkt den Privatbesitz an Land künftig auf 385 Hektar. Für den Anbau von Zucker, Reis und Viehfutter werden 1320 Hektar zugelassen. Parallel zur Umverteilung des Grundbesitzes soll ein landesweites Netz von Großmärkten eingerichtet werden, um die gleichmäßige Versorgung aller Kubaner mit Grundnahrungsmitteln zu gewährleisten. Nach und nach entstehen Kooperativen für Produktion, Verteilung und Verbrauch. Der Staat verspricht außerdem, die neuen Kleinbauern technisch zu unterstützen.

Überall auf dem Land werden in Dorfversammlungen Besitztitel für Ländereien an vormals landlose (und arbeitslose) Landarbeiter verteilt. Dazu bekommt die Landbevölkerung Waffen, denn die Agrarreformer gehen davon aus, daß es früher oder später zu einer Konfrontation mit den Großgrundbesitzern und deren mächtigen Beschützern – sprich den USA – kommen wird. Fidel, der kreuz und quer durch Kuba reist, läßt es sich nicht nehmen, selbst bei solchen Versammlungen aufzutreten und die Besitzurkunden an die Landarbeiter zu verteilen.

Unter den ersten enteigneten Ländereien sind die der Familie Castro. Eine zornige Mutter Lina, der nur noch das Wohnhaus des Landgutes bleibt, fragt ihren Sohn Raúl: »Was zum Teufel macht ihr mit meinem Land?« Der antwortet nur, das sei eben der Sozialismus. Fidel, wie üblich etwas ausführlicher, erklärt ihr: »Wir wollen den Menschen von Dogmen befreien ... Das Problem ist, daß man uns nur die Wahl läßt zwischen einem Kapitalismus, unter dem die Menschen Hungers sterben, und dem Kommunismus, der zwar das wirtschaftliche Problem löst, aber den Menschen ihre wertvolle Freiheit nimmt ...« Offenbar versteht er seine Agrarreform nicht als kommunistisch im Sinne des damals real existierenden Sozialismus. Trotzdem ist zu bezweifeln, daß er seiner Mutter die Enteignung damit schmackhafter macht.

★

In der Tat ist die sehr praxisorientierte Umverteilung eher eine Mischung aus traditionellem hispanischen Anarcho-Syndikalismus und dem patriarchalischen Denken Fidels. Sie hat wenig mit den Theorien des Historischen Materialismus gemein und entspringt eher seinen ganz persönlichen Vorstellungen von einer gerechten Verteilung des Landes. Auf seiner USA-Reise betont er immer wieder, seine Revolution sei olivgrün, nicht rot. Natürlich muß er das, um den USA keinen Vorwand für eine Intervention zu liefern. Gleichzeitig liegt Fidel der Marxismus-Leninismus nicht: Er ist ein Mann der Tat, dem es um die eigene Macht und um die Beseitigung der sozialen Ungerechtigkeiten auf Kuba geht, nicht um abstrakte Ideen wie Klassenkampf oder die Dialektik des Historischen Materialismus.

Der Máximo Líder versucht die Fronten zwischen Sozialismus und Kapitalismus zu vermeiden. Er interessiert sich sehr für gesellschaftliche Experimente, die außerhalb des vorherrschenden ideologischen Rasters entstehen. Im Juni schickt er »Che« Guevara auf eine fünfundvierzigtägige Reise durch den Nahen und Mittleren Osten und Osteuropa, um Kontakt zu anderen Regierungen aufzunehmen und sich als Vertreter eines damals viel diskutierten Dritten Weges zu positionieren. Auf dieser Reise begegnet der »Che« den unterschiedlichsten Modellen politischer Emanzipation und Entkolonialisierung, die seit dem Ende des Zweiten Weltkrieges die Welt verändern. In Ägypten trifft er Gamal Abd el-Nasser, den Führer eines neuen arabischen Weges, in Neu-Delhi bespricht er sich mit Jawaharlal Nehru, in Indonesien begegnet er Achmed Sukarno und in Jugoslawien Josip Broz »Tito«.

★

Die kubanische Agrarreform ist nicht nur eine Möglichkeit, bestehende Ungleichheiten und quasikoloniale Besitzverhältnisse zu beseitigen und alle Kubaner gleichmäßig am Wohlstand ihrer reichen Insel teilhaben zu lassen. Die Reform ist auch eine willkommene Gelegenheit für den Machiavellisten Fidel, die bürgerlichen Kräfte in der Regierung weiter zu schwächen und seine eigene Machtbasis zu stärken.

Zur Umsetzung der Reform richtet er Anfang Juni den Instituto Nacional de Reforma Agraria (INRA) ein, macht sich selbst zu dessen Präsidenten und besetzt das Institut mit Leuten aus seinem Schattenkabinett. Antonio Núñez Jiménez wird Direktor des Instituts, und »Che« Guevara, der inzwischen per Dekret die kubanische Staatsbürgerschaft bekommen hat, wird Direktor der Abteilung für Industrialisierung. Vordergründig ist der INRA eine Regierungsorganisation, doch in Wirklichkeit ist er eine Gegenregierung, in der die politischen und wirtschaftlichen Ideen der Sierrakämpfer entwickelt und umgesetzt werden.

Es ist ein vernichtender Schlag gegen die Regierung von Staatspräsident Urrutia und kommt einem Staatsstreich gleich. Der Ministerpräsident beruft das reguläre Kabinett gar nicht mehr ein, die meisten der Minister werden überflüssig. Der INRA hat eigene Ressorts für fast jedes Ministerium und übernimmt rasch sämtliche Regierungsaufgaben. Das Institut koordiniert das Alphabetisierungsprogramm, übernimmt die medizinische Versorgung und organisiert freiwillige Arbeiter für den Bau neuer Straßen und Wohnhäuser sowie für die Zuckerernte.

Vor allem über Raúl Castro, Camilo Cienfuegos und »Che« Guevara gelangen immer mehr Mitglieder des PSP in verantwortungsvolle Posten innerhalb des INRA und selbst im Kabinett. Für Fidel ist der Kontakt zur Sozialistischen Volkspartei in erster Linie eine pragmatische Entscheidung, die es ihm erlaubt, seine Machtposition weiter auszubauen. Der PSP hat zu diesem Zeitpunkt rund 50000 gut organisierte und ausgebildete Mitglieder und damit gut zehnmal so viele wie die Bewegung des 26. Juli. Die Partei scheint Fidel ein besserer Personalpool und ein verläßlicherer Bündnispartner zu sein als die Ortodoxos oder gar die Auténticos, die in den dreißiger und vierziger Jahren eine Politik der Selbstbereicherung und Korruption betrieben. Seiner eigenen Bewegung fehlt es aus seiner Sicht am nötigen Know-how, um die Revolution allein umzusetzen. Schon nach dem mißlungenen Generalstreik im April 1958 beklagt er in einem Brief an Celia Sánchez, der M-26-7 habe nicht die nötigen Techniken, um die Menschen zu mobilisieren. Dieses Wissen vermutet er bei den Kommunisten, die durch lange Erfahrungen im Arbeitskampf geschult sind. Auch in Fragen der Agrarreform hat Fidel trotz vollmundiger Erklärungen in seinen Manifesten keinerlei Erfahrung, und entsprechend kommt es bei der Umsetzung immer wieder zu katastrophalen Fehlern in der Führung und vor Ort. Auch in diesem Punkt erhofft sich Fidel Unterstützung von den Kommunisten.

★

Nachdem sich Fidels Gegenregierung des INRA etabliert hat, ist ihm allein Manuel Urrutia noch ein Dorn im Auge. Der Staatspräsident verzögert die Unterzeichnung von Gesetzen und blockiert Initiativen, wo er nur kann. Die Art und Weise, wie Fidel sich seiner entledigt, ist ein Lehrstück des Machiavellismus. In einer Fernsehansprache am 16. Juni äußert Urrutia Besorgnis über den wachsenden Einfluß der Kommunisten im Lande. Der Máximo Líder – stets darauf bedacht, seine Revolution als »olivgrün« darzustellen – antwortet am folgenden Tag ebenfalls im Fernsehen, der Präsident betreibe Verrat, so daß ihm, Fidel, nichts anderes übrig bleibe, als von seinem Amt als Ministerpräsident zurückzutreten.

Es ist ein kalkuliertes Manöver und der erwartete Schock für die Öffentlichkeit. Zehntausende Menschen legen spontan die Arbeit nieder und strömen auf die Straßen, um Fidels Rückkehr in die Regierung und Urrutias Absetzung zu fordern. Das Land liegt lahm. Unter dem Druck der Massen tritt Urrutia wenige Stunden nach Fidels Ansprache zurück und flüchtet in die venezolanische Botschaft, um dort um Asyl zu bitten. Sein Nachfolger wird Osvaldo Dorticós, ein enger Vertrauter Fidels. Dorticós verkündet, als neuer Staatspräsident wolle er Fidels Rücktritt keinesfalls annehmen, doch der Máximo Líder hält sich bedeckt. Er läßt sich kaum in der Öffentlichkeit blicken und geht seinen Geschäften im INRA nach. Er wolle die Entscheidung am 26. Juli dem Volk selbst vorlegen.

Zu den Feiern des sechsten Jahrestages des Angriffs auf die Moncada-Kaserne kommen über eine Million Menschen aus dem ganzen Land nach Havanna und versammeln sich auf dem Platz der Revolution. Die Stimmung wirkt ekstatisch und bedrohlich zugleich, die Demonstranten rufen nach Fidel, Landarbeiter schlagen ihre mitgebrachten Macheten gegeneinander. In einer Szene, die Leni Riefenstahls Propagandafilm *Triumph des Willens* entnommen sein könnte, schwebt Fidel mit einem Helikopter vom Himmel auf das Podium herab. Dort stellt er sich neben Osvaldo Dorticós, den ehemaligen mexikanischen Präsidenten Lázaro Cárdenas und den chilenischen Senator und späteren Ministerpräsidenten Salvador Allende Gossens. Auf den Filmaufnahmen des Tages spiegelt sich in Fidels Gesicht der mühevoll verborgene Triumph. Ihm zu Füßen stehen je nach Schätzung zwischen zehn und fünfzehn Prozent der kubanischen Be-

»Heute gibt Fidel Castro keine Befehle. Heute hat das Volk den Befehl
gegeben, daß er in sein Amt als Ministerpräsident zurückkehrt.«
Fidel kann nur mit Mühe seinen Triumph unterdrücken, als ihn eine Million
Kubaner per Akklamation ins Amt zurückwählen.

völkerung und fordern frenetisch seine Rückkehr in die Regierung.
Die Wirkung, die er auf das kubanische Volk ausübt, und die Macht,
die er inzwischen hat, sind in diesem Moment mit Händen greifbar.

Osvaldo Dorticós tritt schließlich ans Mikrophon und fragt, ob Fidel wieder in sein Amt als Ministerpräsident zurückkehren solle. Ein
Sturm der Begeisterung bricht los, die Menschen jubeln, schreien,
klatschen und rasseln mit ihren Macheten. Der Staatspräsident wendet sich an Fidel und sagt: »Heute gibt Fidel Castro keine Befehle.
Heute hat das Volk den Befehl gegeben, daß er in sein Amt als Ministerpräsident zurückkehrt.«

Damit ist Fidel Castro für alle sichtbar der mächtigste Mann Kubas, seine Gegner sind für den Moment zum Schweigen gebracht.
»In einer Revolution«, sagt er abends in einer Ansprache vor wiederum einer Million Menschen, »zählt nicht ein einzelner Mann. Was
zählt, ist das Volk. Ohne das Volk wäre die Revolution verloren.«
Eine schöne Geste der Bescheidenheit für den Mann, der tatsächlich die Revolution *ist*. Unter den Kubanern verbreitet sich der Slo-
gan »Revolución sí, elecciones no – Revolution ja, Wahlen nein«.

7

Zwischen allen Stühlen

»Qué tiene Fidel, que los Yanquis no pueden con él? – Was hat Fidel, daß die Yankees nicht mit ihm können?« Dieses Sprichwort verbreitet sich schon bald nach dem Sieg der Revolution und ist bis heute auf Kuba zu hören. Wie so viele andere Redensarten, die deutlich machen, daß Fidel Castro für die Kubaner nicht einfach irgendein politischer Führer ist, sondern Eingang in die Folklore der Insel gefunden hat.

Die Probleme mit den USA verschärfen sich nach dem Einzug der Rebellen in Havanna von Monat zu Monat. Vor allem die Agrarreform bringt immer neue Konfrontationen mit den Vereinigten Staaten. Von der Abschaffung des Großgrundbesitzes sind natürlich besonders die US-Agrarmonopolisten betroffen, die zusammen fast drei Viertel des gesamten bewirtschafteten Ackerlandes besitzen. Der mächtigste dieser Konzerne, die United Fruit Company, hält in den letzten Tagen der Batista-Diktatur allein über 200 000 Hektar Land. Fidel bietet den US-Unternehmen zwar eine angemessene Entschädigung an, doch diese lehnen eine Herausgabe ihrer Besitzungen prinzipiell ab. Sie halten sich lieber an den US-Vizepräsidenten und Präsidentschaftskandidaten der Republikaner Richard Nixon, der gegen großzügige Wahlkampfspenden verspricht, Fidel Castro aus Kuba zu vertreiben, sollte er die Wahl gewinnen.

Statt die Situation auf Kuba nüchtern zu betrachten, wird in den USA Panik geschürt. In den Reden von US-Politikern kommt in den folgenden Monaten immer wieder die Befürchtung zum Ausdruck, das Gespenst des Kommunismus könne auf dem amerikanischen

Kontinent Fuß fassen. Das Argument ist vordergründig. Dahinter steckt eine Mentalität, die in der Monroe-Doktrin zum Ausdruck kommt. US-Präsident James Monroe wollte 1823 mit dem Satz »Amerika den Amerikanern« klar machen, daß die USA keine neuen Kolonien von europäischen Großmächten auf dem Kontinent dulden würden. Doch der Satz mußte schon bei der Besetzung von Nordmexiko oder Kuba dazu herhalten, den Herrschaftsanspruch der USA über den gesamten Kontinent zu rechtfertigen. Nach dieser Logik ist Lateinamerika seither nichts anderes als der Hinterhof der USA. Über die wirtschaftlichen und politischen Geschicke des gesamten Kontinents zu verfügen, gehört zum Selbstverständnis der US-Politik, ganz gleich ob sie vom republikanischen oder demokratischen Lager bestimmt wird. Dies ist die »Manifest Destiny«, das »offenbare (oder von Gott offenbarte) Schicksal« der USA – ein weiteres der Schlagworte aus dem vorvergangenen Jahrhundert, das das politische Selbstverständnis der Supermacht bis heute prägt. Ohne diesen quasi gottgegebenen Herrschaftsanspruch ist die irrationale Empörung nicht zu verstehen, mit der US-Politiker und Unternehmer das kubanische Angebot von Entschädigungszahlungen zurückweisen. Kuba muß für seinen Eigensinn bestraft werden, hier muß ein Exempel statuiert werden. Wie sechs Jahre zuvor im Falle Guatemalas wird die CIA aktiv und entwickelt Pläne zum Sturz und zur Ermordung der kubanischen Führung.

Neue Gegner formieren sich auch in Miami, wohin Tausende Kubaner der weißen Mittel- und Oberschicht fliehen. Fidel nennt sie verächtlich »gusanos – Würmer«, ein Begriff, der sich wie ein Lauffeuer verbreitet. Doch die Zahl der Auswanderer reißt nicht ab, zwischen Anfang 1959 und 1960 verlassen rund eine Viertelmillion Menschen die Insel. Die Würmer formieren sich allmählich zu einem ernstzunehmenden Widerstand, der US-Politiker mit großzügigen Wahlkampfspenden gegen die kubanische Revolution mobilisiert, Sabotageakte finanziert und Flugzeuge ausrüstet, um Brandbomben auf Zuckerrohrfelder und Industrieanlagen abzuwerfen. Letztere Aktionen werden von US-Territorium aus gestartet, weshalb Fidel die Regierung der Vereinigten Staaten verantwortlich macht.

★

Schon im Spätsommer des Jahres 1959 wird Fidel von Befürchtungen umgetrieben, eine Invasion aus Florida oder der Dominikanischen Republik stünde bevor. Die Befürchtungen erweisen sich zumindest zum Teil als begründet. Im Oktober 1959 kommt es zur bislang schwersten Krise seit Beginn der Revolution.

Am 20. Oktober verschanzt sich Huber Matos Benítez, einer der verdienten Veteranen der Sierra Maestra und Comandante der regulären Armee, der Fuerzas Armadas Revolucionarias (FAR) mit seinen Truppen in seinem Hauptquartier und tritt offiziell von seinem Posten zurück. Er begründet den Schritt damit, die Kommunisten würden die Macht in der Regierung übernehmen. Fidel schickt Armeechef Camilo Cienfuegos nach Camagüey, um Huber Matos festzunehmen. Das Flugzeug von Cienfuegos, eine einmotorige Cessna, verschwindet unter ungeklärten Umständen, Cienfuegos kommt vermutlich bei einem Absturz oder Abschuβ über dem Meer ums Leben. Am folgenden Tag fliegt Fidel selbst nach Camagüey, um eine Demonstration anzuführen und auf diese Weise einem möglichen Militärputsch entgegenzutreten.

An diesem 21. Oktober überfliegt eine B-25 von Florida kommend Havanna und wirft Anti-Castro-Flugblätter ab. Dabei wird auch eine belebte Straβe unter Maschinengewehrfeuer genommen. Vier Menschen sterben bei dem Angriff, vierzig werden verletzt. Der Pilot ist Pedro Díaz Lanz, der frühere Chef der kubanischen Luftwaffe, der erst zu den Rebellen der Sierra Maestra übergelaufen war und nun vom CIA-Agenten Frank Sturgis ins Lager der Castro-Gegner in Miami geholt worden ist.

Zurück in Havanna, beginnt der Prozeβ gegen Huber Matos. Seine Aktion wird in der Öffentlichkeit mit dem Luftangriff von Díaz Lanz in Verbindung gebracht, und die Massen fordern, den abtrünnigen Offizier an die Wand zu stellen. Soweit geht Fidel zwar nicht, trotzdem ist die Bestrafung drakonisch: Huber Matos wird zu zwanzig Jahren Haft verurteilt, die er tatsächlich bis zum letzten Tag absitzt. Wenn Fidel eines von Batista gelernt hat, dann, seine politischen Feinde nicht vorzeitig aus dem Gefängnis zu entlassen, und diese Lektion beherzigt er ohne Ausnahme.

★

Nachdem die Bedrohung täglich zuzunehmen scheint, kündigt Fidel die Bildung einer bewaffneten nationalen Miliz (MNR) an, die Raúl Castro unterstellt wird und in der 100 000 junge Menschen – Studenten genauso wie Arbeiter und Bauern – aus dem ganzen Land organisiert werden sollen. Zudem gründet er Ausbildungszentren für Artillerie und die ersten Luft- und Panzerabwehreinheiten. Die FAR unterstellt er nach dem Verschwinden von Camilo Cienfuegos ebenfalls seinem Bruder. Daneben bauen Raúl und Ramiro Valdés einen Auslandsgeheimdienst namens Dirección General de Inteligencia (DGC) auf, der bald zu den effektivsten der Welt gehören wird, und gründen einen Inlandsgeheimdienst namens G-2.

Die Gründung der Miliz ist nicht nur vor dem Hintergrund der zunehmenden Bedrohung von außen zu sehen. Sie ist auch ein geschickter Schachzug, um der FAR ein Gegengewicht entgegenzusetzen und zu verhindern, daß Offiziere wie Huber Matos sich eines Tages gegen Fidel erheben. Die Revolutionsarmee wird zwar gegenüber den Tagen Batistas fast um das Zehnfache vergrößert und soll waffentechnisch auf den neuesten Stand gebracht werden, doch sie wird auf keinen Fall eine Schlüsselrolle einnehmen. Die dezentral organisierte Miliz soll dagegen weiter ausgebaut werden. Gut ausgebildet und bewaffnet soll sie in der Lage sein, rasch an Ort und Stelle zu handeln. Auf ihr ruht künftig die Hauptverantwortung bei der Verteidigung der Revolution und der Insel. Außerdem sollen die Milizen dazu beitragen, immer weitere Kreise der Gesellschaft zu organisieren und auf diese Weise in die Revolution einzubinden.

★

Da für die stark angewachsene Zahl der Soldaten und Milizionäre erheblich mehr Waffen benötigt werden, als in den Arsenalen der Batista-Armee zu finden sind, nimmt der Máximo Líder Kontakt mit Italien, der Schweiz, der DDR und Israel auf, um über Waffenkäufe zu verhandeln. Belgien verkauft ihm schließlich 25 000 automatische Gewehre, 2000 Granatwerfer, 50 Millionen Schuß Munition und 100 000 Granaten. Bezahlt werden die Waffen mit 5,3 Millionen US-Dollar, die Batista bei seinem Raubzug durch das kubanische Staatsvermögen auf europäischen Konten vergessen hat.

Nach diesen ersten Waffenkäufen üben die Vereinigten Staaten Druck auf ihre westeuropäischen Verbündeten aus, den Kubanern keine weiteren Waffen mehr zu verkaufen. Ein bereits abgeschlossener Handel zwischen Kuba und England platzt. Auf einer Massenkundgebung auf dem Platz der Revolution erklärt Fidel daraufhin: »Wenn wir keine Flugzeuge kaufen können, dann kämpfen wir eben zu Lande ... Wenn England uns keine Flugzeuge verkaufen will, dann kaufen wir sie dort, wo man sie uns verkaufen will.«

Im Laufe des Frühjahrs 1960 häufen sich die Sabotageakte gegen die kubanische Wirtschaft und das Militär. Zuckerrohrfelder und Kaufhäuser gehen in Flammen auf, zivile Flugzeuge werden entführt und in den USA zerstört aufgefunden. In seinen Reden beschuldigt Fidel Washington immer wieder aufs neue, die politische Unabhängigkeit der Insel zu sabotieren. Offiziell beteuert die Eisenhower-Regierung ihr Bedauern über die Verschlechterung der Beziehungen und versichert, sie werde alles tun, um zu verhindern, daß von US-Territorium aus Angriffe gegen Kuba geflogen werden. Doch die meisten Politiker schießen sich im Wahlkampfjahr unverhohlen auf den frechen kubanischen Führer ein und versprechen, mit dem »Problem Kuba« aufzuräumen.

Im März kommt es zu einem ersten ernsten Zwischenfall. Belgien schert sich nicht um die Drohungen aus den USA und liefert weiterhin Waffen an den Karibikstaat. Am 4. März fliegt daraufhin im Hafen von Havanna das französische Frachtschiff *La Coubre* mit einer Ladung Sprengstoff und Waffen aus Belgien in die Luft. Die Serie der Explosionen ist durch die ganze Stadt zu hören, eine dicke schwarze Rauchwolke hängt über dem Hafen. Einundachtzig Menschen sterben, über 300 werden verletzt. Die Ursache ist vermutlich Sabotage, und hinter den Tätern steht vermutlich die CIA. Das behauptet zumindest ein bleicher und verstört wirkender Fidel am folgenden Tag bei der offiziellen Trauerfeier. Er macht einen aufgewühlten und bewegten Eindruck, ihm scheint zu dämmern, wie ernst der Konflikt mit den USA werden wird. Zum ersten Mal beendet er eine Rede mit dem bald legendären Ausruf »Patria o muerte! Venceremos! – Vaterland oder Tod! Wir werden siegen!«

Wenige Tage später bestätigen Meldungen des kubanischen Geheimdienstes die Ahnungen des Máximo Líder. Der DGC informiert

»Vaterland oder Tod! Wir werden siegen!«
Ein betroffener Fidel beim Marsch für die Opfer des Anschlages im Hafen
von Havanna. Neben ihm Oswaldo Dorticós und der »Che«.

ihn am 18. März, die CIA habe Dwight Eisenhower tags zuvor ein »geheimes Aktionsprogramm zum Sturz des Castro-Regimes« vorgelegt, und der US-Präsident habe diesem Plan vor allem auf Drängen Nixons zugestimmt. Er habe grünes Licht für eine Invasion gegeben, neue Gelder für die CIA bewilligt und die Mittel, die schon seit Ende 1959 an oppositionelle Gruppen in Miami fließen, erheblich aufgestockt. Wichtigstes Ziel der CIA-Angriffe ist die Ermordung des Máximo Líder und des engsten Führungszirkels. Zu dem Plan gehören außerdem die Aushebung einer Invasionstruppe von Exilkubanern aus Miami, eine Propaganda-Offensive und die Schaffung einer Gegenregierung.

Das Szenario ist ähnlich wie im Fall des Sturzes der Regierung in Guatemala, auch weil mit Richard Bissell derselbe Planer die Feder führt. Bissell ist sich sicher, daß die Aktionen der CIA Fidel Castro mit derselben Leichtigkeit hinwegfegen werden wie Jacobo Arbenz sechs Jahre zuvor.

★

Der Konflikt zwischen den USA und Kuba spitzt sich auch auf wirtschaftlicher Ebene immer weiter zu. Die USA drohen ständig mit einer Streichung der Zuckerquote und versuchen, Kuba wirtschaftlich zu isolieren. Unter anderem verhindern sie, daß ein internationales Bankenkonsortium einen Kredit in Höhe von 100 Millionen US-Dollar an Kuba vergibt. Wie im Falle der Waffen ist Fidel gezwungen, sich nach anderen Geschäftspartnern umzusehen.

Schon im November 1959 besucht der TASS-Korrespondent und spätere kubanische Botschafter Alexander Alexejew den kubanischen Ministerpräsidenten in seinem Büro beim INRA, um mit ihm über wirtschaftliche und diplomatische Beziehungen zu sprechen. Über erstere will Fidel gern sprechen und letzteres lieber verschieben, »bis die Umstände entsprechend sind«. Die beiden einigen sich darauf, daß im Februar 1960 eine Leistungsschau der sowjetischen Wirtschaft nach Havanna kommen soll.

Die Messe wird ein großer Erfolg. Über eine Million Kubaner bewundern die Ölbohrinseln, Elektronenmikroskope, landwirschaftlichen Maschinen und vor allem den Satelliten Sputnik, der die Welt im Herbst 1957 in Atem gehalten hat. Die Schau, die auch in Kanada und anderen westlichen Industrienationen zu sehen ist, soll die Worte des KPdSU-Vorsitzenden Nikita Sergejewitsch Chruschtschow belegen, der nicht müde wird zu erklären, daß die Sowjetwirtschaft der US-amerikanischen ebenbürtig sei und diese sogar in Kürze überflügeln werde. Noch während der Messe trifft sich Fidel ein erstes Mal mit dem stellvertretenden sowjetischen Ministerpräsidenten Anastas Mikojan. Die beiden unterschreiben ein Handelsabkommen, in dem sich die Sowjets verpflichten, eine Million Tonnen Zucker jährlich abzunehmen und im Gegenzug Rohöl zu einem Drittel unter Weltmarktpreis sowie landwirtschaftliches Gerät zu liefern. Außerdem gewähren sie den Kubanern einen Kredit über 100 Millionen US-Dollar. Kaum sind die sowjetischen Politiker abgereist, kommen Handelsdelegationen aus der Tschechoslowakei, Polen und der DDR, um ebenfalls Wirtschaftsverträge mit Kuba abzuschließen.

Es ist der Beginn einer Zweckfreundschaft, mit der sich Fidel aus der wirtschaftlichen Erpreßbarkeit durch die USA befreien will. Nun werden auch die diplomatischen Beziehungen wieder aufgenommen, die Batista unterbrochen hatte: Sergej Kudrjatsew kommt nach Havanna, und Faure Chomón wird nach Moskau entsandt. Raúl Castro und »Che« Guevara reisen im Sommer und Spätherbst des Jahres in die Sowjetunion, um die Kontakte zu intensivieren und über weitere wirtschaftliche und militärische Hilfe zu verhandeln.

Die US-Regierung sieht sich in ihren Warnungen bestätigt und weist die US-Raffinerien auf Kuba an, kein sowjetisches Rohöl zu verarbeiten. Die Konzerne stehen Gewehr bei Fuß, und als die ersten Lieferungen eintreffen, verweigern sie die Annahme unter dem Vorwand, das sowjetische Öl entspreche nicht den Qualitätsanforderungen. Fidel, der mit diesem Manöver gerechnet hat, verstaatlicht in einem umfassenden Schlag US-Betriebe, nicht nur der Ölindustrie, sondern auch der Landwirtschaft, der Industrie und dem Dienstleistungssektor auf der Insel. Im Baseballstadion von Havanna verliest Fidel am Abend des 4. April eine Liste mit den Namen von vierundzwanzig US-Konzernen, deren kubanische Niederlassungen mit sofortiger Wirkung in kubanisches Staatseigentum übergehen. Die versammelte Menge beantwortet jeden der Namen mit einem lauten »se llamaba, se llamaba – so hieß er mal«. Als er den Namen der verhaßten United Fruit Company vorliest, bricht ein Jubelsturm los.

Der Máximo Líder läßt den Wert der Unternehmen schätzen und bietet den Konzernen eine Abfindung an, doch erneut stößt er auf eisige Ablehnung. Statt dessen kündigt Eisenhower am 3. Juli 1960 die Abnahmeverträge für kubanischen Zucker für das laufende Jahr. Damit verliert Kuba nicht nur seinen wichtigsten Abnehmer für Zucker, sondern auch seine wichtigste Einnahmequelle. Die Zuckerquote gilt in den USA als das perfekte Druckmittel zur Disziplinierung Kubas. Fidel habe sich mit seinen Enteignungen verrechnet, so die Berater Eisenhowers, denn mit der Aufkündigung der Zuckerabnahme werde man das Regime aushungern. Wer sich jedoch verrechnet hat, ist die US-Regierung.

Fidel hat in einer Fernsehansprache vor diesem Schritt gewarnt: »Sie nehmen uns die Zuckerquote, Pfund für Pfund, und wir nehmen ihnen ihre naiven Vorstellungen, eine nach der anderen.« In der Stunde der Not springt die Sowjetunion als wichtigster Handelspartner Kubas ein. Chruschtschow sagt zu, zusätzlich zu der vertraglich vereinbarten Abnahme, die Zuckerquote der USA zu übernehmen. Auch die chinesische Regierung verpflichtet sich zur Abnahme einer halben Million Tonnen Rohrzucker.

Außerdem verstaatlicht Fidel, wie angedroht, weitere US-Unternehmen. Insgesamt gehen im Laufe der kommenden Monate 600 US-Unternehmen im Wert von einer Milliarde Dollar in kubanisches Eigentum über. Der gesamte Bankensektor kommt in staatliche Hand, der Kirchenbesitz wird eingezogen. Anders als angekündigt, werden gegen Ende des Jahres allerdings auch kubanische Kleinunternehmen und Wohnhäuser verstaatlicht. Der kubanische Sozialismus nimmt seinen Lauf.

★

In der Atmosphäre wachsender Feindseligkeiten zwischen den USA und Kuba reist Fidel am 18. September zur 15. UNO-Vollversammlung nach New York. Im Zentrum dieser Versammlung der Staats- und Regierungschefs aus allen Ländern der Welt steht die Entkolonialisierung. Unter anderem wird in einer Resolution das Recht der kolonialisierten Völker auf Unabhängigkeit festgehalten. Auf Einladung des schwedischen UNO-Generalsekretärs Dag Hammarskjöld sind zahlreiche der einstigen Befreier angereist, darunter auch die Gründer der Bewegung der blockfreien Staaten, der ägyptische Staatspräsident Gamal Abd el-Nasser, der indische Ministerpräsident Jawaharlal Nehru, der jugoslawische Staatspräsident Josip Broz »Tito« und der indonesische Präsident Achmed Sukarno. Für die beiden deutschen Staaten sind Konrad Adenauer und Walter Ulbricht nach New York gekommen. Auch der sowjetische Staatschef und Generalsekretär des Zentralkomitees der KPdSU Nikita Chruschtschow gibt sich die Ehre. Doch unter diesen zahlreichen namhaften Gästen genießt die kubanische Delegation mit ihrem jungen Revolutionsführer die ganz besondere Aufmerksamkeit der internationalen Presse und der anderen Delegationen.

Der Máximo Líder betritt den Boden der USA einen Tag nachdem er die Verstaatlichung der kubanischen Niederlassungen der First National Bank und der Chase Manhattan Bank verkündet hat. Selbstbewußt trägt er auch diesmal seinen olivgrünen Kampfanzug: Alle sollen sehen, daß seine Revolution noch lange nicht zu Ende ist. Doch anders als beim Besuch vor etwas mehr als einem Jahr schlägt ihm aus der US-Presse eine Welle der Feindseligkeiten und Beleidigungen entgegen. Zeitungen, Rundfunk und Fernsehen des Gastgeberlandes ätzen auch während des gesamten zehntägigen Aufenthaltes weiter: Eine Handvoll Gegendemonstranten wird als massiver exilkubanischer Protest herumgereicht, und der kubanische Regierungschef wird in peinlichster Weise beschimpft.

Nach den jüngsten Propagandaschlachten und Verstaatlichungen hat Fidel nicht erwartet, in New York mit offenen Armen empfangen zu werden. Doch selbst die Grundregeln der Gastfreundschaft scheint man in den USA nicht zu kennen: Von der Einreisebehörde wird er schikaniert, er darf Manhattan nicht verlassen und wird von der Polizei daran gehindert, sich mit Exilkubanern zu unterhalten, die seinen Konvoi auf der Straße bejubeln. Als Fidel im Hotel Shelburne in der Lexington Avenue, Ecke 37th Street ganz in der Nähe des Gebäudes der Vereinten Nationen, ankommt, erwartet ihn eine neue Überraschung. Dort hat er für die kubanische Delegation Zimmer reserviert, doch aus Furcht vor Demonstrationen setzt ihn die Direktion vor die Tür. Fidel fühlt sich düpiert und provoziert einen Eklat, über den die gesamte internationale Presse berichtet. Zu Fuß marschiert er mit seinen Begleitern die acht Straßenzüge zum UN-Gebäude, um sich bei Generalsekretär Hammarskjöld persönlich über die schlechte Behandlung zu beschweren. Wenn ihn niemand aufnehmen wolle, dann könne er auch im Central Park übernachten, läßt er den Schweden wissen: »Wir kommen aus den Bergen und sind es gewohnt, im Freien zu schlafen.«

Schließlich findet sich noch ein Hotel ganz im Norden Manhattans, das Hotel Theresa in der 7th Avenue, Ecke 125th Street. Es liegt in Harlem, einem der »Problemstadtteile«, wo sich damals gerade eine kulturelle und politische Bewegung gegen den Rassismus formiert und zahlreiche afroamerikanische Künstler und Aktivisten leben. Die schwarzen Bewohner des Stadtteils empfangen den illustren Gast mit begeistertem Applaus; während des gesamten Aufenthaltes der kubanischen Delegation drängen sich die Menschen vor dem Hotel und jubeln Fidel zu. Auch Malcolm X, einer der Führer der radikalen Schwarzenbewegung »Nation of Islam«, findet den Weg ins »Theresa«. Wenn Fidel das Hotel abends verläßt, um durch die Straßen oder den Central Park zu flanieren oder zu einem Treffen zu fahren, umgibt ihn eine Traube von Fans, Journalisten und Polizisten. Das hätten sich die Behörden nicht träumen lassen: Mitten in der Höhle des Löwen gelingt dem verhaßten kubanischen Revolutionsführer ein erneuter Propagandaerfolg. Der Máximo Líder, der mit dem Anspruch antritt, den Rassismus auf Kuba zu beseitigen, wird zu einem Symbol des Widerstandes gegen die gesellschaftliche, politische und ökonomische Ausgrenzung der schwarzen Bevölkerung, wie sie in den USA der sechziger Jahre üblich ist. Verschiedene afrikanische Delegationen beobachten dies mit besonderem Interesse.

★

Unter der Nase der US-Politiker und vor den Augen der Weltpresse fährt auch Nikita Chruschtschow von der sowjetischen Botschaft in der Park Avenue, Ecke 68th Street, ins Hotel Theresa nach Harlem, um dem impulsiven kubanischen Revolutionsführer die Hand zu reichen. Es wird allerdings in vieler Hinsicht mehr als nur ein Handschlag. Später beschreibt Chruschtschow die erste Begegnung so: »Er machte einen profunden Eindruck auf mich. Er war groß gewachsen, trug einen Bart und wirkte gleichzeitig freundlich und streng. In seinen Augen blitzte die Freundschaft. Wir begrüßten uns mit einer Umarmung, obwohl das Wort ›umarmen‹ in diesem Fall eine ganz eigene Bedeutung hat. Man muß bedenken, wie unterschiedlich wir gebaut sind. Er beugte sich herab und umschloß mich mit seinem ganzen Körper. Ich habe zwar einen recht ordentlichen Bauchumfang, aber er war auch nicht gerade schlank, besonders für sein Alter.«

Die beiden ziehen sich in den neunten Stock auf das Zimmer Fidels zurück und unterhalten sich mit Hilfe von Übersetzern eine halbe Stunde lang. Chruschtschow erinnert sich: »Der Kubaner brachte seine Befriedigung über meinen Besuch zum Ausdruck, und ich wiederholte mein Gefühl der Solidarität und meine Zustimmung zu seiner Politik. Das Gespräch war sehr kurz, wir tauschten nur ein paar Sätze aus.« Nach Darstellung des sowjetischen Führers war der Zweck des Besuchs ein eindeutiger: »Indem wir uns in einem schwarzen Stadtteil und einem schwarzen Hotel trafen, wollten wir gegen zweierlei demonstrieren: gegen die Politik der Rassendiskriminierungen der Vereinigten Staaten von Amerika und gegen ihre Kubapolitik.«

142

Chruschtschow geht buchstäblich weite Wege, um in New York der Welt seine Solidarität mit Kuba zu demonstrieren. Bei der ersten abendlichen Zusammenkunft der Vollversammlung verläßt er den hinteren Teil des Sitzungssaales, wo die sowjetische Delegation ihre Plätze hat, und macht sich auf den Weg in die erste Reihe, wo Fidel sitzt. Doch um ordentlich Aufsehen zu erregen, nimmt er nicht den direkten Weg zwischen den Sitzreihen hindurch nach unten, sondern verläßt das Plenum an einer Seitentür, geht durch den Publikumsraum an der Seite nach unten und betritt den Sitzungssaal am untersten Ende erneut. Vor aller Augen steigt er dort das Treppchen zur Bühne hinauf, marschiert hinter dem Platz des Vorsitzenden und dem Rednerpult vorbei, auf der anderen Seite ein weiteres Treppchen wieder hinunter und zur ersten Reihe, wo die kubanische Delegation sich bereits von ihren Plätzen erhoben hat. Chruschtschow baut sich vor Castro auf, und für die Kameras der Weltpresse umarmen sich die beiden ein weiteres Mal.

Schließlich lädt Chruschtschow den kubanischen Führer in die sowjetische Botschaft zu einem fünfstündigen Abendessen ein. Dort sprechen die beiden ausführlicher als im Hotel Theresa über die bedrohliche Situation Kubas. Bei dieser Gelegenheit verabreden sie die ersten sowjetischen Waffenlieferungen an Kuba. Arkadi Schewtschenko, einer der Begleiter Chruschtschows, schildert den Eindruck des Sowjetführers: »Er hatte herausgefunden, daß Castro eine enge Freundschaft mit der UdSSR wünschte und Militärhilfe suchte. Außerdem hatte er den Eindruck, daß Castro einen guten Kommunisten abgeben würde. Aber so begeistert Chruschtschow auch war, so sehr drang er auf Vorsicht. ›Castro ist wie ein junges Pferd, das noch nicht zugeritten ist. Er ist hitzig und benötigt eine gewisse Disziplin. Wir müssen aufpassen.‹«

»Tito«, der berühmte Vertreter des Dritten Weges, verzichtet auf ein privates Treffen mit dem kubanischen Revolutionsführer. Dafür unterredet sich Fidel mit Nasser, Nehru, dem tschechoslowakischen Präsidenten Antonín Novotný, mit dem bulgarischen Premier Todor Schiwkow und dem ghanaischen Präsidenten Kwame Nkrumah.

★

Natürlich kommt auch das Plenum der Staats- und Regierungschefs in den Genuß einer der berüchtigten Reden Fidel Castros. Am 26. September redet er mit Hilfe eines winzigen Spickzettels viereinhalb Stunden auf das Plenum ein. Erstaunlich viele der Zuhörer bleiben fasziniert sitzen. Chruschtschow, der auf dieser Vollversammlung seinen berühmten Schuhauftritt haben wird, lächelt und nickt dem Kubaner beipflichtend zu und unterbricht ihn gelegentlich mit demonstrativem und lautstarkem Applaus, in den seine Entourage pflichtschuldigst mit einfällt.

Die Rede ist eine ausführliche Rechtfertigung des Sturzes der Batista-Regierung und der revolutionären Reformen. Fidel läßt keine der Ungerechtigkeiten aus, die Kuba von den USA widerfahren ist, und vergißt auch nicht zu berichten, wie schlecht es der kubanischen Delegation bei ihrer Ankunft in New York ergangen sei. Er schildert den Einmarsch von US-Truppen auf Kuba und Puerto Rico im Jahr 1898, prangert das Platt-Amendment als Eingriff in die Souveränität der Insel an und schildert die fortwährenden direkten und indirekten Einmischungen der USA in die Politik Kubas, z. B. durch Unterstützung der Batista-Diktatur: »Die Militärjunta, die unser Land tyrannisiert hat, stützte sich vor allem auf die ausländischen Wirtschaftsinteressen, die die Wirtschaft unserer Heimat dominierten ... Es war der Typ Regierung, wie er den Monopolisten am liebsten ist. Warum? Mittels Gewalt werden die Forderungen der Bevölkerung unterdrückt, mittels Gewalt werden Streiks für bessere Lebensbedingungen unterdrückt, mittels Gewalt werden die Forderungen der Bauern nach Landbesitz unterdrückt, mittels Gewalt werden die Hoffnungen der Nation unterdrückt.« Fidel sieht sich darin als Vertreter von ganz Lateinamerika: »Daher sind den Einflußreichen der US-Politik die Gewaltregierungen die liebsten. Daher halten sich Gewaltregierungen so lange an der Macht, und daher halten sich Gewaltregierungen bis heute in ganz Lateinamerika. Alles hängt davon ab, ob eine Regierung die Unterstützung der Vereinigten Staaten bekommt oder nicht.«

Dann präzisiert er die Auswirkungen der Diktatur und der Monopolwirtschaft auf Kuba: »600 000 arbeitsfähige Kubaner waren ohne Arbeit. Das entspricht einem Anteil, der so hoch ist wie der während der Wirtschaftskrise in den USA. Das, was die USA an den Rand der

Katastrophe führte, war in unserer Heimat der Normalzustand. Von einer Gesamtbevölkerung von sechs Millionen waren drei Millionen ohne Strom, dreieinhalb Millionen lebten in Hütten, Baracken und Verschlägen … Der größte Teil des Bankwesens, der größte Teil der Importwirtschaft, die Ölraffinieren, ein großer Teil der Zuckerproduktion, die besten landwirtschaftlichen Nutzflächen Kubas und die wichtigsten Industrien waren in der Hand von US-Unternehmen. In den letzten zehn Jahren, zwischen 1950 und 1960, haben die USA Milliarden von Dollar auf Kuba erwirtschaftet … Niemand kann uns die Schuld geben, daß es auf Kuba 600 000 Arbeitslose gab, daß 37,5 Prozent der Bevölkerung Analphabeten waren, daß 2 Prozent an Tuberkulose leiden und 95 Prozent an Parasiten … Das sind die Früchte der Monopolisten.«

Er fordert die Schließung der Militärbasis auf Guantánamo und prangert in gewundenen Worten die Sabotageakte auf Kuba an:»In Kuba gibt es viele Mütter, die darauf warten, ein Beleidstelegramm zu bekommen für die Kinder, die mit Bomben aus den USA ermordet wurden.«

Schließlich nutzt er die Gelegenheit, in den USA zu sprechen, und geht noch einmal auf deren Kommunismusvorwürfe ein:»Als es für die nordamerikanische Presse und die internationalen Nachrichtenagenturen schon längst klar war, daß Kuba eine rote Regierung hatte und eine rote Gefahr 150 Kilometer vor der Küste der USA darstellte … hatte die Revolutionsregierung noch nicht einmal die Gelegenheit gehabt, diplomatische Beziehungen zur Sowjetunion aufzunehmen. Doch die Hysterie versetzt Berge, die Hysterie ist zu den absurdesten Behauptungen in der Lage. Niemand soll glauben, daß wir hier ein *mea culpa* anstimmen werden. Wir müssen uns bei niemandem entschuldigen. Was wir getan haben, das haben wir bei vollem Bewußtsein getan und vor allem in der Überzeugung, daß wir alles Recht dazu haben.«

★

Während seines Aufenthaltes ist Fidel vorsichtig. Aus Angst vor Anschlägen trinkt er kein Leitungswasser. Die Befürchtungen sind nicht ganz unbegründet, denn während seines Aufenthaltes in New

York ist auch die CIA nicht träge. Ein Agent des Geheimdienstes versucht einem der Sicherheitsbeamten, die von der UNO zum Schutz der hochrangigen Gäste abgestellt werden, eine Kiste mit explosiven Zigarren zu übergeben, die dieser in der Suite der Kubaner gut sichtbar aufstellen soll. Der Sicherheitsbeamte weigert sich jedoch. Schon Wochen zuvor hatten Chemiker der CIA eine weitere Kiste mit fünfzig kubanischen Zigarren mit Gift präpariert, doch auch diese Kiste gelangt nicht in die Nähe des Máximo Líder.

Angesichts solcher Geschütze ist es direkt zu verschmerzen, daß der Name Castro auf der Einladungsliste zu einem Festbankett fehlt, das Präsident Eisenhower zu Ehren der internationalen Gäste im luxuriösen Hotel Waldorf Astoria ausrichtet. Statt dessen gibt Fidel sein eigenes kleines Abendessen mit dem Besitzer und den Angestellten des Hotels Theresa sowie einigen Journalisten. Auch daß auf Anweisung des US-Außenministeriums die Vorauszahlungen nicht zurückgezahlt werden, welche die Kubaner zur Reservierung der Zimmer im Hotel Sherburne hinterlegt hatten, ist zu verkraften. Ärgerlicher ist es schon, daß die Behörden im Namen von Gläubigern auch das Flugzeug beschlagnahmen, mit dem Fidel am 28. September nach Kuba zurückkehren will. Doch das gibt Chruschtschow eine neue Möglichkeit, dem Máximo Líder öffentlichkeitswirksam beizuspringen, indem er ihm eine Iljuschin der staatlichen sowjetischen Fluggesellschaft zur Verfügung stellt.

Zum Abschied bringt Fidel vor US-Journalisten die neue Freundschaft auf den Punkt: »Die Sowjets sind unsere Freunde. Ihr klaut uns unsere Flugzeuge, und die Sowjets schenken uns welche.«

8

Der Bezwinger des Imperialismus

Mit der Revolution beginnt eine neue Zeit. Daher erhält nun jedes Jahr auf Kuba einen Namen oder ein Motto. Das Jahr 1961 wird das Jahr der Bildung. Fidel – selbst ein unersättlicher Leser von der Sorte, die, wie Somerset Maugham einmal sagte, auch noch Telefonbücher lesen würde, wenn sonst nichts zur Hand ist – hat überall, ob im Gefängnis auf der Isla de Pinos, im Exil in Mexiko oder in der Sierra Maestra, Bildungsprogramme für seine Mitstreiter entwickelt, die oft genug Analphabeten waren. Ein Jahr nach dem Sieg über Batista beginnt er eine massive Alphabetisierungskampagne für die gesamte Insel, wie es sie in Lateinamerika bis dahin in diesem Ausmaß noch nicht gegeben hat.

Beinahe vierzig Prozent der kubanischen Bevölkerung können weder lesen noch schreiben, und die meisten davon leben auf dem Land. Um dem abzuhelfen, werden rund 100 000 junge Männer und Frauen in Alphabetisierungsbrigaden zusammengefaßt, in Schnellkursen unter anderem im ehemaligen Militärhauptquartier Columbia in Havanna zu Lehrern ausgebildet und in ländliche Regionen entsandt. Innerhalb der nächsten Jahre vollbringen sie dort wahre Wunder: Die offizielle Analphabetenquote Kubas sinkt schließlich auf ganze vier Prozent und ist damit die niedrigste in ganz Lateinamerika. Dabei handelt es sich jedoch zunächst nur um eine Notmaßnahme, denn zu einer effektiven schulischen Ausbildung der Landbevölkerung, die zum Beispiel auch die Grundkenntnisse der Landwirtschaft umfassen würde, fehlen noch Zehntausende Lehrer, die erst in den folgenden Jahren mit neuen Stipendien an den Universitäten ausgebildet werden sollen.

Fidel, überaktiv wie immer, läßt es sich nicht nehmen, selbst durch die Dörfern zu fahren und sich unter die Alphabetisierer zu mischen. Er hält Unterrichtsstunden ab und diskutiert stundenlang mit Lehrern und Schülern über die gesellschaftlichen Reformen. Bei einer dieser Gelegenheiten lernt er eine Alphabetisiererin namens Dalia Soto del Valle, genannt Lala, kennen und entbrennt in Leidenschaft für die hübsche junge Frau. Mit ihr hat er im Laufe der folgenden Jahre fünf Söhne, von denen kaum mehr als die Namen bekannt sind: Alex, Alexander, Alejandro, Antonio und Angelito (die etwas merkwürdig anmutende Ansammlung von Alexandern erklärt sich im Übrigen daraus, daß es sich dabei um frühere Kampfnamen des Vaters handelt). Ähnlich wie Fidelito nehmen diese Söhne keine besonderen Positionen im kubanischen Staat ein und wachsen unerkannt auf, denn der Máximo Líder hält viel auf seine Privatsphäre. Auch Dalia steht nie im Licht der Öffentlichkeit: Sie arbeitet ihr Leben lang und lebt in einem Häuschen am Strand von Jaimanitas, wo Fidel in den nächsten Jahren heimlich ein und aus geht.

★

Am selben Tag, an dem Fidel die Alphabetisierungskampagne ausruft, ordnet er auch eine Mobilisierung der Streitkräfte an, weil er eine Invasion aus den USA befürchtet. Bei den Feiern zum Jahrestag der Revolution am 2. Januar läßt er seine neuen Milizen und die Revolutionsarmee mit den sowjetischen Mörsern und Haubitzen aufmarschieren, die seit dem New Yorker Gespräch mit Chruschtschow auf Kuba eingetroffen sind. Diese Gleichzeitigkeit beschreibt die Situation nach dem Sieg der Revolution: Die Reformen werden vorangetrieben, doch die Verteidigungsanstrengungen kosten viel Kraft, die bei der Umsetzung des gesellschaftlichen Umbaus fehlt. Andererseits hilft das Gefühl der Bedrohung durch innere und äußere Feinde, die Reihen fester zu schließen.

In seiner Ansprache verdächtigt Fidel die Mitarbeiter der US-Botschaft konterrevolutionärer Umtriebe und der Unterstützung von Sabotageakten und kündigt an, das Personal auf achtzehn Personen zu reduzieren – auf diese Zahl mußte auch die kubanische Botschaft in Washington ihren Mitarbeiterstab verringern. In der Tat spielen Botschaftsangehörige keine geringe Rolle bei der Destabilisierungskampagne auf Kuba. Als Reaktion darauf brechen die Vereinigten Staaten sämtliche diplomatischen Beziehungen zu Kuba ab.

Der Rückruf der Botschaftsangehörigen ist eine der letzten Amtshandlungen des scheidenden US-Präsidenten Eisenhower. Am 20. Januar 1960 wird der Demokrat John F. Kennedy zum 35. Präsidenten der Vereinigten Staaten von Amerika vereidigt. In den USA setzt man große Hoffnungen aus den jungen Politiker mit dem strahlenden Image. Im Wahlkampf spricht Kennedy viel von gesellschaftlichem Aufbruch und erscheint in den Fernsehdebatten als erfrischender Gegensatz zu seinem alt und unflexibel wirkenden Gegner Richard Nixon. Auch Fidel verknüpft mit Kennedys Inauguration gewisse Hoffnungen, es könnte unter einer demokratischen Regierung zu einer Entspannung zwischen den beiden Ländern kommen. Er macht sich zwar über das »Millionärssöhnchen« lustig, doch ihm gefällt die Idee des »Peace Corps«, das Kennedy gleich nach seiner Vereidigung ins Leben ruft, einer Freiwilligenorganisation, die junge Menschen in Länder der Dritten Welt schickt, um dort Aufbauarbeit zu leisten. Auch daß Kennedy bei seiner Antrittsrede von einem »dringenden Wunsch nach Frieden« und einer Allianz für den Fortschritt für Lateinamerika spricht, läßt den Máximo Líder aufhorchen.

Doch Fidel bleibt vorsichtig, denn derselbe Kennedy tritt im Wahlkampf als strammer Antikommunist auf und klagt die Eisenhower-Regierung an, sie habe durch ihre Laschheit zugelassen, daß auf Kuba ein sowjetischer Satellit entstanden sei. Schon wenige Tage nach seiner Amtseinführung gibt Kennedy zu Protokoll, zunächst nicht an einer Aufnahme von diplomatischen Beziehungen zu Kuba interessiert zu sein. Und was Fidel nicht weiß: Als CIA-Chef Dulles und sein Stellvertreter Richard Bissell ihn noch im Januar über die geplante Invasion informieren, stimmt Kennedy zu.

Getreu der Destabilisierungstrategie, die sich in Guatemala bewährt hat, iniziiert die CIA zu Beginn des neuen Jahres eine immer größere Zahl von Sabotageakten gegen Fabriken, landwirtschaftliche Einrichtungen und andere zivile Ziele. Von Florida kommend,

beschießen Schnellboote Raffinerieen, Flugzeuge werfen Brandbomben über Zuckerrohrfeldern ab, Saboteure legen Feuer in Zu-
ckermühlen und Kaufhäusern. Doch so groß die volkswirtschaft-
lichen Verluste sind, so gering ist der politische Erfolg der Aktionen.
Die CIA drängt mehr und mehr auf die militärische Option.

★

Der Schaden durch die fortwährende Sabotage ist groß, doch die
Feindschaft mit den USA kommt Fidel trotzdem entgegen. »Cuba sí,
Yanquis no! – Kuba ja, Yankees nein!« ist einer der immer häufiger
gehörten Slogans, mit dem sich die Menschen mobilisieren und in
die neu entstehenden Strukturen der revolutionären Gesellschaft
einbinden lassen. Noch im Herbst 1960 kündigt der Revolutionsführer die Gründung von Comités de Defensa de la Revolución (CDR),
Komitees zur Verteidigung der Revolution, an. Diese Komitees dienen einerseits der Mobilisierung der Kubaner bei gesellschaftlichen
Initiativen wie etwa Impfkampagnen, ihre vorrangige Aufgabe ist
jedoch die Spitzelei. Jedes Viertel, jede Straße, jeder Häuserblock,
jede Fabrik und jedes Gespräch, so Fidels Vision, soll beobachtet
werden können. Jede gefährliche Äußerung soll der Polizei gemel-
det werden, alles, was irgendwie merkwürdig und verdächtig erscheint, soll weitergegeben werden. Angesichts der wachsenden Anzahl von Sabotageakten und konterrevolutionären Gruppierungen
wird das ganze Volk in die Verteidigung der Revolution einbezogen
werden. Die Erfolge dieser Methode sind immens: Fidel selbst erzählt Ende der achtziger Jahre, auf diese Weise seien fast sämtliche
der rund 300 konterrevolutionären Gruppierungen auf Kuba und in
Miami soweit unterwandert worden, daß schließlich die Revolutionäre selbst an deren Spitze gestanden hätten. Doch andererseits
wird damit das ganze Volk zu einem möglichen Feind der Revolution
und bespitzelt sich gegenseitig. Im März 1961 schafft Fidel ein Innenministerium, dem sämtliche polizeilichen, geheimdienstlichen
und geheimpolizeilichen Aktivitäten unterstellt werden. Noch ist
Kuba weit von einem Überwachungsstaat entfernt, doch es sind die
ersten Schritte, die Kuba im Laufe der kommenden Jahre dorthin
führen.

Anfang 1961 gibt es rund 15 000 politische Häftlinge auf Kuba, die wegen sogenannter konterrevolutionärer Umtriebe verurteilt wurden. Darunter sind auch die Mitglieder der konspirativen »Organisation der Grundbesitzer«. Deren Sekretär ist ein Mitglied der CDR und übergibt dem Máximo Líder kompromittierende Dokumente. Fidel läßt das Haus umstellen, in dem die Gruppe ihre Zusammenkünfte abhält. Als die Verschwörer einer nach dem anderen den Versammlungsraum betreten, werden sie vom Revolutionsführer höchstpersönlich in Empfang genommen.

Bedrohlicher ist eine Verschwörung in der Sierra de Escambray, wo sich enteignete Großgrundbesitzer und Viehzüchter bewaffnen und eine Guerillagruppe bilden. Fidel erkennt ihre politische Motivation nie an, sondern spricht immer nur von »Banditen«. Diese Gruppe, die Anschläge auf militärische Einrichtungen, aber auch auf zivile Ziele, wie die neuen Schulen der Alphabetisierer, verübt, wird von der CIA aus der Luft mit Waffen und Geräten unterstützt. Anfang 1961 stehen in der Sierra de Escambray 5000 Mann unter Waffen, doch trotz dieser großen Zahl von Kämpfern hat die Gruppe nie die Schlagkraft und den Erfolg des Ejército Rebelde. Das liegt vor allem daran, daß ihr jede Unterstützung aus der Bevölkerung fehlt. Im Vergleich wird einmal mehr deutlich, mit wie viel Geschick Fidel von der Sierra Maestra aus agierte, wie günstig der Zeitpunkt für einen Umsturz war, und – auch das ist wichtig – wie viel Glück er hatte.

Auch in die Bekämpfung der Escambray-Guerilla mischt sich der allgegenwärtige Fidel höchstpersönlich ein. Im Herbst 1960 verbringt er einige Wochen bei den Milizen, um seine eigene Guerillaerfahrung im Kampf gegen die sogenannten Banditen ins Spiel zu bringen. Entlang der Straßen läßt er im Abstand von 40 bis 50 Metern einen Milizsoldaten aufstellen, um den Zugang zu den Bergen abzuriegeln. Er stellt bewegliche Kleingruppen von zwanzig Mann zusammen, die die Guerilleros verfolgen sollen. An manchen Tagen verzeichnen die Milizen spektakuläre Erfolge und nehmen bis zu 500 der gegnerischen Kämpfer gefangen. Trotzdem dauert es noch bis Mitte 1965, ehe die Escambray-Guerilla niedergerungen ist.

★

Nach den Verstaatlichungen der kubanischen Unternehmen setzt eine neue Auswanderungswelle in die USA ein. Im Frühjahr 1961, zwei Jahre nach Beginn der Revolution, befinden sich schon 260 000 Kubaner in Miami, das sich in ein »Klein-Havanna« zu verwandeln beginnt. Es sind vor allem Mitglieder der kubanischen Ober- und Mittelschicht, die zum Teil ihre Unternehmen gleich mit in die USA bringen.

Ein gutes Beispiel für die Auswanderer ist die Familie Bacardí. In den letzten Monaten des Kampfes gegen Batista zahlt die Unternehmerfamilie angeblich eine Million US-Dollar an Revolutionssteuer in die Kassen der Rebellen. Doch die Liebe kühlt rasch ab, der Clan schafft die Namensrechte für seinen weißen Rum ins Ausland, wo sich auch schon einige der Produktionsstätten befinden. Ende 1960 lebt die gesamte, mehr als hundertköpfige Familie in Miami, und die Rumproduktion geht wie gehabt außerhalb Kubas weiter. Doch die Tatsache, daß die wirtschaftlichen Verluste sich in Grenzen halten, kann die Familie kaum über die erlittene Kränkung hinwegtrösten: Die Kubaner sind mit ihrer Insel verwurzelt, der Haß auf die Revolution, der sie aus ihrer Sicht von dort vertrieben hat, sitzt tief. Und diese Revolution hat für die Exilanten nur ein Gesicht: Fidel Castro.

Der Comandante en jefe läßt die Auswanderungswilligen zunächst ziehen. Allerdings läßt er sie nicht mehr zurück auf die Insel: »Wir werden den Konterrevolutionären die Sache nicht erleichtern, indem wir sie morgens ausreisen und abends wiederkommen lassen. Es ist nicht in unserem Interesse, sie am Gehen zu hindern. Was uns interessiert ist, daß sie nicht wiederkommen!«

In außergewöhnlicher Großzügigkeit läßt die Einwanderungsbehörde der Vereinigten Staaten den Zuzug der eigentlich »Illegalen« zu. Der Fall ist einmalig in der Geschichte der USA: Für kubanische Flüchtlinge gibt es keinerlei Visumsbestimmungen und Einwandererquoten, wer aus Kuba kommend den Boden der USA betritt, erhält automatisch den Status eines legalen Einwanderers. Diese Praxis wird später unter Präsident Johnson mit dem »Cuban Adjustment Act« festgeschrieben. Im Vergleich dazu werden illegale Einwanderer an der mexikanisch-nordamerikanischen Grenze von der Grenzpolizei wie Kriminelle behandelt oder gar von paramilitärischen Einheiten erschossen. Der Zweck der ungewöhnlichen Großzügigkeit ist klar: Es soll eine massive Auswanderungswelle in Bewegung gesetzt werden, um den Druck auf Kuba zu erhöhen.

Eine der menschenverachtendsten Aktionen zur Ankurbelung der Auswanderung ist die sogenannte »Operation Peter Pan« und geht auf das Konto der CIA und der katholischen Kirche. Der US-Geheimdienst und katholische Priester verbreiten im Dezember 1960 unter den nach Miami Ausgewanderten das Gerücht, die kubanische Regierung plane, den Kubanern ihre Kinder wegzunehmen und zur ideologischen Umerziehung in die Sowjetunion zu schicken. Es taucht sogar der Text eines angeblichen Gesetzes auf, mit dem der kubanische Staat die Vormundschaft für sämtliche auf Kuba geborenen Kinder übernimmt. Gerade in der Ober- und Mittelschicht macht sich daraufhin Panik breit, Ausgewanderte informieren ihre auf Kuba verbliebenen Verwandten. Diese schicken in Angst und Schrecken ihre Kinder in die USA, wo sie angeblich von kubanischen Familien aufgenommen werden sollen. In perfekter Koordination hält die Einwanderungsbehörde pünktlich sämtliche Papiere bereit. Insgesamt werden auf diese Weise 14 000 Kinder zwischen sechs und sechzehn Jahren in die USA gebracht, bis die Flüge im Oktober 1962 enden. Doch die Kinder kommen nicht etwa, wie versprochen, zu kubanischen Familien, sondern in Waisenhäuser der katholischen Kirche und zu armen mexikanischen Familien, die sie nur des Geldes wegen aufnehmen. Viele dieser Kinder sehen ihre Eltern nie wieder.

★

Die CIA versucht es auch weiter mit Mordanschlägen auf den kubanischen Führer. Richard Bissell heuert die Mafia an, die nach dem Verlust ihrer Hotels, Bordelle und Kasinos besonders verbittert ist. Er nimmt Kontakt auf zu Santos Trafficante, dem früheren Paten von Havanna, der jetzt Miami unter sich hat, zu Salvatore Giancana, dem Mafiaboss von Chicago, und zu Johnny Roselli aus Las Vegas, das von der Mafia nach dem Verlust von Havanna zum Spielerparadies aufgebaut wurde. Rund eine Viertel Million US-Dollar zahlt die CIA an die ehrenwerte Gesellschaft. Im Laufe der kommenden Monate heckt die illustre Runde ein Mordkomplott nach dem anderen aus, die sämtlich aus der Feder von James-Bond-Autor Ian Fleming stammen könnten. Einmal werden die vergifteten Zigarren aus New York City wieder aufgewärmt, dann soll Fidel ein vergifteter Füllfederhalter untergejubelt werden oder ein Barmixer soll ihm Giftpillen in einen Milchshake rühren. In guter Erinnerung an die Indianerkriege der US-Armee will man dem Máximo Líder die Unterhosen in der Reinigung mit Tuberkulosebakterien infizieren, weshalb dieser angeblich bis heute seine gebrauchte Unterwäsche verbrennen läßt. Eine Mischung aus dem sprichwörtlichen Glück Fidels und der ebenso sprichwörtlichen Stümperhaftigkeit der CIA läßt jedoch sämtliche Attentate scheitern.

Für einen vielversprechenderen Mordversuch nehmen Frank Sturgis von der CIA und die Mafiabosse Kontakt zu Marita Lorenz auf. Sie überreden die junge Frau – mittels Drogen und Gehirnwäsche, wie diese schreibt –, noch zweimal nach Havanna zu fliegen und sich mit Fidel zu einem Rendezvous im Habana Libre zu treffen. Beim zweiten Mal, im März 1961, hat sie Giftpillen in der Tasche, die sie ihm einflößen soll, sowie 6000 US-Dollar Honorar. Ehe Fidel jedoch die Suite betritt, bekommt Marita weiche Knie und spült die Pillen ins Klo. Als Fidel schließlich hereinkommt, sagt er ihr auf den Kopf zu: »Sie haben dich geschickt, um mich zu ermorden, stimmt's?« Als sie nickt, gibt er ihr seinen Revolver in die Hand und sagt: »Mich kann keiner umbringen.« Die beiden schlafen noch einmal miteinander, dann verläßt Fidel das Hotel, um eine Fernsehansprache zu halten. Marita schreibt ihm einen Abschiedsbrief und läßt das Geld auf dem Zimmer, als sie geht. Die CIA habe sie nie vergessen lassen, daß sie dem kommunistischen Bastard 6000 US-Dollar geschenkt habe, statt ihn umzubringen, schreibt sie.

★

Im März verschärft sich die Krise zwischen den USA und Kuba beinahe täglich. Es stellt sich rasch heraus, daß sich der neue Präsident Kennedy in seiner unnachgiebigen Position zu Kuba kaum von seinem republikanischen Amtsvorgänger Eisenhower unterscheidet. Im Gegenteil, er und sein engster Berater, sein Bruder Robert Kennedy, scheinen noch überzeugter zu sein als ihre Amtsvorgänger, daß Castro aus Kuba verschwinden müsse.

Wirtschaftlicher Druck ist eine der möglichen Maßnahmen. Am

11. März untersagt Kennedy den Export von Agrarprodukten nach Kuba. Ende März streicht er erneut die Zuckerquote für das kommende Jahr. Daneben unterstützt Kennedy den Frente Revolucionario Democratico, eine von der CIA aufgebaute Exilregierung um den ehemaligen Ministerpräsidenten José Miró Cardona. Am 3. April legt die US-Regierung ein »Weißbuch« zu Kuba vor, in dem freie Wahlen für Kuba angemahnt werden und diese Marionettenregierung unterstützt wird.

Der militärischen Option steht Kennedy eher unsicher gegenüber. Die CIA drängt ihn, die Invasion möglichst schnell zu genehmigen, ehe weitere sowjetische Waffen auf Kuba eintreffen und ein Angriff immer schwieriger würde. In Guatemala und Nicaragua stünden 1500 gut ausgebildete Soldaten bereit, die Schiffe seien klar zum Auslaufen. Ziel sei es, einen Brückenkopf zu bilden und anschließend eine Gegenregierung auszurufen. Auf Kuba selbst gäbe es zahlreiche Oppositionsgruppen, die bei Beginn der Invasion einen Volksaufstand gegen den verhaßten Tyrannen anführen würden. Alles warte nur auf das Signal aus Washington. Kennedy ist zwar nicht überzeugt von dem Projekt, das er von seinem Amtsvorgänger geerbt hat, aber er bringt auch nicht die Entschlossenheit auf, sich ihm energisch in den Weg zu stellen. Schließlich schaffen Bissell und Allan Dulles von der CIA Fakten: Von der United Fruit Company, deren Direktor ein Ex-CIA-Mann ist, mieten sie einige Frachtschiffe an und lassen die Invasionsbrigade am 11. April in See stechen. Als Kennedy davon unterrichtet wird, daß sich die Exilkubaner auf den Weg gemacht hätten, stimmt er zu, die Invasoren mit Munition und Luftangriffen zu unterstützen und sie von US-Kriegsschiffen begleiten zu lassen. Gleichzeitig betont er jedoch, er werde keine US-Truppen zur Unterstützung entsenden. Diese Aussage nehmen ihm die CIA-Leute jedoch nicht ab: Sie sind überzeugt, daß sie den unerfahrenen Präsidenten durch weitere Fakten schon noch zum Handeln zwingen können. Wenn der Brückenkopf stehe und die Gegenregierung um Hilfe rufe, dann werde er sich nicht verweigern, so die Logik. Wie zum Trotz verkündet Kennedy am 12. April auf einer Pressekonferenz, US-Soldaten würden sich auf keinen Fall an einer möglichen Invasion Kubas beteiligen.

★

Für Fidel kommt Kennedys Pressekonferenz einer Ankündigung gleich, daß es nun in wenigen Tagen soweit sein wird. Er ist längst bis ins Detail über die bevorstehenden Angriffe informiert, denn sein Spionagenetz in Miami funktioniert bestens. Schon seit Monaten weiß er um die Ausbildungslager in Nicaragua und Guatemala und ist auf einen Angriff vorbereitet. Die rund 200 000 Milizen und 25 000 regulären Soldaten sind seit Jahresbeginn in Alarmbereitschaft. Fidel hat die Insel in vier Abschnitte unterteilt, die ihm, seinem Bruder Raúl, »Che« Guevara und Juan Almeida unterstehen. Am Malecón, der berühmten Uferpromenade von Havanna, stehen großkalibrige Kanonen, an den Straßenecken der Städte werden Geschützstellungen der Milizen aufgebaut. Was Fidel nicht genau weiß, ist, wann und wo die Invasion erfolgen wird.

Nachdem sich im April die Anzeichen verdichten, führt er einen organisierten Schlag gegen die bekannten Oppositionsgruppen und läßt in großangelegten Razzien rund 100 000 Oppositionelle verhaften. Kirchenmänner, darunter selbst Fidels früherer Beschützer, Santiagos Erzbischof Enrique Pérez Serrantes, werden unter Hausarrest gestellt. Von diesem Schlag wird sich das kubanische Spionagenetz der CIA nicht mehr erholen. Selbst wenn es den von der CIA behaupteten Plan für einen Volksaufstand je gegeben hätte, dann macht diese Verhaftungswelle jede Hoffnung darauf zunichte.

Auch Fidel selbst ist in äußerster Alarmbereitschaft. Fast täglich hält er nun Ansprachen im Fernsehen, in denen er sich über die CIA lustig macht und die Bevölkerung auf den bevorstehenden Angriff vorbereitet. Nach Kennedys Pressekonferenz zieht er zusammen mit Celia Sánchez in sein militärisches Hauptquartier im Stadtteil Nuevo Vedado, um auf alles vorbereitet zu sein. Er schläft noch weniger als sonst, schon gar nicht nachts.

★

Am frühen Morgen des 15. April kommt es schließlich zum erwarteten Angriff. Das Szenario entstammt Bissells Guatemala-Drehbuch. Aus Nicaragua kommend, fliegen insgesamt acht B-26-Bomber Angriffe auf Militärflughäfen der Insel, um Fidels Luftwaffe außer Gefecht zu setzen. Von Kuba aus fliegen zwei der Maschinen weiter nach Miami. Sie tragen Abzeichen der FAR und haben falsche Einschußlöcher, um der Presse vorzugaukeln, es handele sich um desertierte kubanische Piloten, und ein Volksaufstand gegen das Regime stehe unmittelbar bevor. Doch das plumpe Täuschungsmanöver fliegt noch an Ort und Stelle auf, da einige Journalisten die Bomber als Maschinen der US-Air Force erkennen. Nach diesem peinlichen Eklat untersagt Kennedy vorerst weitere Luftangriffe.

Auch militärisch verfehlen die Luftschläge ihr Ziel. Die US-Bomber zerstören zwei kubanische B-26, ein Transportflugzeug sowie ein T-33-Übungsflugzeug. Den Kubanern bleiben vier leichte Bomber vom Typ Sea Fury, eine B-26 und drei T-33. Fidel spottet, er habe noch immer mehr Flugzeuge als Piloten. Und tatsächlich werden die verbliebenen Maschinen ausreichen, um die Invasion zu vereiteln.

Bei dem Luftangriff werden neben militärischen Zielen auch Wohngebiete der Stadt Ciudad Libertad bombardiert. Dabei kommen sieben Menschen ums Leben, dreiundfünfzig werden verletzt. Am 16. April findet eine große Trauerfeier in Havanna statt. Von einem Balkon über dem Eingang des Friedhofs aus schwört Fidel die Kubaner noch einmal auf den bevorstehenden Kampf ein. Die Rede markiert eine wichtige Wende, denn bei dieser Gelegenheit erklärt er zum ersten Mal, daß es sich bei der kubanischen Revolution um eine sozialistische Revolution handele: »Der Imperialismus kann uns nicht verzeihen, daß wir vor der Nase der Vereinigten Staaten von Amerika eine sozialistische Revolution durchgeführt haben.« Er und seine Begleiter heben ihre Gewehre in die Luft: »Diese sozialistische Revolution werden wir mit diesen Waffen verteidigen.«

★

Noch am selben Tag verhängen Gerichte in Havanna Todesurteile gegen inhaftierte Saboteure und lassen sie sofort vollstrecken. Prominentestes Opfer ist der frühere Landwirtschaftsminister Humberto Sorí Marín, der im Frühjahr an der Vorbereitung für ein Attentat auf Castro beteiligt war und zusammen mit Widerstandsgruppen in Florida Sabotageakte gegen die kubanische Wirtschaft organisierte.

Etwa zum gleichen Zeitpunkt gibt Kennedy grünes Licht für die Landung der Invasionstruppen der sogenannten Brigade 2506, die sich westlich der kubanischen Küste gesammelt haben. Am 17. April um ein Uhr morgens beginnt die Operation an einem Strand namens Playa Larga in der Nähe des Ortes Girón an der Ostküste Kubas. Die Bucht ist auch unter dem Namen »Bahía de Cochinos – Schweinebucht« bekannt. Was die Invasoren nicht wissen: Dies ist einer der Orte, an dem die Verteidiger den Angriff vermutet haben. Fidel kennt die Region gut, er hat sie in den vorangegangen Monaten mehrmals besucht, da er an diese Stelle den Bau eines Hotelkomplexes plant. Der Strandabschnitt eignet sich hervorragend zur Bildung eines Brückenkopfes, denn er ist von Sümpfen umgeben und für Verteidiger nur sehr schwer zugänglich. Noch am 14. April hat Juan Alameida bei einer Inspektionsfahrt die Milizen in der Gegend verstärken lassen.

Fidel befindet sich wie in den Nächten zuvor zusammen mit Celia Sánchez in seinem Hauptquartier in Nuevo Vedado. Um halb drei in der Frühe erreicht ihn die Nachricht, daß auf dem Playa Larga bei Girón feindliche Truppen landen. Sofort greift er zum Telefon und befiehlt seine rund 800 Mann starke Eliteeinheit der Milizen, eine Artillerieeinheit der Armee und weitere Milizenverbände aus der nahe gelegenen Stadt Cienfuegos nach Girón. Dann mobilisiert er seine verbliebenen Luftstreitkräfte. Höchstpersönlich ruft er um halb fünf Uhr morgens bei seinem dienstältesten Piloten Enrique Carreras an und beschwört ihn: »Junge, du mußt mir die Schiffe versenken.«

Um fünf Uhr morgens meldet ein Propagandasender der CIA, der schon seit einigen Monaten von Miami aus nach Kuba sendet, eine Befreiungsarmee sei auf der Zuckerinsel gelandet und, ein Volksaufstand gegen die kommunistische Regierung habe begonnen. Die Kommunisten würden fliehen und die Soldaten in Scharen zu den Befreiern überlaufen. Doch kaum eine Stunde später wird den vermeindlichen Befreiern der erste entscheidende Schlag versetzt. Kurz nach sechs Uhr steigen zwei Sea Fury-Maschinen in Havanna auf und fliegen die rund 150 Kilometer in südöstlicher Richtung nach Girón. In der Morgendämmerung senken sie sich auf die Bucht herab, wo die Landung fast abgeschlossen ist. Die CIA war in ihrer Planung davon ausgegangen, daß die Flugzeuge der FAR zu diesem Zeitpunkt längst ausgeschaltet wären, und hat es deshalb nicht für nötig befunden, die Kähne der United Fruit Company mit Luftabwehrwaffen auszurüsten. So können die Piloten ungestört einfliegen und zielen. Beim zweiten Überflug versenken die beiden Sea Furys den Frachter *Houston* mit ungefähr 150 Soldaten und Gerät an Bord. Außerdem durchlöchern sie mit ihren Maschinengewehren ein Landungsboot und zwingen es zur Umkehr. Danach fliegen sie zurück zum Stützpunkt, um neue Bomben zu laden. Gegen halb zehn taucht das kleine Geschwader erneut auf und beschießt das Transportschiff *Río Escondido*, das Waffen, Munition und Sprengstoffe geladen hat. Das Schiff explodiert in einem riesigen Feuerball und sinkt innerhalb weniger Sekunden. Um weitere Verluste zu vermeiden, ziehen sich die übrigen Schiffe zurück. Die CIA-Offiziere, die die Aktion koordinieren, sind wohlweißlich nicht mit an Land gegangen. Damit ist die Brigade 2506 mit ihren nur noch rund 1350 Soldaten allein auf dem Strand von Girón und vom Nachschub abgeschnitten.

Die Invasoren machen sich auf den Vormarsch in Richtung Hauptstraße, um die wichtige Nord-Süd-Verbindung Kubas einzunehmen. Doch der Vorstoß wird von den anrückenden Milizenverbänden zurückgeschlagen. Auch die Fallschirmspringer, die im Hinterland abgesetzt werden, können schnell von den Milizen gefangen genommen werden. Fidel, der von seinem Hauptquartier aus im ständigen Telefonkontakt mit den Einheiten steht, jubelt: »Jetzt haben wir den Krieg gewonnen!« Und wie immer hält es ihn nicht lange in seinem Büro: Nachdem am frühen Nachmittag klar ist, daß die Truppen in der Schweinebucht die Hauptstreitmacht der Invasoren darstellen und an keiner anderen Stelle weitere Angriffe drohen, springt er selbst in einen Jeep und fährt zu seinen Einheiten, um die Verteidigung vor Ort zu koordinieren.

Kennedy gibt nach diesen Verlusten noch einmal die Erlaubnis für eine begrenzte Anzahl von Luftangriffen. Die B-26 fliegen erneut von Nicaragua kommend Angriffe gegen kubanische Stellungen und Militärflughäfen. Doch diesmal sind die Kubaner vorgewarnt. Mit ihren T-33-Übungsflugzeugen, die mit Maschinengewehren ausgerüstet sind, schießen sie vier Bomber ab. Wieder erwischt Fidel die Invasoren auf dem falschen Fuß, die nicht damit gerechnet haben, daß er seine Übungsflugzeuge bewaffnet haben könnte. Bei den Abschüssen kommen auch zwei US-Piloten ums Leben – Fidel wird ihre Leichen später präsentieren, um zu beweisen, daß die USA an der Aggression beteiligt waren.

Die Invasionstruppen sitzen zwar auf dem Strand fest, doch sie leisten nach wie vor mit dem Mut der Verzweiflung Widerstand. Der Nachschub der Milizen kommt nur langsam voran, da nur eine einzige schmale Zufahrtsstraße durch die Sümpfe nach Girón führt. Auf beiden Seiten gibt es zahlreiche Opfer. Im Laufe des kommenden Tages wird jedoch klar, daß der Kampf aussichtslos ist. Von den Schiffen, die sich weit zurückgezogen haben, kommt kein Nachschub an Soldaten und Munition. Die USA greifen tatsächlich nicht mit Soldaten oder weiteren Luftangriffen ein, obwohl der Flugzeugträger *Essex* und einige Zerstörer sich in der Nähe der Frachtkähne der CIA aufhalten. Als absehbar ist, daß auch eine Flucht mit Landungsbooten aussichtslos ist, ergeben sich die verbliebenen fast 1200 Invasionssoldaten.

Fidel, der die Vorgänge im Schutz einer Baumgruppe durch seine dicke Brille verfolgt hat, ist einer der ersten, der aus der Deckung auf den großen Strand hinunterläuft. Ohne sich darum zu kümmern, daß die Invasoren zum Teil noch ihre Waffen tragen, mischt er sich unter sie, um heftig mit ihnen zu diskutieren.

★

Fidel wäre nicht Fidel, wenn er den Sieg nicht propagandistisch auszuschlachten wüßte. Am darauffolgenden Sonntag, dem 23. April, hält er eine vierstündige Fernsehansprache, der ganz Kuba gebannt folgt. Er feiert die Kämpfe in der Schweinebucht als ersten Sieg eines lateinamerikanischen Landes gegen den Imperialismus. Anhand einer Landkarte schildert er in allen Einzelheiten den Verlauf der Invasion und die Bewegungen der kubanischen Milizen.

Für Fidel ist der Sieg ein Triumph auf der ganzen Linie, und er ist allerbester Laune. Er, Revolutionsführer einer unbedeutenden Inselnation in der Karibik, hat die scheinbar unbesiegbaren Vereinigten Staaten in die Knie gezwungen, so wie der kleine David den übermächtigen Goliath besiegt hat. Die CIA war mit einer 1500 Mann starken Invasionsarmee, der größten und am besten bewaffneten,

»Der Imperialismus kann uns nicht verzeihen, daß wir vor seiner Nase eine
sozialistische Revolution durchgeführt haben.«
Fidel beobachtet die Invasoren. Er ist einer der ersten, der nach deren
Kapitulation auf den Playa Larga stürmt.

die je von der CIA ausgerüstet wurde und für einen Guerillakrieg zum
Einsatz kam, nicht in der Lage, es den zweiundachtzig Männern
gleichzutun, die vier Jahre und vier Monate zuvor mit der *Granma* in
Punta Colorada angelegt und schließlich Batista gestürzt hatten.
Eine neue Woge der Begeisterung für Fidel rollt über die Insel. Die-
ser Sieg ist in seiner Bedeutung für Fidel nicht zu unterschätzen:
Wenn es einen Moment in der kubanischen Revolution gibt, an dem
er die Bevölkerung endgültig hinter sich bringt, dann ist es dieser.

★

In den folgenden Tagen werden dem kubanischen Fernsehpublikum
auch die 1189 Gefangenen vorgeführt. Vor laufender Kamera unterhält sich Fidel mit ihnen über die Erfolge der Revolution, über ihre
Haftbedingungen und über das Leben in den USA. Unter den Invasoren sind etwa 200 frühere Offiziere und Soldaten der Batista-Armee

sowie einige der Folterknechte Batistas, die auserkoren waren, bei einer geglückten Invasion die kubanische Führung zu ermorden. Zumeist aber handelt es sich um Sprößlinge aus betuchten Familien. Viele von ihnen sind erleichtert, daß sie nicht wie erwartet direkt erschossen wurden. Sie spielen das Spiel mit und loben die Haftbedingungen und die Moral der Kubaner. Sie erzählen, die CIA habe sie betrogen und ihnen vorgegaukelt, die Menschen auf Kuba seien mit dem Leben unter dem Revolutionsregime unzufrieden und würden eine Invasion mit einem Volksaufstand unterstützen. Manche bezichtigen US-Präsident Kennedy des Verrats, weil er sie im Stich gelassen habe. Einige wenige bieten dem kubanischen Führer die Stirn und fragen, warum es denn auf Kuba keine Wahlen gebe, wenn er sich seiner Sache so sicher sei. Beim anschließenden Schauprozeß einige Wochen später erklären sich alle Gefangenen für schuldig.

Das Publikum fordert wieder und wieder die Hinrichtung aller Überlebenden der Brigade, doch Fidel zeigt sich gnädig: Die eigentlichen Schuldigen säßen in Washington. Allein diejenigen unter den Invasoren, die sich unter Batista Verbrechen schuldig gemacht haben, sollen vor ein Zivilgericht gestellt werden. Von den vierzehn als Batista-Schergen identifizierten Invasoren werden fünf zum Tode verurteilt und hingerichtet. Die übrigen Gefangenen sollen gegen Landmaschinen eingetauscht werden. Fidel schickt sogar eine Abordnung der Gefangenen selbst nach Washington, um über die Freilassung ihrer Kameraden zu verhandeln, doch die US-Regierung lehnt unter dem Vorwand ab, diese Maschinen könnten zu militärischen Zwecken verwendet werden.

Erst Ende 1962 kommt es zu einer Einigung. Die USA schicken im Austausch für die Gefangenen medizinische Hilfsgüter im Wert von rund sechzig Millionen US-Dollar. In der Orange Bowl, einem Footballstadion in Miami, wird ihnen am 29. Dezember 1962 ein großer Empfang bereitet. Während die Exilkubaner »Guerra, guerra! Krieg, Krieg!« rufen, schwenkt John F. Kennedy das Fähnchen der Brigade 2506, und eine mädchenhaft lächelnde Jacqueline Kennedy bekennt unter lautem Jubel der Zuschauer auf spanisch, es sei ihr eine Ehre, vor einer Gruppe der tapfersten Männer der Welt zu stehen. Doch zu diesem Zeitpunkt ist die Situation bereits eine völlig andere.

9

Unter Haien

»Fidel, campeón, te comiste al tiburón! – Fidel, du Held, du hast den Hai gefressen!« rufen die Feiernden in den Straßen Havannas nach dem Sieg über die Invasionstruppen in der Schweinebucht. Der Hai – eine von Fidels Lieblingsmetaphern für den US-Imperialismus – hat sich, wie in der Fabel Voltaires, in eine Sardine verwandelt. Auch der erklärte Kommunist Fidel greift noch gern auf seinen jesuitischen Bildungsschatz zurück.

Doch mit der Schweinebucht, das weiß der Comandante, ist der Kampf gegen die USA noch nicht vorbei: Ein friedliches Zusammenleben mit dem übermächtigen Nachbarn wird nicht möglich sein solange die Revolution auf Kuba regiert. Er weiß, daß die Vereinigten Staaten nicht ruhen werden, ehe auf Kuba ein ihnen genehmes Regime herrscht. Am 26. Juli 1961, dem Jahrestag des Moncada-Angriffs, warnt er die Kubaner deshalb, sich nach dem Sieg nicht in Sicherheit zu wiegen:»Dies ist ein Kampf auf Leben und Tod, der nur mit dem Tod der Revolution oder dem Tod der Konterrevolution enden kann.« Eine Stimmung der Paranoia macht sich breit: Überall wittert Fidel nun Konterrevolutionäre.

★

Mit den Ereignissen in der Schweinebucht ist der Frühling der Revolution vorüber. Um seine Macht zu verteidigen, sucht sich der Comandante neue Verbündete: Außenpolitisch kommen eigentlich nur noch die Sowjets in Frage, die kubanischen Zucker kaufen und im Gegenzug Waffen liefern. Schon deshalb bietet sich auf Kuba die moskautreue Sozialistische Volkspartei PSP als neuer Partner an. Schritt für Schritt wendet er sich daher in den nächsten Monaten dem Kommunismus zu.

Anläßlich des Tages der Arbeit am 1. Mai 1961 ruft er die »Sozialistische Republik Kuba« aus. Auf der Kundgebung zum 26. Juli bittet Fidel die Hundertausenden von Zuhörern auf dem Platz der Revolution um die Erlaubnis, die Bewegung des 26. Juli mit dem PSP zu vereinen und den Partido Unido de la Revolución Socialista de Cuba (PURSC), die Vereinigte Partei der Kubanischen Sozialistischen Revolution, zu gründen. Am 1. Dezember läßt Fidel schließlich die Bombe platzen: In einer Fernsehansprache im Rahmen des Programms »Universidad Publica« erklärt er, der PURSC gebe sich ein marxistisch-leninistisches Programm, »zugeschnitten auf die objektiven Bedürfnisse Kubas«.

Damit beginnt die Geschichte des Kommunisten Fidel Castro. Noch in derselben Fernsehansprache beginnt der Comandante, seine Biographie entsprechend umzuschreiben: »Ich sage mit Stolz und Überzeugung: Ich bin Marxist-Leninist, und ich werde bis ans Ende meiner Tage Marxist-Leninist bleiben.« Später wird er behaupten, schon beim Überfall auf die Moncada-Kaserne vom Geist des Historischen Materialismus beflügelt gewesen zu sein. Er habe lediglich seine Ansichten seinerzeit noch nicht radikaler formulieren können, um den Sieg über Batista nicht zu gefährden.

★

Die kubanischen Kommunisten nutzen die Gunst der Stunde. Unter der Führung von Aníbal Escalante drängen sie auf allen Ebenen in Regierungsämter, Verwaltungen und Organisationen. Die Revolutionäre der ersten Stunde verlieren immer mehr an Einfluß und sind verbittert, daß diejenigen, die sich im Kampf gegen Batista unter den Betten versteckt haben, nun das Sagen haben sollen. Viele von ihnen fallen in Ungnade, weil sie den ideologischen Schwenk nicht mitmachen wollen.

Auf dem Gebiet der Kultur und der gesellschaftlichen Werte macht sich realsozialistisches Spießertum breit. Homosexuelle Künstler werden genauso verfehmt wie die Santeros der kubanischen Schwarzen. Eine entscheidende Auseinandersetzung zwischen den Kommunisten und den Mitgliedern der Bewegung des 26. Juli entzündet sich an der Zeitschrift *Lunes*, der Literaturbeilage der Tageszeitung *Revolución*, in der eine bunte Mischung aus politischen Texten und experimenteller Literatur abgedruckt wird. Kommunistischen Apparatschiks ist die Zeitschrift ein Dorn im Auge: Sie klagen, sie sei »kleinbürgerlich«. Die Auseinandersetzung wird öffentlich ausgetragen. Einige Wochen lang finden sich jeden Samstag rund 300 Intellektuelle in der Nationalbibliothek zu Diskussionen über die Freiheit von Literatur und Kunst auf Kuba ein.

Die Debatte verläuft kontrovers, doch am Ende gibt Fidel eine Stellungnahme ab, die wie ein Faustschlag auf den Tisch wirkt. Unmißverständlich macht er klar, daß er nicht willens ist, die Freiheit der Kunst über die Werte der Revolution zu stellen. Unter anderem erklärt er: »Der Revolutionär stellt die Revolution über alles, auch über seinen kreativen Geist. Der revolutionärste Künstler wäre bereit, selbst seine Berufung der Revolution zu opfern.« Fidel sieht ein, daß nicht jeder Künstler Revolutionär sein kann: »Diejenigen Schriftsteller und Künstler, die keine Revolutionäre sind, sollen die Möglichkeit und die Freiheit haben, sich innerhalb der Revolution auszudrücken. Das heißt, daß alles im Rahmen der Revolution stattfindet, und außerhalb der Revolution gar nichts. Gar nichts, denn auch die Revolution hat ihre Rechte, und ihr erstes Recht ist es, zu existieren.« Zum Abschluß formuliert der Revolutionsführer seine Position noch einmal deutlich: »Welche Rechte haben die Schriftsteller und Künstler, ob sie nun Revolutionäre sind oder nicht? Innerhalb der Revolution: alle; außerhalb der Revolution: keine.«

In seiner Diskussion mit den kubanischen Intellektuellen verzichtet Fidel bewußt auf Fragen der marxistischen Ideologie: Es geht ihm nicht um ideologische Korrektheit oder um die Darstellung des sozialistischen Menschen. Statt dessen zitiert Fidel aus den Gefängnistagebüchern des unorthodoxen italienischen Kommunisten Antonio Gramsci: Auf dem Gebiet der Kultur würden zentrale Machtkämpfe ausgetragen. Daher müsse sich die Revolution die Hegemonie über die Kultur sichern und dürfe gegen jeden vorgehen, von dem eine konterrevolutionäre Bedrohung ausgehe. Was konterrevolutionär ist, das entscheidet jedoch keine Debatte, sondern eine Kulturbürokratie – mit anderen Worten: die Zensur. Die Intellektuellen beugen sich zunächst der Selbstzensur und der freiwilligen Gleichschaltung. Am 6. November 1961 erscheint die letzte Ausgabe von *Lunes*, ohne daß sich noch einmal nennenswerter Widerstand geregt hätte.

Für den hochgebildeten Jesuitenzögling ist die Massenkultur wichtiger als die Minderheitenkultur der Intellektuellen, denn sie ist der Ort, an dem er den revolutionären Umbau der Gesellschaft vorantreiben will. Daher fördert er breitangelegte Alphabetisierungskampagnen, vergibt 50 000 Stipendien für Universitätsstudenten, gründet eine kubanische Filmgesellschaft und richtet im Fernsehen Programme wie die »Universidad Publica«, die öffentliche Universität, ein. Ziel ist es nicht nur, die Bevölkerung zu bilden, sondern auch, die Geschichte Kubas aus Sicht der siegreichen Revolution neu zu schreiben und auch auf diese Weise ein neues Kuba zu schaffen.

★

Fidel hat nicht unrecht mit seiner Warnung, die Revolution sei nach wie vor in Gefahr, denn so einfach läßt sich der Hai nicht unterkriegen. US-Generäle verlangen noch Ende April, unmittelbar nach dem Scheitern der Operation in der Schweinebucht, eine Besetzung Kubas mit einer 75 000 Mann starken Invasionsarmee. US-Präsident Kennedy lehnt dies zwar ab, denn er bereut es bitter, den Beratern der CIA vertraut und sich auf das Abenteuer in der Schweinebucht eingelassen zu haben. Doch das hindert ihn nicht daran, neue Invasionspläne vorbereiten zu lassen.

Unter der Führung seines jüngeren Bruders Robert Kennedy wird die Operation Mongoose ins Leben gerufen, die größte geheimdienstliche Operation in der Geschichte der CIA. Mongoose, zu deutsch Mungo, ist der Name eines wieselähnlichen Tieres, das auf dem indischen Subkontinent lebt und dafür bekannt ist, selbst Giftschlangen aus Erdlöchern zu holen und zu töten. Das soll denn auch das Ziel der Unternehmung sein: In Fidels Bau einzudringen und ihn samt seiner Führungsmannschaft auszuschalten. Operation Mongoose verfügt über einen Jahresetat von 45 Millionen US-Dollar und beschäftigt 2000 Agenten. Pläne für eine weitere Invasion werden entwickelt, Sabotageakte vorbereitet, die Guerilleros im Escambray-Gebirge unterstützt und unzählige Attentate auf den kubanischen Revolutionsführer geplant. Natürlich ist auch die US-Mafia wieder mit von der Partie. Bis Oktober 1962 will die CIA das kubanische Führungstrio Fidel und Raúl Castro und Ernesto »Che« Guevara beseitigt und ein den USA genehmes Regime etabliert haben.

Neben den geheimdienstlichen greift Kennedy zu diplomatischen und wirtschaftlichen Mitteln, um Kuba immer weiter zu isolieren. Ende Januar beruft er die Organisation der Amerikanischen Staaten (OAS) nach Punta del Este in Uruguay ein, mit dem Ziel, Kuba aus dieser Vereinigung auszuschließen. Begründung ist das ausdrückliche Bekenntnis Fidels zum Marxismus-Leninismus vom 1. Dezember des Vorjahres: Damit sei Kuba zu einer Gefahr für die Regierungen der Region geworden. Vor dem eigentlichen Treffen am 25. Januar werden die Delegierten tagelang bearbeitet, um im Sinne der USA zu stimmen. Mit Mexiko, Brasilien, Argentinien und Chile widersetzen sich zwar die bevölkerungsreichsten Staaten des Kontinents diesem Plan. Doch die Vereinigten Staaten sorgen für die nötige Mehrheit, indem sie den Diktatoren kleinerer Staaten, wie Haitis François Duvalier, großzügige Geschenke machen. Das Ziel, eine Wirtschaftsblockade Kubas durch sämtliche Nationen des Doppelkontinentes zu beschließen, erreicht die US-Delegation wegen des Widerstands der genannten vier Nationen nicht. Am 3. Februar verkündet Kennedy jedoch eine umfassende Handels-, Wirtschafts- und Finanzblockade der Insel durch die USA. Am 4. Februar gibt Fidel seine Antwort auf den Ausschluß aus der OAS in seiner Zweiten Deklaration von Havanna, die er auf dem Platz der Revolution vor dem Denkmal José Martís verliest. Polemisch rechnet er mit seinem Erzfeind ab: »Wofür stehen diese beiden Länder? Kuba für die ausgebeuteten Massen Lateinamerikas, die Vereinigten Staaten für die Ausbeuter und Imperialisten. Kuba für die Souveränität der Völker, die Vereinigten Staaten für die Intervention. Kuba für die Kultur, die Vereinigten Staaten für die Ignoranz. Kuba für die ermordeten Alphabetisierer, die Vereinigten Staaten für ihre Mörder.« Dann formuliert er einen »befreierischen Lateinamerikanismus« und reiht sich damit einmal mehr ein in die Tradition von Simón Bolívar und José Martí.

Die Deklaration ist eine Kriegserklärung an die Adresse der faschistischen Diktaturen des Kontinents und ein Aufruf zur Solidarität unter den Völkern Lateinamerikas gegen die Ausbeutung durch die Vereinigten Staaten.

★

Nikita Chruschtschow unterstützt Fidel schon seit der ersten Begegnung der beiden in New York City mit konventionellen Waffen und Ausbildern. Doch »das junge Pferd« gilt in Moskau keineswegs als zuverlässiger Partner. Der Umbau zum Sozialismus findet vor allem in Fidels Reden statt, in Wirklichkeit hat die karibische Variante des Sozialismus wenig mit dem Kaderstaat sowjetischer oder ostdeutscher Prägung zu tun. Es gibt zwar inzwischen die sozialistische Einheitspartei, doch auf Kuba herrscht nicht Marx, sondern der Máximo Líder, und der bleibt trotz aller Signale an Moskau seiner unorthodoxen Linie treu. Was es bedeutet, wenn er sagt, der Marxismus sei »zugeschnitten auf die objektiven Bedürfnisse Kubas«, das weiß nur er allein. Die Bevölkerung folgt ihrem Kaziken, den sie beinahe bedingungslos verehrt: »Si Fidel es comunista, que me pongan en la lista – Wenn Fidel Kommunist ist, dann will ich auch auf die Liste« lautet ein beliebter Spruch aus der Zeit.

Der Comandante beäugt die orthodoxen Kommunisten mit demselben Mißtrauen wie sie ihn: Schon am 26. März 1962, weniger als ein Jahr nach Gründung des PURSC, jagt Fidel den kommunistischen Führer Aníbal Escalante zum Teufel und schickt den sowjetischen Botschafter Sergej Kudrjatsow gleich hinterher. Er beschuldigt die Altkommunisten des »Sektierertums« und wirft ihnen vor, von Moskau aus einen Staatsstreich gegen ihn geplant zu haben. Kudrjatsew sei gefährlicher als der frühere US-Botschafter Bonsal. Bei aller Annäherung an die Sowjets tut Fidel alles, um seine eigene Macht zu sichern und keine Marionette des Zentralkomitees der KPdSU zu werden.

Die materielle Abhängigkeit von den Sowjets wird ohnehin täglich größer: Die Wirtschaft Kubas liegt am Boden, teils durch die Handelsblockade der USA, teils durch Fehler der kubanischen Reformer. Selbst Grundnahrungsmittel sind zeitweise knapp, so daß im März 1962 ein »Büchlein« mit Marken für rationierte Waren eingeführt wird. Statt, wie ursprünglich einmal geplant, die Landwirtschaft zu diversifizieren, wird der Zucker für die kubanische Volkswirtschaft immer wichtiger, was die Abhängigkeit der Insel von der Sowjetunion nur vergrößert.

★

Trotz seiner Unberechenbarkeit sehen die Sowjets in Fidel einen wichtigen Verbündeten. Kuba ist eine kommunistische Laus im Pelz der imperialistischen USA oder, mit den Worten Chruschtschows, eine stinkende Ziege in ihrem Bett. Kuba soll außerdem daran gehindert werden, ins Lager der Chinesen überzulaufen, die die Entwicklungen auf der Zuckerinsel ebenfalls mit Interesse verfolgen und dem Herzen der Kubaner näher sind – oder zumindest dem Herzen »Che« Guevaras.

Bei einem Staatsbesuch in Bulgarien im Mai 1962, also kurz nach der gescheiterten Invasion in der Schweinebucht, kommt Chruschtschow erstmals der Gedanke, zum Schutz Kubas Atomraketen auf der Insel zu stationieren. Zwar ist die stetig wachsende Bedrohung Kubas durch eine Invasion der USA sicher ein Motiv, doch Chruschtschow würde ein solches Risiko kaum eingehen, wenn es ihm lediglich um die Verteidigung eines kleinen, noch dazu unsicheren, Bündnispartners ginge. Viel verlockender erscheint ihm die Gelegenheit, das atomare Ungleichgewicht, das zu dieser Zeit zugunsten der Vereinigten Staaten herrscht, zumindest ein klein wenig zu korrigieren. Bei aller Propaganda besitzt die Rote Armee nämlich nur rund fünfundvierzig Interkontinentalraketen, mit denen sie tatsächlich nordamerikanisches Territorium erreichen könnte, während die USA umgekehrt über fast 250 solcher Raketen verfügen. Bei den Langstreckenbombern ist die Überlegenheit der USA ähnlich. Und seit in Italien und der Türkei Mittelstreckenraketen stationiert sind, müssen die Sowjets sogar mit der Bedrohung unmittelbar vor ihrer eigenen Haustür leben. Nun sieht der Ministerpräsident der Sowjetunion mit einem Mal die Möglichkeit, es seinen Gegenspielern in Washington mit gleicher Münze heimzuzahlen. »Es war höchste Zeit, daß die USA spürten, wie es ist, wenn das eigene Land und das eigene Volk bedroht werden«, schreibt Chruschtschow dazu in seinen Memoiren.

Doch die sowjetischen Generäle und die übrigen Mitglieder des Zentralkomitees der KPdSU sind skeptisch. Noch nie sind sowjetische Raketen außerhalb des Territoriums der Sowjetunion stationiert worden. Sie dringen deshalb darauf, daß die Raketen auf keinen Fall in die Hände der Kubaner geraten dürften. Das ist auch Chruschtschow klar. Doch den impulsiven ZK-Vorsitzenden interessieren weitergehende Bedenken nicht – der Schachzug erscheint einfach zu verlockend.

★

Chruschtschow fackelt nicht lange. Schon am Tag nach der Diskussion im Zentralkomitee schickt er eine Abordnung hochrangiger Militärs nach Kuba, um dem Bündnispartner seinen Vorschlag zu unterbreiten. Um keinen Verdacht zu erregen, reisen die Generäle mit falschen Pässen und als Landwirtschaftsexperten getarnt auf die Insel. Doch der Comandante reagiert nicht gerade enthusiastisch auf den Vorschlag und bittet sich Bedenkzeit aus.

In den folgenden Tagen führt er Gespräche mit Vertrauten, vor allem mit Staatspräsident Osvaldo Dorticós und seinem Bruder Raúl. Was ihn besonders wurmt, ist die Tatsache, daß die Raketen heimlich aufgestellt werden sollen. Dazu kommt, daß die Sowjets die völlige Kontrolle über die Waffen behalten wollen. Fidel ist eigentlich überhaupt nicht darauf erpicht, Atomraketen auf der Insel zu haben. Er sieht die Glaubwürdigkeit der Revolution vor allem in Lateinamerika in Gefahr, weil Kuba plötzlich als Stützpunkt der Sowjetunion erscheinen könnte. Ihm wäre es sehr viel lieber, wenn Kuba und die Sowjets für alle Welt sichtbar als gleichberechtigte Partner einen Sicherheitspakt schließen würden, der Kuba unter den atomaren Schutzschirm der UdSSR nähme.

Schließlich willigt er trotzdem ein, wenn auch ohne große Begeisterung. Der sowjetischen Abordnung teilt er mit: »Eine Aggression der Vereinigten Staaten können wir selbst abwehren. Wir haben genug Truppen, um uns gegen einen Angriff zu verteidigen. Aber wenn die Operation im Namen der Sowjetunion und der Weltrevolution durchgeführt werden soll, dann werden wir uns dem nicht widersetzen.«

Im Sommer versucht Fidel noch mehrmals, die Stationierung offiziell mit den Sowjets zu vereinbaren. Zuerst fliegt sein Bruder Raúl allein, dann mit »Che« Guevara nach Moskau, um mit Chruschtschow über die Möglichkeit zu diskutieren, in aller Öffentlichkeit einen Stationierungsvertrag abzuschließen. Doch Chruschtschow wischt den Vorschlag vom Tisch: Er will die USA vor vollendete Tatsachen stellen und die Stationierung erst öffentlich machen, wenn sämtliche Raketenbasen abschußbereit sind.

Fidels Skepsis weicht jedoch schon bald einer positiveren Sicht der Dinge. Schließlich, so sagt er sich, hat er das Recht, sich gegen den übermächtigen Nachbarn zu verteidigen. Auch die UdSSR haben das Recht, sich zu schützen: Die Raketen auf Kuba sind ein fairer Ausgleich zu den Raketen in der Türkei und in Italien. Und schließlich ist die Stationierung eine besondere Auszeichnung: Noch nie hat die Sowjetunion außerhalb ihrer Landesgrenzen Atomwaffen stationiert. Kuba ist damit das erste und einzige Land in Lateinamerika, das sich effektiv gegen die Bedrohung durch die Vereinigten Staaten verteidigen kann. Die Revolution scheint gesichert, die Gefahr einer Invasion gebannt. Kaum sind Raúl und der »Che« aus Moskau zurück, warnt Fidel die USA in neuem Selbstbewußtsein: »Wir sind keine Sardinen. Der Hai sollte keinen Fehler machen!«

★

Was Chruschtschow auf Kuba plant, ist wahrhaft gigantisch. Eine ganze Raketendivision der Roten Armee soll auf die Karibikinsel versetzt werden. Dazu gehören 26 Abschußrampen für strategische Mittelstreckenraketen vom Typ SS-4 mit einer Reichweite von 2000 Kilometern und 16 Rampen für SS-5-Langstreckenraketen mit einer Reichweite von 4000 Kilometern. Für jede Rampe stehen ein atomarer Sprengkopf mit einer Sprengkraft von einer Megatonne TNT und zwei Trägerraketen zur Verfügung (zum Vergleich: Die Bombe, die die USA im August 1945 über Hiroshima abwarfen, hatte eine Sprengkraft von »nur« 13 Kilotonnen). Diese Raketen sollen auf die wichtigsten Städte der USA gerichtet werden. Zur Verteidigung der Basen kommen Bodenluftraketen vom Typ SAM dazu, die den Luftraum Kubas vor Bombern schützen und Spähflugzeuge fernhalten sollen. Das Paket wird abgerundet durch 42 Jagdflugzeuge vom Typ MIG-21, ebensoviele Bomber vom Typ Iljuschin-28, Hubschrauber sowie Panzer und Infanterie. Insgesamt werden rund 40 000 sowjetische Soldaten auf der Insel stationiert.

Als während der Vorbereitungen zur Stationierung die Invasionsgerüchte immer lauter werden, schiebt Chruschtschow zusätzlich taktische Atomwaffen nach. Dabei handelt es sich um Atombomben für die Iljuschin-Bomber, Kurzstreckenraketen vom Typ Luna und tieffliegende Cruise Missiles. Bei letzteren handelt es sich um taktische Waffen, auch Gefechtsfeldwaffen genannt, die eine Reichweite von 10 bis 200 Kilometern haben und bei einem möglichen direkten Gefecht gegen feindliche Landungstruppen zum Einsatz kommen können. Sie werden mit Sprengköpfen von rund 10 Kilotonnen Sprengkraft ausgerüstet und sind in der Lage, im Umkreis von einem Kilometer alles Leben zu vernichten und jedes Kampfgerät vollständig zu zerstören.

Chruschtschow will keine Zeit verlieren. Schon im Juli beginnen bei San Cristóbal, rund 100 Kilometer westlich von Havanna, und bei Santa Clara, am Fuße des Escambray-Gebirges im Zentrum Kubas, die Bauarbeiten für die Abschußrampen der Mittel- und Langstreckenraketen. Die Operation muß unter strengster Geheimhaltung ablaufen. Aus dem 7000 Kilometer entfernten Schwarzmeerhafen Odessa müssen riesige Mengen an Menschen und Material herbeigeschafft und vor der Nase der USA deponiert werden, ohne daß diese Verdacht schöpfen. Insgesamt sind mehr als 200 Fahrten nötig, die natürlich nicht im Konvoi durchgeführt werden dürfen, um nicht aufzufallen. Manches erinnert an einen James-Bond-Film. Selbst die sowjetischen Offiziere und Kapitäne haben bis kurz vor der Ankunft im Zielhafen keine Ahnung, wohin die Reise geht: Die Schiffe werden zur Tarnung mit Skiern und Wintermänteln beladen, und die Soldaten leben in dem festen Glauben, es ginge zu einer Übung in den Norden von Sibirien. Auf Kuba erhalten die Soldaten dann Holzfällerhemden statt Uniformen, um sich als landwirtschaftliche Berater zu tarnen.

Auch auf Kuba herrscht absolute Geheimhaltung, Fidel zieht nur seinen Bruder Raúl, seinen Kampfgefährten »Che« Guevara und den Staatspräsidenten Osvaldo Doritcós ins Vertrauen. Seinen für die Sicherheit zuständigen Ministern erzählt er, die Sowjets stationierten konventionelle Waffen.

Natürlich bleibt ein derartiger Aufmarsch auf See nicht gänzlich unbemerkt. Der britische Geheimdienst MI6 weist die CIA auf die merkwürdigen Transporte nach Kuba hin, ohne jedoch Genaueres in Erfahrung bringen zu können. Kubaflüchtlinge berichten von ungewöhnlich vielen Russen in den Häfen und von gewaltigen Transportfahrzeugen auf den Straßen. US-Aufklärungsflugzeuge entdecken schließlich die Flugabwehrstellungen der Sowjets und stellen ihre Flüge daraufhin weitgehend ein. Doch das Ausmaß der Bewegungen bleibt der CIA verborgen, der US-Geheimdienst geht davon aus, daß sich 3500 russische Techniker auf der Insel befinden. Außerdem versichert Chruschtschow den Vereinigten Staaten über die Kanäle der Geheimdiplomatie, er werde nur defensive Waffen auf Kuba stationieren.

Chruschtschows Strategie scheint aufzugehen: Es sieht ganz so aus, als würden die USA keinen Verdacht schöpfen, was sich dort vor ihrer Haustüre zusammenbraut. Die Raketenbasen werden planmäßig angeliefert und aufgebaut. Am 4. Oktober treffen die Atomsprengköpfe im Hafen von Mariel bei Havanna ein, ohne daß die Geheimdienste der USA etwas davon mitbekommen. Dem Ziel, die Operation bis Ende November zum Abschluß zu bringen, scheint nichts mehr im Wege zu stehen.

★

Dann kommt es doch anders als von Kubanern und Sowjets geplant. In der Nacht vom 14. auf den 15. Oktober überfliegt ein U-2-Aufklärungsflugzeug den Westen Kubas. Als die Bilder ausgewertet werden, entdecken die Spezialisten der CIA in der Nähe von San Cristóbal die Abschußrampen für Mittelstreckenraketen.

US-Präsident Kennedy bekommt die Bilder am nächsten Morgen zum Frühstück serviert und beruft sofort einen Sicherheitsstab ein. Während der folgenden sechs Tage diskutieren dessen Mitglieder unter strengster Geheimhaltung, wie die USA auf diese Bedrohung reagieren sollen. Die sogenannten »Falken«, allen voran die Militärs, sprechen sich dafür aus, nicht nur die Rampen, sondern sämtliche Militäreinrichtungen bis hin zu Industrieanlagen sofort durch Luftangriffe zu zerstören und die Gelegenheit zu einer Invasion zu nutzen. Außenminister McNamara und andere sogenannte »Tauben« sind für eine Blockade, um weitere Lieferungen zu verhindern. In den nächsten Tagen läßt Kennedy sämtliche US-Streitkräfte in den USA und in Europa in Alarmbereitschaft versetzen und alles für eine umfassende Militäroperation vorbereiten. Doch solange die Abschußrampen auf Kuba noch nicht einsatzbereit sind, will er sich den politischen Weg offenhalten.

Am Abend des 22. Oktober tritt Kennedy vor die Fernsehkameras und hält eine viertelstündige Ansprache, die überall auf der Welt – auch in Moskau und Havanna – wie ein Blitz einschlägt. Kennedy informiert die Weltöffentlichkeit, daß er von der Stationierung von Mittel- und Langstreckenraketen auf Kuba Kenntnis habe. Er stellt klar, daß er diese Bedrohung – die er bemerkenswerterweise nicht nur auf die USA, sondern auch auf die Staaten Lateinamerikas bezieht – keineswegs hinnehmen werde. Er verkündet, mittels einer »Quarantäne« über Kuba und einer Kontrolle sämtlicher Schiffe, die in Richtung Kuba unterwegs seien, weitere Waffenlieferungen zu verhindern und informiert die Öffentlichkeit über die Mobilisierung der Streitkräfte. An die Adresse Chruschtschows richtet er die bedingungslose Forderung, die Raketen wieder abzuziehen.

Zum Abschluß wendet er sich an »das gefangene Volk Kubas«, wie er es nennt: »Ich spreche zu Ihnen als Freund, als jemand, der Ihre Liebe zu Ihrem Vaterland kennt und der Ihre Hoffnung auf Freiheit und Gerechtigkeit teilt. Ich und das amerikanische Volk haben mit großer Trauer beobachtet, wie Ihre nationale Revolution betrogen wurde und Ihr Vaterland unter ausländische Herrschaft geriet. Ihre Führer sind keine Kubaner mehr, die von kubanischen Idealen inspiriert sind. Sie sind Marionetten einer internationalen Verschwörung, die Kuba gegen seine Freunde und Nachbarn aufwiegelt.«

Dann fordert er die Kubaner auf, sich gegen ihre Regierung zu erheben: »In der Vergangenheit ist das kubanische Volk oft aufgestanden, um die Tyrannen zu vertreiben, die seine Freiheit zerstörten. Ich zweifle nicht, daß die meisten Kubaner heute den Tag herbeisehnen, an dem sie wahrhaft frei sind – frei von fremder Herrschaft, frei ihre eigene Regierung zu wählen, frei ihr System zu wählen, frei in ihrem eigenen Land, frei ohne Furcht zu sprechen, zu schreiben und zu beten, ohne Furcht vor Erniedrigung. Dann werden die Gemeinschaft freier Völker und die Organisationen des Kontinents Kuba wieder mit offenen Armen aufnehmen.«

★

Innerhalb von achtundvierzig Stunden zeigt die Seeblockade Wirkung, sowjetische Transportschiffe drehen bei. Die Vorbereitungen für eine Invasion Kubas gehen indes weiter. Es ist ein Spiel mit dem Feuer. Kennedy hat keine Ahnung, wie groß die Truppenverbände der Sowjets tatsächlich sind, und welche Waffen ihnen zur Verfügung stehen. Nach neuen Schätzungen der CIA befinden sich nun 10 000 Soldaten der Roten Armee auf der Insel, tatsächlich sind es jedoch viermal so viele. Von der Existenz der atomaren Gefechtsfeldwaffen weiß Kennedy überhaupt nichts. Käme es tatsächlich zur Invasion, könnten die sowjetischen Streitkräfte diese einsetzen, und das hätte, jedenfalls der Theorie nach, unweigerlich eine nukleare Eskalation zur Folge. Davon erfahren die damaligen Verantwortlichen, wie etwa der Verteidigungsminister Robert McNamara, jedoch erst auf einer Konferenz in Havanna im Jahr 1992.

★

Auf Kuba bezweifelt nach der Ansprache Kennedys kaum mehr jemand, daß ein Militärschlag der Vereinigten Staaten unmittelbar bevorsteht. Noch am Abend des 22. Oktober mobilisiert Fidel 350 000 kubanische Soldaten und Reservisten. In den folgenden Tagen fährt er kreuz und quer über die Insel, um Stellungen zu inspizieren und die Einheiten anzufeuern. Außerdem gibt er Anweisung, Guantánamo zu verminen und auf die Tiefflieger und Aufklärungsflugzeuge zu schießen, die auf Befehl Kennedys ab dem 23. Oktober wieder über die Insel fliegen.

Auf Kuba bleibt es verhältnismäßig ruhig. Die Straßen und öffentlichen Plätze werden schon länger von Kanonen- und Maschinengewehrstellungen beherrscht. Die Menschen gehen ihrem Alltag nach. Es kann jedoch keine Rede davon sein, daß sie in dieser Situation ihre Regierung beseitigen wollen. Im Gegenteil, die Bedrohung führt zu einer neuen Welle der Begeisterung für Fidel. Am Abend des 23. Oktober sitzen die Menschen vor den Radio- und Fernsehapparaten und lauschen ihrem Comandante, der in seiner Erwiderung auf Kennedy wie gewohnt alle rhetorischen Register zieht.

Fidel scheint ausgezeichneter Laune und geradezu heiter zu sein, was laut Gabriel García Márquez immer ein sicheres Zeichen ist, daß die Dinge schlimm stehen. Zunächst betont der Máximo Líder relativ nüchtern, die Kubaner seien gerüstet und hätten keinen Grund, die USA zu fürchten: »Wir haben alle nötigen Maßnahmen ergriffen, um Widerstand zu leisten und – hören Sie gut zu, hören Sie gut zu! – jede direkte Aggression der Vereinigten Staaten zurückzuschlagen.« Dann macht er klar, daß er bereit ist, bis zum Äußersten zu gehen. Als er seine kaum verhüllten Drohungen an die Adresse der USA richtet, schlägt seine patriotische Rhetorik in eine apokalyptische Verheißung um: »Wenn sie eine Blockade planen, dann werden sie den Ruhm unseres Landes mehren. Denn unser Vaterland wird sich zu verteidigen wissen. Niemand sollte bezweifeln, daß wir gegen jede totale Blockade Widerstand leisten und unser Vaterland zu ungeahnten Heldentaten führen werden. Vor Hunger werden wir jedenfalls nicht sterben!« Er klingt hochzufrieden, als er diesen Satz sagt.

Auch der bitterböse Humor kommt nicht zu kurz. Fidel liest Kennedys Rede noch einmal Satz für Satz vor und mokiert sich über dessen Forderungen. Besonders angetan hat es ihm die Aufforderung, die Kubaner sollten ihre Regierung beseitigen und würden dann von der Gemeinschaft der freien Völker mit offenen Armen aufgenommen. »Von welchen freien Völkern?« fragt er, und zählt einige der Diktaturen Lateinamerikas auf: »Guatemala? Nicaragua? Paraguay? Peru? Venezuela? Argentinien?«

Fidel endet mit einem melodramatischen Appell an alle Kubaner und dem üblichen »patria o muerte«: »Wir alle sind eins in dieser Stunde der Gefahr. Und wir alle, Revolutionäre und Patrioten, teilen dasselbe Schicksal. Und wir alle werden triumphieren! Vaterland oder Tod! Wir werden siegen!«

★

Öffentlich weist Chruschtschow die Forderungen der USA wütend zurück. Einstweilen stärkt er auch dem kubanischen Revolutionsführer noch den Rücken und läßt ihm durch Alexander Alexejew, den sowjetischen Botschafter auf Kuba, eine Nachricht übermitteln, in der es heißt: »Wir weisen die übertriebenen Forderungen der USA zurück, die Transporte nach Kuba unterbinden zu wollen. Wir bringen unseren festen Entschluß zum Ausdruck, die aggressiven Pläne der imperialistischen USA scheitern zu lassen!«

Zunächst scheint Chruschtschow tatsächlich überzeugt, er könne die Situation aussitzen. Doch hinter den Kulissen wird schon nach wenigen Tagen die Geheimdiplomatie des Kalten Krieges tätig. Über Journalisten und Geschäftsleute beginnen Sowjets und US-Amerikaner, miteinander zu kommunizieren. Die Verantwortung liegt bei Chruschtschow, denn anders als sein Gegenüber weiß er, wie groß die Gefahr einer nuklearen Eskalation tatsächlich ist. Am 26. Oktober unternimmt er einen ersten entscheidenen Schritt. Er schreibt einen Brief an Kennedy, in dem er gegen eine Sicherheitsgarantie für Kuba den Abzug der Raketen in Aussicht stellt. Am nächsten Tag schiebt er eine Forderung nach und verlangt zusätzlich den Abzug der US-amerikanischen Mittelstreckenraketen aus der Türkei. Die US-Militärs wenden sich vehement gegen den Tauschhandel, doch Kennedy läßt sich schließlich darauf ein. In der Öffentlichkeit wird das Geschäft nie erwähnt werden, um die US-Regierung nicht erpreßbar erscheinen zu lassen. Grundsätzlich ist damit der Weg für eine Lösung bereitet.

★

Auf Kuba weiß man nichts von den geheimen diplomatischen Kontakten; Chruschtschow läßt Fidel über seine beiden Briefe an Kennedy im dunkeln. Die kubanischen und sowjetischen Streitkräfte auf Kuba bleiben in höchster Alarmbereitschaft. Einstweilen gibt es nichts zu tun als auf die Tiefflieger zu schießen, die über Kuba hinwegdonnern, doch die kubanische Luftabwehr bleibt erfolglos. Am Morgen des 27. Oktober schießen jedoch russische Einheiten mit Bodenluftraketen eine U-2 aus zwanzig Kilometern Höhe ab. Der Pilot – derselbe, der zwei Wochen zuvor die Aufnahmen der Stellungen bei San Cristóbal gemacht hat – kommt dabei ums Leben.

177

Damit stehen die Verhandlungen mit einem Mal wieder auf der Kippe. Die Militärs bedrängen Präsident Kennedy und fordern mit neuer Vehemenz einen entscheidenden Luftangriff auf die sowjetischen Raketenstellungen und eine Invasion der Insel.

Fidel befürchtet nun erst recht, daß ein Angriff der US-Truppen unmittelbar bevorsteht. Mitten in der Nacht besucht er den russischen Botschafter und diktiert ein vielzitiertes Telegramm an Chruschtschow: »Wir erwarten die Invasion innerhalb der nächsten vierundzwanzig bis zweiundsiebzig Stunden. Wie auch immer der Angriff aussehen mag, wir werden fest und entschlossen Widerstand leisten. Lassen Sie mich an dieser Stelle meine persönliche Meinung zum Ausdruck bringen. Die UdSSR sollte nicht zulassen, daß es zu einer Situation kommt, in der die Imperialisten den nuklearen Erstschlag gegen sie ausführen ... Sie waren immer ein unermüdlicher Beschützer des Friedens. Wir haben die Hoffnung, daß dieser Frieden erhalten bleibt und wollen alles dazu beitragen, was in unserer Macht steht.« Über dieses Schreiben wird noch viel gerätselt werden, denn es klingt ganz so, als verlange Fidel zur Verteidigung seiner Insel allen Ernstes einen nuklearen Präventivschlag der Sowjetunion gegen das Territorium der USA.

Doch anders als von den US-Militärs gefordert und von Fidel befürchtet, kommt es nicht zur Invasion. John F. Kennedy spielt auf Zeit und läßt seinen Bruder Robert ein weiteres Verhandlungsgespräch mit Anatoli Dobrynin, dem sowjetischen Botschafter in den USA, führen. Darin einigen sich die beiden endgültig auf den Abzug der Raketen aus Kuba und der Türkei und eine Sicherheitsgarantie für Kuba. Am 28. Oktober erklärt Chruschtschow über Radio Moskau seine Bereitschaft, die Raketen aus Kuba abzuziehen. Die Krise ist beendet.

★

Fidel erfährt von den Verhandlungen und deren Ergebnissen erst, als die Sowjets schon damit begonnen haben, die Startrampen für die Mittelstreckenraketen wieder abzubauen. Er erhält die Nachricht nicht einmal von Chruschtschow selbst, sondern aus dem Agenturticker. Nun muß er erkennen, daß genau das eingetreten ist, was er unter allen Umständen vermeiden wollte: Kuba ist zu einer

Spielfigur in der Auseinandersetzung der beiden Weltmächte geworden.

Erst nach Abschluß der Verhandlungen erinnert sich Chruschtschow wieder an seinen kubanischen Verbündeten und schreibt ihm einen versöhnlichen Brief, in dem er ihm mitteilt: »Der Konflikt ist nun beendet und zwar mit einer für Sie positiven Lösung. Jede Invasion Kubas wird damit untersagt.« Als ahnte er die temperamentvolle Reaktion des kubanischen Revolutionsführers, bittet er diesen, nicht mehr auf Tiefflieger schießen zu lassen, und fügt hinzu: »Wir raten Ihnen, sich jetzt nicht von Ihren Emotionen hinreißen zu lassen.« Fidel jedoch ist außer sich. Es heißt, er habe getobt, gegen die Wände getreten, einen Spiegel zerschlagen und wüsteste Verwünschungen gegen den Kremlchef ausgestoßen.

Zu diesem Zeitpunkt weiß er noch nichts von dem Tauschhandel zwischen Kennedy und Chruschtschow. Davon wird er erst ein Jahr später erfahren. Aus seiner Sicht haben die Sowjets nicht hoch genug gepokert und ohne ersichtlichen Grund klein beigegeben. Im Gegensatz zu Chruschtschow ist er sich keineswegs sicher, daß Kuba vor einer Invasion geschützt ist, und schreibt einen weiteren Brief an den Kremlchef, in dem er eigene Forderungen formuliert: ein Ende der Wirtschaftsblockade, ein Ende der Sabotageaktionen auf Kuba, ein Ende der »Piratenangriffe« vom Meer aus, ein Ende der Verletzung des kubanischen Luftraums durch US-Amerikaner und Exilkubaner und schließlich die Räumung des US-Militärstützpunktes Guantánamo. Er erhält keine Antwort, die Entscheidungen sind längst ohne ihn gefallen.

In einer weiteren Fernsehansprache vom 30. Oktober bäumt sich Fidel gegen das Unvermeidliche auf: »Wir müssen mit den Sowjets diskutieren, auf Regierungsebene und auf Parteiebene. Wir wollen über alles sprechen.« Er betont noch einmal das Recht Kubas als souveräner Staat, sich zu verteidigen: »Wir geben das Recht nicht auf, diejenigen Waffentypen zu besitzen, die wir zur Verteidigung unserer Souveränität für nötig halten. Das ist unser Recht, und dieses Recht haben wir nicht aufgegeben.« Kaum verhüllt droht er den USA mit den verbliebenen taktischen Atomwaffen: »Glauben Sie nicht, daß wir nach dem Abzug der strategischen Waffen ungeschützt dastehen. Nein, wir stehen nicht ungeschützt da. Die strategischen

Waffen werden abgezogen. Doch alle übrigen Waffen, alle übrigen Waffen [an dieser Stelle muß Fidel unwillkürlich kichern] bleiben hier.«

Wohl aufgrund dieses Hinweises werden sich auch die Sowjets der Gefährlichkeit der atomaren Gefechtsfeldwaffen und Iljuschins auf Kuba bewußt. Anfang November ziehen sie nämlich auch diese ab, entgegen konkreter Zusagen, und obwohl die USA keinerlei Kenntnis von deren Existenz haben. Offenbar scheint Chruschtschow das Risiko zu groß zu sein, daß diese Waffen unter die Kontrolle des hitzköpfigen Kubaners kommen könnten.

In seiner Fernsehansprache macht Fidel außerdem klar, daß er sich nicht an Abmachungen gebunden sehe, die ohne ihn getroffen wurden. Mit den Worten »Kuba ist nicht der Kongo. Ob unter UN-oder unter irgendeiner anderen Fahne, wir werden niemanden hier hereinlassen, um unser Land zu inspizieren« verweigert er UN-Beobachtern die Einreise. Washington und Moskau einigen sich daher darauf, die Kontrollen auf offener See durchzuführen.

Chruschtschow schickt seinen stellvertretenden Ministerpräsidenten Anastas Mikojan nach Kuba, um Fidel zu beschwichtigen. Der holt den sowjetischen Politiker zwar vom Flughafen ab, läßt ihn dann aber über eine Woche sitzen, ohne sich blicken zu lassen. Angeblich hat er nach den Anstrengungen der vergangenen Wochen einen Kreislaufzusammenbruch erlitten und muß strengste Bettruhe wahren. Genauso wahrscheinlich ist jedoch, daß er sich erst von seinem Zorn auf die Sowjets erholen muß.

Erst am 30. Oktober, nachdem die Verhandlungen endgültig abgeschlossen sind, schreibt Chruschtschow schließlich eine väterlich klingende Antwort auf Fidels Brandbrief, in dem dieser den Einsatz von Nuklearwaffen zum Schutz Kubas empfohlen hatte: »In Ihrem Telegramm haben Sie vorgeschlagen, daß wir einen atomaren Erstschlag gegen das Land unseres Feindes führen sollen. Sie wissen natürlich, wohin das geführt hätte: Es wäre der Beginn eines thermonuklearen Weltkrieges gewesen. Lieber Genosse Fidel, ich halte Ihren Vorschlag für falsch, auch wenn ich verstehe, warum Sie ihn gemacht haben ... Wir kämpfen nicht gegen den Imperialismus um zu sterben, sondern um den Kampf zu gewinnen und den Kommunismus zum Sieg zu führen.«

»Kuba ist nicht der Kongo!«
Fidel ist nach der Raketenkrise außer sich vor Zorn auf die Sowjets.

Fidel will natürlich nicht als verhinderter Anstifter eines Welten-
brandes in die Geschichte eingehen und stellt seine Aussage deshalb in einem Antwortschreiben klar: »Ich habe Ihnen nicht vorgeschlagen, Genosse Chruschtschow, daß die UdSSR zum Agressor
werden soll, sondern daß die bewaffneten Kräfte, die zu unserer Verteidigung vorgesehen waren, im Falle eines Angriffs durch den Imperialismus mit einem vernichtenden Schlag antworten.« Es ist zu
bezweifeln, ob diese Erklärung die Sache in Chruschtschows Augen
besser macht.

Fidel betont zwar immer wieder, daß es durch den Abzug der Raketen nicht zu einem Bruch zwischen Kuba und der Sowjetunion
kommen werde. Indirekt macht er in seinem Brief an Chruschtschow
jedoch seiner Enttäuschung Luft: »Der Widerstandswille unseres
Volkes ist ungebrochen. Vielleicht muß es sich nun mehr denn je auf
sich selbst und seinen eigenen Kampfeswillen verlassen.« In einer
Fernsehansprache an das kubanische Volk wiederholt er: »Wir sind
Marxisten-Leninisten. Zwischen der Sowjetunion und Kuba hat es
keinen Bruch gegeben.« Doch das Verhältnis ist für einige Zeit an-
gespannt, Fidels Mißtrauen sitzt tief.

Trotz aller gegenteiligen Versicherungen bleibt bei Fidel bis heute ein Stachel zurück. Als er schließlich vom geheimen Tauschgeschäft der Sowjets mit den Vereinigten Staaten erfährt, ist er empört. Bis heute erklärt er: »Die Raketen sollten der Verteidigung Kubas dienen, und man kann Kuba doch nicht verteidigen, indem man Raketen aus der Türkei abzieht.«

Es wird eine Weile dauern, bis der Máximo Líder einsehen wird, daß die Einigung auch für ihn einige Vorteile bringt. Zum einen hält sich John F. Kennedy tatsächlich an die Zusage einer Garantie für Kuba: Auch wenn die wirtschaftliche Blockade und die Attentatsversuche auf Fidel weitergehen, steht eine Invasion Kubas nicht mehr auf der Tagesordnung der US-Regierung. Zum anderen erklärt Chruschtschow im Februar 1963 ausdrücklich, daß ein Angriff auf Kuba und auf jedes andere sozialistische Land einem Angriff auf die Sowjetunion gleichkäme und mit einem Schlag gegen die USA beantwortet würde. Damit befindet sich Kuba nun offiziell – und wie ursprünglich gewünscht – unter dem sowjetischen Atomschirm.

10

Fidel und die Genossen

»Nikita, mariquita, lo que se da no se quita! – Nikita, du Schwuchtelchen, geschenkt ist geschenkt, wiederholen ist gestohlen!« rufen die Kubaner auf den Straßen, und Fidel tobt vor Studenten, Chruschtschow habe keine »Eier« bewiesen.

Mit der Raketenkrise ist Fidel auf Gedeih und Verderb im sozialistischen Lager angekommen, auch wenn er bis zum Schluß nie so richtig in den Ostblock passen wird. Der Unterschied beginnt schon bei den Äußerlichkeiten: Der Kontrast zwischen den altmodischen Anzügen, Hüten und knitterfreien Hemden der Apparatschiks in Moskau, Ostberlin oder Warschau und dem ungebügelten, olivgrünen Kampfanzug des bärtigen Comandante en jefe könnte kaum größer sein. Und der Schein trügt nicht: Während die Herren Ulbricht oder Honecker den Sozialismus verwalten, machen Fidel und seine Mannen Revolution und ziehen mit dem Gewehr in der Hand in den Kampf gegen den Imperialismus.

Neben seinem Kampfgefährten »Che« Guevara ist Fidel der Liebling der westlichen Intellektuellen und der undogmatischen Linken, die spätestens seit der Niederschlagung des Ungarn-Aufstandes 1956 auch vom »Entstalinisierer« Chruschtschow enttäuscht sind. In Scharen kommen sie aus Frankreich, Italien und Deutschland nach Kuba, um sich das sozialistische Experiment aus der Nähe anzusehen. Auch vielen politischen Führern von Entwicklungsländern und den Vertretern eines Dritten Weges gilt der Máximo Líder nach wie vor als Freund und Vorbild. Doch unter den Staatschefs der sozialistischen Bruderstaaten hat Fidel einen schweren Stand, hier fliegen dem Paradiesvogel die Sympathien keineswegs zu. Bis zum Ende der sechziger Jahre führt er einen Kampf um eine unabhängige Position im linken Lager, dann muß er in immer mehr Punkten nachgeben.

★

Denn Fidel ist auf die Sowjets angewiesen. Er braucht den großen sozialistischen Bruder nicht nur als Schutzschirm, sondern auch als Wirtschaftspartner seiner Revolution. Und Chruschtschow bietet sich an, denn er ist nach wie vor froh darüber, einen Bündnispartner direkt vor der Nase der Vereinigten Staaten zu haben. Als die Beziehungen nach den Enttäuschungen der Raketenkrise Ende 1962 auf dem Tiefpunkt sind, schreibt der KPdSU-Chef im Frühjahr 1963 einen freundlichen Brief an Fidel und lädt ihn zu einer Rundreise durch die Sowjetunion ein, die dem Kubaner klar machen soll, wie wichtig er nach wie vor für die Sowjets ist, und die Freundschaft der beiden wiederherstellen soll.

Am 26. April holt ihn eine seinerzeit hochmoderne sowjetische Langstreckenmaschine vom Typ Tupolew in Havanna ab. Obwohl Fidel, der unter notorischer Flugangst leidet, schon fürchtet, wegen des schlechten Wetters bei der Zwischenlandung in Murmansk das Zeitliche zu segnen, trifft er am Nachmittag des 28. April wohlbehalten in Moskau ein. Chruschtschow läßt einen ganz besonders dicken roten Teppich ausrollen, und die Menschen jubeln dem attraktiven bärtigen Rebellen im olivgrünen Kampfanzug zu, wie sie keinem ihrer Funktionäre je zugejubelt haben. Es wird ein Triumphzug für den Kubaner und eine Reise der Superlative. Biblische vierzig Tage lang reist er kreuz und quer durch die Sowjetunion, so lange wie kein anderer Führer eines sozialistischen Landes vor oder nach ihm.

Auch in der Sowjetunion kennt Fidel keine Rast. Unermüdlich besucht er Gedenkstätten, Fabriken, Kraftwerke, Staudämme, landwirtschaftliche Betriebe, Kasernen, Raketenbasen, Museen und Paläste, hält Vorträge vor Politikern, Studenten, Bauern und Arbeitern, besucht abends Theater, Oper oder Ballett und zieht nach Abschluß des offiziellen Teils mit seinen kubanischen Begleitern um die Häuser – ohne Leibwächter und zum hellen Entsetzen seiner Gastgeber im Kreml. Er wird mit Auszeichnungen überhäuft: Am 1. Mai steht er als Ehrengast neben Chruschtschow auf der Tribüne des Roten Platzes und nimmt die Maiparade ab, in der Aula der Moskauer Universität erhält er die Ehrendoktorwürde im Fach Marxismus-Leninismus, und im Lushniki-Stadion heftet Chruschtschow ihm am 23. Mai vor 125 000 begeisterten Zuschauern den Orden eines Helden der Sowjetunion an die Brust.

Doch die Reise hält auch einige Wermutstropfen für beide Seiten parat. In der Sowjetunion erfährt Fidel vom Tauschgeschäft zwischen den USA und der UdSSR, was ihn in neuerliche Rage versetzt. Außerdem hört er zum ersten Mal von der immensen nuklearen Überlegenheit der Vereinigten Staaten gegenüber der Sowjetunion und begreift, daß Chruschtschows Zugeständnis ein Kotau gegenüber dem mächtigeren Gegner war. Und als Fidel bei Chruschtschow wegen einer Mitgliedschaft im Warschauer Pakt nachfragt, wird er mit dem Hinweis abgewimmelt, Kuba gehöre der OAS an.

Umgekehrt ist auch Chruschtschow nicht gerade glücklich über die Haltung Fidels. Zwar bekennen sich beide unter gegenseitigen Bruderküssen zu den jüngsten Moskauer Parteitagsbeschlüssen, in denen die Sowjetunion mit dem Stalinismus bricht und zu einer friedlichen Koexistenz zwischen kapitalistischen und sozialistischen Staaten aufruft, und lehnen gemeinsam das Festhalten der Chinesen an der Weltrevolution ab, doch die Politik Fidels und vor allem die Politik »Che« Guevaras spricht eine ganz andere Sprache.

Auch wenn die Reise also nur bedingt dazu beiträgt, ein Klima des politischen Vertrauens zu schaffen, bringt sie vor allem eines: neue Zusagen für den Handel zwischen Kuba und der Sowjetunion. Und die braucht Fidel dringend.

★

»Der Weg zur Hölle ist mit guten Absichten gepflastert«, schreibt George Bernard Shaw ein wenig ketzerisch in seinem *Handbuch des Revolutionärs*. In der Wirtschaftspolitik treten Fidel und seine Mannen mit den allerbesten Absichten an, doch ihnen fehlt jegliches praktische Wissen. Fidel liest zwar wie ein Besessener Bücher zu verschiedensten Themen, wie etwa Rinderzucht oder Trockenfutteranbau, deren Ratschläge er dann mit großer Begeisterung und im Hauruckverfahren vor Ort umsetzt, doch dieser Aktionismus kann nicht darüber hinwegtäuschen, daß er reichlich wenig Ahnung von der Landwirtschaft hat. Der »Che«, Direktor der Nationalbank und später Industrieminister, ist ebenfalls ein völliger Dilettant auf dem Gebiet der Wirtschaftspolitik und des Managements. Er redet viel vom großen Sprung, den Kuba machen werde, vom Abschied von der Geldwirtschaft und vom neuen Menschen, der sich aus moralischen Gründen in die freie Gesellschaft einbringe. Aber auch wenn er mit gutem Beispiel vorangeht und bei der Zuckerernte, trotz seines Asthmas, selbst die Machete in die Hand nimmt, achten die übrigen Zuckerrohrschneider genau darauf, angesichts pauschaler Entlohnung nicht allzusehr in Schweiß auszubrechen.

Dieser Mangel an praktischer Erfahrung hat zur Folge, daß die Landreform bei weitem nicht das hält, was sie versprochen hat. Statt dessen geht die Zuckerernte erst einmal dramatisch zurück, was zu gravierenden Einnahmeausfällen beim Export führt. Und da auch die neuen Kleinbauern kaum mehr über die landwirtschaftliche Praxis wissen als ihre politischen Führer, ist es um die Versorgung der Bevölkerung mit Grundnahrungsmitteln schon bald schlechter bestellt als vor der Revolution.

Auf anderen Gebieten sieht es kaum besser aus. Durch die Senkung der Mieten und die Erhöhung der Löhne haben die Menschen zwar mehr Geld in der Tasche und erleben die Reformen als Steigerung ihrer Kaufkraft. Die Millionenkredite der Sowjets werden zum Bau von Wohnungen, Schulen und Krankenhäusern eingesetzt, was den gefühlten Wohlstand der Bevölkerung weiter hebt. Universitäten bilden junge Menschen aus allen gesellschaftlichen Schichten zu Medizinern aus, die zuerst die kostenlose nationale Gesundheitsversorgung sicherstellen und dann in alle Welt hinausgeschickt werden. Doch trotz des hellen Scheins, den Kuba damit auf andere Länder Lateinamerikas und der sich entwickelnden Welt wirft: Es ist kaum mehr als ein Schein, denn dieser Wohlstand hat nur schwache eigenen Wurzeln. Die kubanische Wirtschaft kann die gestiegene Nachfrage nicht mehr aus eigener Kraft decken, der Wegfall der billigen Landarbeiter macht die Produktion in vielen Fällen unrentabel, und im ganzen sinkt die Produktivität der kubanischen Wirtschaft sogar. Auch die Industrialisierung kommt nicht recht voran.

Der Rettungsanker, der Kuba vor den Folgen der Blockade durch die USA und der eigenen wirtschaftlichen Unfähigkeit bewahrt, ist die Sowjetunion. Bei einer weiteren Moskaureise im Januar 1964 schließt Fidel ein neues Handelsabkommen mit Chruschtschow ab, in dem dieser sich bereit erklärt, den größten Teil der kubanischen Zuckerernte über Weltmarktpreis abzunehmen. Außerdem verspricht er die Lieferung von billigem Rohöl. In den kommenden Jahrzehnten liefert die UdSSR weit mehr, als Kuba selbst verbraucht, so daß der Inselstaat das raffinierte Öl auf dem Weltmarkt weiterverkaufen und dadurch wichtige Devisen einnehmen kann.

Bei dem Zucker- und Ölgeschäft handelt es sich jedoch um nichts anderes als eine Subventionierung der kubanischen Revolution durch die Sowjets. CIA-Spezialisten errechnen, daß durch die sowjetische Wirtschaftshilfe Jahr für Jahr fünf bis sieben Milliarden US-Dollar in die Kassen Kubas fließen. Zusätzlich erhält Kuba schweres militärisches Gerät und baut damit eine Armee auf, die in Lateinamerika einmalig ist. Für viele der Waffen müssen die Kubaner nichts bezahlen, sie sind Geschenke des großen sozialistischen Bruders. Die Sowjetunion leistet sich diesen Luxus, da sie die Insel als wichtigen Militärstützpunkt sieht. Unter anderem richtet sie in der Nähe von Havanna eine Spionagezentrale ein, die es ihr erlaubt, den Funkverkehr der strategischen Streitkräfte der USA abzuhören.

Angesichts des sich abzeichnenden Scheiterns der Landwirtschaftspolitik auf Kuba verspricht sich Fidel von seinen Besuchen in der Sowjetunion auch wichtige Anregungen für weitere Umbaumaßnahmen. Von den Besichtigungen in sowjetischen Kolchosen läßt er sich 1963 zu einer zweiten Landreform inspirieren. Der Privatbesitz an Ackerland wird nun auf 65 Hektar beschränkt, die verbleibenden Kleinbauern werden ermuntert, sich zu Kooperativen zusammenzuschließen. Die Zahl der Staatsbetriebe steigt an, insgesamt siebzig Prozent des gesamten Ackerlandes befinden sich jetzt in staatlicher Hand. Damit wird allerdings der Gedanke der ersten Agrarreform, nämlich die Abschaffung des Großgrundbesitzes und die Verteilung des Landes an die Bauern, auf den Kopf gestellt. Das Ziel der Diversifizierung und Selbstversorgung Kubas, das vor allem der »Che« ausgegeben hat, gerät immer mehr in Vergessenheit, Ziel ist nun wieder die Produktion immer größerer Mengen an Zucker, der an die Staaten des Ostblocks verkauft werden kann. In der Industrie und in der Landwirtschaft wird außerdem nach und nach die leistungsbezogene Bezahlung wieder eingeführt, so wie sie in der Sowjetunion längst gang und gäbe ist.

Diese neuen Reformen stärken die moskautreuen Kommunisten und sind ein Schlag ins Gesicht für den »Che«. Der warnt Fidel nach einem seiner Besuche in der Sowjetunion in einem privaten Gespräch vor der Bürokratisierung und dem Staatskapitalismus, denen er dort begegnet ist: »Der kubanische Sozialismus muß diese Mechanismen meiden wie die Pest«, warnt er. Doch statt auf ihn zu hören, beginnt Fidel, seinem Industrieminister mehr und mehr Kompetenzen zu entziehen.

★

Trotz der wirtschaftlichen Probleme im Innern machen sich die Kubaner schon bald daran, ihre Revolution zu exportieren. Für Fidel und vor allem für »Che« Guevara kann die Revolution nicht auf Kuba enden. Das hat vielfache Gründe, und für Fidel sind es andere als für den »Che«. Fidels Gegner in Miami werfen dem Máximo Líder schlicht Eitelkeit vor: In Wirklichkeit gehe es ihm gar nicht um die Insel, die sei viel zu klein für die Verwirklichung seiner größenwahnsinnigen Ambitionen. Niemand wird Fidel einen unstillbaren Ehrgeiz absprechen, doch das ist nur ein Teil der Wahrheit.

Anders als dem »Che«, der von der Weltrevolution träumt, und daher eher den Chinesen zugetan ist als den Sowjets, geht es Fidel in erster Linie um die Sicherung seiner Macht auf Kuba. Doch nach dem Invasionsversuch in der Schweinebucht und der Verhängung der Wirtschaftsblockade erkennt der Máximo Líder notgedrungen mehr und mehr den internationalen Kontext seiner kubanischen Revolution. Wirtschaftlich wie militärisch kann Kuba nicht allein gegen den übermächtigen Gegner bestehen, die Insel ist auf die Solidarität anderer revolutionärer Nationen angewiesen. Das können die Sowjetunion und ihr Block sein, doch es sind vor allem die blockfreien Nationen der Dritten Welt und die Länder, die sich noch im Befreiungskampf gegen die Kolonialherrschaft befinden. Je mehr Fronten gegen die USA eröffnet werden, desto weniger können sich diese um Kuba kümmern. Im Grunde genommen, geht der gewiefte

Machiavellist Fidel bei der Sicherung der Macht nicht anders vor als bei ihrer Erlangung: Er schafft sich ein wachsendes Netz von Verbündeten und versucht seinen Gegner durch eine Taktik der Nadelstiche an möglichst vielen Fronten zu schwächen.

Für Fidel ist der erste Schauplatz naturgemäß Lateinamerika. Seit der Ersten Deklaration von Havanna bis heute greift er in seinen Reden immer wieder auf Simón Bolívar und José Martí zurück, die den angelsächsischen USA zutiefst mißtrauten und für die kulturelle und politische Eigenständigkeit der hispanischen Kulturen kämpften. Bestimmend für sein Denken ist ein lateinamerikanischer Nationalismus, der sich zwar immer stärker in die Rhetorik des Marxismus-Leninismus kleidet, darüber aber seine Wurzeln nicht vergißt.

In Lateinamerika versucht Fidel es mit einem Gegenmodell zu Kennedys »Allianz für den Fortschritt«. Kennedy ist im Gegensatz zu seinem republikanischen Amtsvorgänger überzeugt, daß die Länder Lateinamerikas wirtschaftlich gestärkt werden müssen, wenn die USA verhindern wollen, daß es zu weiteren kommunistischen Revolutionen kommt. Um gewaltsame Umstürze zu verhindern, sollten friedliche Reformen in die Wege geleitet werden, so seine Ansicht. Daher kündigt er schon in seiner Antrittsrede einen Entwicklungsplan an und verspricht, in den kommenden Jahren fünfundzwanzig Milliarden Dollar Wirtschaftshilfe nach Lateinamerika fließen zu lassen. Die Idee erinnert stark an Fidels Vorschlag eines Marshallplans für Lateinamerika, doch Kuba, inzwischen aus der OAS ausgeschlossen, ist von dieser Hilfe ausgenommen.

Doch nicht nur deshalb stellt sich Fidel gegen diesen Plan. Er kennt die Machtverhältnisse in Lateinamerika besser als Kennedy, er weiß, daß die US-Konzerne jede tatsächliche Umverteilung unmöglich machen werden und daß die einheimischen Großgrundbesitzer und Militärs die finanzielle Hilfe nur benutzen werden, um sich selbst zu bereichern und jede Veränderung der Machtverhältnisse zu verhindern. Wenn es eine gerechte Beteiligung aller am Wohlstand geben soll, dann müssen die Strukturen grundlegend verändert werden, und das geht aus Sicht Fidels und des »Che« nur mit einem gewaltsamen Umsturz nach dem Vorbild Kubas.

In den kommenden Jahren hat Fidel Kontakt zu den meisten Befreiungsbewegungen in Lateinamerika, sei es in Guatemala, Peru,

Venezuela, Nicaragua, Argentinien, Kolumbien, Uruguay, Chile, Brasilien, Haiti oder der Dominikanischen Republik. Neben der Unterstützung mit Waffen und Beratern setzt er die Propagandaarbeit fort, die sich schon auf Kuba bewährt hat. Eine der Maßnahmen ist die Gründung einer eigenen lateinamerikanischen Presseagentur namens *Prensa Latina*, die das Informationsmonopol der US-Agenturen brechen und den gesamten Kontinent mit unabhängigen Informationen versorgen soll. Deren Organisator, »Che« Guevaras argentinischer Freund Jorge Ricardo Masetti, leitet 1964 die Operación Segunda Sombra, eine Stadtguerilla in Argentinien, doch das Unternehmen scheitert, und Masetti verschwindet unter ungeklärten Umständen.

Die lateinamerikanischen Brüder sind im übrigen nicht immer dankbar für die kubanische Hilfe. Fidel glaubt, das ölreiche Venezuela sei ein geeignetes Land für eine sozialistische Revolution, und unterstützt den bewaffneten Kampf der Frente Armado de Liberación Nacional, womit er sich den Unmut der moskauhörigen Kommunistischen Partei Venezuelas zuzieht. Auch der Sozialdemokrat Salvador Allende Gossens aus Chile wünscht bei aller persönlichen Freundschaft mit dem Máximo Líder keine Umarmung durch die kubanische Revolution, sondern sucht für sein Land den friedlichen Weg über Wahlen.

★

Fidels Kampf gegen die verhaßten Imperialisten bleibt jedoch nicht auf Lateinamerika beschränkt, sondern weitet sich auf sämtliche Länder der sogenannten Dritten Welt aus. Vor allem nach seinem Auftritt vor der UNO genießt der Máximo Líder unter den politischen Führern der Entwicklungsländer großes Ansehen. Fidel und besonders der »Che« sehen Kuba immer mehr als den Sprecher und Vorreiter der Entwicklungsländer gegen den Imperialismus der USA, aber auch gegen den der Sowjetunion.

Kuba bekommt bald die Möglichkeit, auf der internationalen Bühne mitzumischen: Der algerische Präsident Mohammed Ahmed Ben Bella, der Fidel Tage vor Beginn der Raketenkrise auf Kuba besucht, bittet ihn im Herbst 1963 um Unterstützung gegen einen Angriff marokkanischer Truppen. Ohne Wissen der Sowjetunion entsendet Fidel Panzer, Luftabwehrgeschütze und rund 700 Soldaten sowie Ärzte zur medizinischen Versorgung der verwundeten algerischen Soldaten und Zivilisten. Auch Gamal Abd el-Nasser schickt Truppen zur Unterstützung der Algerier. Doch die ausländischen Einheiten müssen gar nicht mehr eingreifen: Kurz nach ihrer Ankunft unterzeichnet der marokkanische König Hassan II. ein Friedensabkommen mit Ben Bella.

Nach Ben Bellas Ersuchen um militärische Hilfe reift in Fidel und »Che« der Gedanke einer Revolution auf drei Kontinenten, Afrika, Asien und Lateinamerika, der drei Jahre später in die Trikontinentale Konferenz mündet. Im Anschluß an den Friedensvertrag nimmt Fidel Kontakt mit Mehdi Ben Barka, dem Rebellenführer in Marokko, Gamal Abd el-Nasser und mit Ahmed Sékou Touré in Guinea auf, um über die Möglichkeiten gegenseitiger militärischer Unterstützung zu sprechen. Fortan werden auf Kuba Guerilleros aus verschiedenen Ländern Afrikas ausgebildet und Flüchtlinge aus Bürgerkriegsregionen aufgenommen.

★

Trotz der Raketenkrise und der Auseinandersetzungen in Lateinamerika und im Rest der Welt sucht Fidel wieder neuen Kontakt zu den USA. Der Máximo Líder ist nicht glücklich über seine wachsende wirtschaftliche und militärische Abhängigkeit von Moskau und sieht sich auch mit seiner Unterstützung nichtkubanischer Unabhängigkeitskämpfer noch keineswegs im Lager der Sowjetunion. Allerdings müssen die Kontakte zu den Vereinigten Staaten heimlich geknüpft werden, weder die Presse in den USA noch die dogmatischeren »Che« Guevara und Raúl Castro zuhause dürfen davon erfahren. In der UNO treffen sich die Gesandten der USA und Kubas zu Gesprächen, um auszuloten, ob und unter welchen Umständen eine Normalisierung der Beziehungen möglich sein könnte.

Diese erste vorsichtige Kontaktaufnahme hindert die CIA jedoch nicht daran, zusammen mit der Mafia weitere Attentate auf den Máximo Líder auszuhecken. Einmal soll Fidel, der für sein Leben gern schwimmt und taucht, bei einem seiner Tauchausflüge mit einer auffälligen, mit Plastiksprengstoff präparierten Muschel in die Luft gejagt werden. Im September 1963 wird unter dem Rednerpult auf der Plaza de la Revolución in Havanna ein Sprengsatz entdeckt. Die CIA unterstützt auch die Terrorgruppen in Miami wie Alpha 66 weiter, die mit Schnellbooten Schiffe der Küstenwache überfallen und im Karibischen Meer ausländische Transportschiffe, die Kuba ansteuern, mit Maschinengewehren angreifen.

Fidel ist trotzdem nach wie vor der Ansicht, Kennedy sei ein Mann, mit dem man reden könne. Daher nimmt er schon wenige Monate nach der Raketenkrise über Geschäftsleute und die üblichen Kanäle der Geheimdiplomatie Kontakt zum US-Präsidenten auf. Der scheint einem Gespräch mit dem Máximo Líder nicht abgeneigt. Am 22. November 1963 bringt ein französischer Journalist namens Jean Daniel dem kubanischen Führer eine Nachricht Kennedys, die diesen vorsichtig aufhorchen läßt.

Daniel trifft den Máximo Líder in dessen Haus am Strand von Varadero. Die beiden fahren zum Hochseefischen, ein Hobby, das Fidel mit seinem zwei Jahre zuvor verstorbenen Freund Ernest Hemingway teilt. Bei ihrem Gespräch teilt Daniel Fidel mit, Kennedy sei nicht glücklich darüber, daß Fidel ins Lager der Sowjets übergelaufen sei. Aber er wolle es akzeptieren und sogar das Handelsembargo aufheben, wenn Fidel aufhöre, weitere Guerillakriege in Lateinamerika zu unterstützen. Fidel scheint nicht abgeneigt und bittet Daniel, dem US-Präsidenten mitzuteilen, er sei keineswegs eine Schachfigur der Sowjets. »Mir scheint, ein Mann wie Kennedy versteht, daß es nicht im Interesse der USA sein kann, eine Situation des Stillstands aufrechtzuerhalten. Ich glaube, wir können in einem Klima des gegenseitigen Friedens und Respekts zur Normalität zurückkehren.«

Im Verlauf des Gesprächs mit dem französischen Journalisten äußert Fidel allerdings die Befürchtung, daß es für Kennedy kein leichtes sein dürfte, wieder normale Beziehungen zu Kuba aufzunehmen, da der Widerstand im Kongreß und selbst in seinem Kabinett sehr groß sei. Offenbar traut er es Kennedy jedoch zu, diesen Widerstand zu überwinden. Er täuscht sich. Während die beiden sich noch unterhalten, erhält Castro einen Anruf, in dem er erfährt, daß der US-Präsident soeben einem Attentat zum Opfer gefallen ist.

★

Die Ermordung des US-Präsidenten hat mehr mit Fidel Castro und Kuba zu tun, als es auf den ersten Blick den Anschein hat. In der US-Presse steht der Máximo Líder in den folgenden Tagen ganz oben auf der Liste der Verdächtigen, und auch im Weißen Haus gilt er vielen als Hintermann des Attentats. Schließlich hat er noch Anfang 1963 gedroht, wenn die Anschläge auf seine Person nicht aufhörten, müßten auch US-Politiker um ihr Leben fürchten.

Lee Harvey Oswald, der verhaftet wird, weil er die tödlichen Schüsse auf Kennedy abgegeben haben soll, scheint den Verdacht gegen Fidel zu bestätigen. Oswald ist überzeugter Kommunist und Castro-Verehrer, er hat in der Sowjetunion gelebt, ist mit einer Russin verheiratet und ist der CIA aufgefallen, weil er im September 1963 mehrmals in der kubanischen Botschaft in Mexiko-Stadt vorstellig geworden ist. Doch es hat den Anschein, als habe Oswald dort nur um ein Visum nachgefragt und sei abgewiesen worden. Außerdem streitet Oswald nach seiner Verhaftung ab, die Schüsse abgegeben zu haben, und behauptet, er sei als Strohmann mißbraucht worden. Doch da er schon zwei Tage später vom Nachtclubbesitzer Jack Ruby erschossen wird, bleibt unklar, ob hinter ihm tatsächlich andere stecken oder ob er überhaupt der Täter ist. Die Warren Commission, die den Fall untersucht, kommt in ihrem Bericht von 1964 zu dem Schluß, Oswald habe die tödlichen Schüsse tatsächlich abgegeben und keine weiteren Hintermänner gehabt.

Der Kommissionsbericht wirft allerdings mehr Fragen auf, als er beantwortet. Zum Beispiel wird immer wieder bezweifelt, ob ein einzelner Mann tatsächlich in der Lage sei, aus so großer Entfernung mit einem halbautomatischen Gewehr mit Zielfernrohr derart schnell hintereinander derart präzise Schüsse abzugeben. Auch wenn ihn keiner fragt, hält Fidel, selbst ein ausgezeichneter Schütze, dies für ausgeschlossen. Komplizierter wird die ganze Sache, als bekannt wird, daß Oswald und Ruby einander kannten und sich vor dem Attentat getroffen haben. Es herrscht Unklarheit über die Zahl der Schüsse, Zeugen wollen weitere Schützen gesehen haben, und der legendäre Zapruder-Film, der die Ermordung des Präsidenten zeigt, schließt die Möglichkeit nicht aus, daß tatsächlich noch aus einer zweiten Richtung, dem legendären »grassy knoll«, der »grasbewachsenen Anhöhe«, Schüsse gekommen sind. Außerdem belügen die

Agenten des FBI und der CIA die Kommission, sie lassen Beweise verschwinden und verdrehen die Fakten. Diese merkwürdigen Widersprüche und die Tatsache, daß bis heute nicht alle Dokumente veröffentlicht wurden, öffnen den wildesten Spekulationen und Verschwörungstheorien Tür und Tor.

Eine zweite, immer wieder verfolgte Spur führt ebenfalls zu Castro, wenn auch indirekt. Jack Ruby hat gute Kontakte zu Paten der Mafia, und der Verdacht wird laut, er habe Oswald ermordet, um die Verbindung des Mörders oder der Mörder zur ehrenwerten Gesellschaft zu verschleiern. Wegen Castro ist die Mafia nicht gut auf Kennedy zu sprechen, seit dem Debakel in der Schweinebucht gilt er sämtlichen Castro-Gegnern als Verräter. Mafiaboß Santos Trafficante wird zitiert, er habe mit Kennedys Ermordung gedroht. Ausgerechnet Fidels frühere Geliebte Marita Lorenz bringt zu allem Überfluß auch noch Frank Sturgis und die Clique der Exilkubaner ins Spiel. Und als nach Aufdeckung des Watergate-Skandals 1971 die Verflechtungen zwischen CIA, Exilkubanern und Mafia einer breiteren Öffentlichkeit bekannt werden, wird sogar die These laut, die CIA sei in den Mord verwickelt gewesen.

Unlängst hat Wilfried Huisman in einer Fernsehdokumentation erneut die These vertreten, der kubanische Führer habe hinter dem Kennedy-Attentat gesteckt. In Mexiko-Stadt fand er Zeugen, die behaupten, Oswald sei nicht wegen eines Visums in der kubanischen Botschaft vorstellig geworden, sondern habe sehr viel engeren Kontakt zu Mitarbeitern der Botschaft gehabt. Unmöglich ist es nicht, daß der kubanische Auslandsgeheimdienst die Ermordung Kennedys vorantrieb, während Fidel den diplomatischen und persönlichen Kontakt zu ihm suchte – das würde durchaus in die Logik des Kalten Krieges passen, denn auch die CIA war nach wie vor mit der Planung eines Mordes am kubanischen Führer beschäftigt, während Daniel diesem eine vorsichtige Friedensbotschaft von Kennedy überbrachte. Doch es gelingt Huismann weder zu zeigen, ob die Kubaner Oswald bezahlten, ihm logistische Hilfestellung boten oder ihm einen ausgearbeiteten Mordplan mitgaben, noch, daß Oswald mit Fidels Mordauftrag in der Tasche nach Dallas kam. Ganz außen vor bleibt die Frage, ob Oswald denn überhaupt der alleinige Todesschütze war. Bei einer derart unklaren Beweislage darf Fidel zumindest vorerst von der Geschichte als freigesprochen gelten.

★

Der Schock nach der Ermordung Kennedys ist groß. »Jetzt wird alles anders«, sagt Fidel zu dem französischen Journalisten Daniel. Und er behält recht. Mit der Ernennung des vormaligen Vizepräsidenten Lyndon B. Johnson zum neuen US-Präsidenten kommen im Weißen Haus die Hardliner und Falken ans Ruder. Als Fidel Wochen später versucht, über eine US-amerikanische Journalistin einen geheimen Kontakt zu Johnson aufzunehmen, reagiert dieser nicht.

Johnson und sein Kabinett sehen ihre Mission vor allem im weltweiten Kampf gegen den Kommunismus. In Lateinamerika unterstützen die USA unter anderem 1965 einen Militärputsch in der Dominikanischen Republik, mit der die Amtsübernahme durch den rechtmäßig gewählten linken Präsidenten Juan Bosch verhindert wird. Außerdem entsendet Lyndon B. in immer größerem Maßstab Truppen in den unerklärten Krieg gegen die kommunistische Regierung Nordvietnams.

In der Dominikanischen Republik muß Fidel zusehen, im Falle von Vietnam bezieht er klar Stellung: »Wir sind dafür, daß Vietnam alle notwendige Hilfe bekommt. Wir sind dafür, daß diese Hilfe aus Waffen und Männern besteht, und wir sind dafür, daß das sozialistische Lager alle Risiken auf sich nimmt, um Vietnam zu helfen!« Doch er muß es vorsichtig angehen: Er darf weder den Chinesen auf die Zehen treten, die ebenfalls in Vietnam aktiv werden, noch den Russen, die dies nicht tun, und schon gar nicht den USA, die jeden Vorwand begrüßen würden, um Kuba anzugreifen. Im Juni 1966 stellt Fidel die erste »internationalistische« kubanische Brigade auf und schickt sie in den Krieg nach Vietnam. Einige der Ärzte und Soldaten bleiben bis in die siebziger Jahre, bis zum endgültigen Abzug der US-Armee.

★

Sechs Jahre nach dem siegreichen Einzug der Rebellen in Havanna ist die Zeit des Abschieds für den »Che« gekommen. Der Argentinier muß feststellen, daß die Entwicklung auf Kuba in eine andere

Richtung geht, als er sie sich gewünscht hätte. Nach dem Scheitern seiner wirtschaftlichen Vorstellungen fürchtet er den Umbauprozeß hin zu einer Kommandowirtschaft sowjetischen Stils. An seinem Posten als Industrieminister ist er immer weniger interessiert, statt dessen verlegt er sich auf Reisen nach Afrika, Asien und Europa. Weltweit ist er mindestens ebenso bekannt wie Fidel Castro, vor allem aber ist der jugendlich und sympathisch wirkende Kämpfer beliebt und gibt einen ausgezeichneten Botschafter für die kubanische Sache ab. Doch auch in dieser Rolle eckt er mehr und mehr an, denn immer häufiger setzt er sich öffentlich mit dem Diktat aus Moskau auseinander.

Anfang 1965 bezweifelt er beispielsweise in einem Aufsatz, der unter anderem in der kubanischen Tageszeitung *Revolución* abgedruckt wird, daß die Sowjetunion notwendigerweise eine Führungsrolle für die Revolutionen der Dritten Welt einnehmen müsse, und beansprucht diese Rolle für Kuba. Bei einer Rede im Februar 1965 in Algerien erklärt er sogar, die Sowjetunion trage zur Ausbeutung der Entwicklungsländer bei, deren Befreiung sie vordergründig unterstütze; damit sei sie keinen Deut besser als die imperialistischen Staaten. Das Politbüro in Moskau ist wenig amüsiert, und Raúl Castro, der zum Zeitpunkt von »Ches« Algerienreise in Moskau zu Besuch ist, muß sich anhören, der »Che« sei nicht mehr tragbar. Für die Sowjets rückt der Argentinier immer stärker in die Nähe der Kommunistischen Partei Chinas, die der KPdSU Verrat am Marxismus und an den Entwicklungsländern vorwirft. »Che« Guevaras Feinde auf Kuba nennen ihn deshalb auch »el chino – den Chinesen«.

Auch wenn Fidel bei jeder Gelegenheit deutlich macht, daß er kein Hampelmann der Sowjets ist, und auch wenn er seine politische Unabhängigkeit unterstreicht, indem er sich fast ein Jahrzehnt lang nicht mehr in Moskau blicken läßt – Kuba hängt am sowjetischen Tropf. Nach der Restalinisierung im Jahr 1964, als Nikita Chruschtschow von Leonid Breschnew, Alexei Kosigin und Nikolai Podgorni gestürzt wird, weht außerdem ein rauherer Wind aus Moskau. Fidel muß nun jedes Jahr neu antreten, um Handelsverträge über die Abnahme von Zucker und den Verkauf von Öl zu unterschreiben. Und wenn er zu weit von der Linie abweicht, drohen die Sowjets damit, ihm den Ölhahn zuzudrehen. Auch wenn Fidel nach wie vor große Sympathien

»Der Augenblick des Abschieds wie immer kühl.«
Verkleidet und mit falschen Papieren bricht der »Che« in den Kongo auf.

für das revolutionäre Projekt seines Freundes hegt – als Ministerpräsident Kubas und Führer der Revolution muß er vorsichtiger sein und kann es sich nicht leisten, die Sowjets wegen der Äußerungen und Handlungen des »Che« dauerhaft gegen sich aufzubringen.

Im März 1965, nach »Ches« berüchtigter Rede in Algerien, trifft Fidel sich mit ihm in der Wohnung von Celia Sánchez in der Calle 11 in Havanna. Angeblich streiten sich die beiden dort ganze vierzig Stunden lang. Über dieses Gespräch wird seither viel gemutmaßt, mal heißt es, der »Che« habe Fidel lediglich über seine Reisen informiert, ein andermal, sie hätten sich angeschrien und Türen geschlagen. Was die beiden tatsächlich bereden und in welchem Ton, das weiß bis heute nur Fidel Castro, und der verweigert beharrlich jegliche Auskunft. Was immer in der Calle 11 vorgegangen sein mag, Tatsache ist, daß sich der »Che« Anfang April von Fidel und von Kuba verabschiedet. Beim Abschied sind beide bewegt, doch keiner kann dem anderen seine Gefühle zeigen. Der »Che« schreibt später: »Der Augenblick des Abschieds wie immer kühl, wie immer weniger als erwartet, da man in dem Moment nicht in der Lage ist, seine tiefen Gefühle zu zeigen.«

Mit einer kleinen Truppe speziell für die Guerilla ausgebildeter kubanischer Soldaten reist der »Che« unerkannt in den Kongo. Dort kämpft er auf Seiten der Anhänger des ermordeten Präsidenten Patrice Lumumba gegen die von den USA unterstützte weiße Regierung. Die Mission scheitert, die Kubaner sind eifriger bei der Sache als die kongolesischen Kämpfer. Im November übernimmt schließlich Joseph-Desiré Mobutu die Macht im Kongo. Erschöpft und enttäuscht reist der »Che« erst einmal nach Prag und versteckt sich. Dort trauert er auch um seine Mutter, die im Mai des Jahres gestorben ist und ihm gerade in politischen Fragen eine wichtige Freundin war.

★

Auf Fragen nach seinem Industrieminister antwortet Fidel, der »Che« sei bei der Zuckerernte. Als der Máximo Líder am 3. Oktober auf einer Großveranstaltung die Einheitspartei der Sozialistischen Revolution (PURSC) in den Partido Comunista de Cuba (PCC), die Kommunistische Partei Kubas, umwandelt, und der »Che« nicht mit auf dem Podium sitzt, muß er jedoch Farbe bekennen. Dazu liest er einen Brief vor, den der »Che« ihm angeblich beim Abschied im April in die Hand gedrückt hat und in dem dieser »von allen Aufgaben in der Führung der Partei, meinem Ministeramt, meinem Rang als Comandante und meiner kubanischen Nationalität« zurücktritt. An den Freund Fidel schreibt er:

»Fidel, in dieser Stunde erinnere ich mich an viele Dinge: als wir uns im Haus von María Antonia kennenlernten, als Du mir vorgeschlagen hast, mitzukommen und an die ganze Spannung der Vorbereitungen. Eines Tages gingen sie herum und fragten, wen sie im Falle unseres Todes informieren sollten, und in diesem Moment traf uns die Realität dieser Möglichkeit. Danach wußten wir, daß es ernst ist, daß man in einer echten Revolution triumphiert und stirbt. Viele unserer Gefährten sind auf dem Weg zum Sieg zurückgeblieben. Heute klingt alles weniger dramatisch, denn wir sind reifer geworden, doch es ist ähnlich. Ich fühle, daß ich meinen Teil der Schuld abgegolten habe, die mich mit der kubanischen Revolution verbindet, und ich verabschiede mich von Dir, von den Gefährten und von Deinem Volk, das jetzt auch meines ist.«

»Selten erstrahlte ein Staatsmann heller als Du.«
Als Fidel »Ches« Abschiedsbrief verliest, glauben nicht alle
an dessen Echtheit.

In dem Brief kommt auch große Bewunderung für Fidel zum Ausdruck, die Kritiker stutzig macht und das Gerücht aufkommen läßt,
der Brief stamme möglicherweise aus der Feder von Fidel selbst:
»Ich habe wunderbare Tage an Deiner Seite verlebt und großen Stolz
verspürt, in den schönen wie in den traurigen Zeiten der Krise der
Karibik zu unserem Volk zu gehören. Selten erstrahlte ein Staatsmann heller als Du in diesen Tagen, und ich bin stolz, Dir ohne Zö-
gern gefolgt zu sein und mich ganz mit Deiner Art zu denken identifiziert zu haben ... Andere Länder dieser Erde verlangen nun nach
meinen schwachen Kräften. Ich kann das tun, was Dir verwehrt ist,
denn Du trägst die Verantwortung, Kuba zu führen. Die Stunde ist
gekommen, in der sich unsere Wege trennen.«
Eigentlich hat der »Che« nicht vor, noch einmal nach Kuba zurückzukehren, doch im Juli 1966 kommt er ein letztes Mal, um sich in einem Sanatorium von seinen Asthmaanfällen zu erholen. Außer Fidel trifft er so gut wie niemanden. Der versucht, seinen ehemaligen
Kampfgefährten zu überreden, auf Kuba zu bleiben. Doch der »Che«
ist fest entschlossen, sich nun dem Befreiungskampf in Bolivien an-

zuschließen, wo der General René Barrientos Ortuño 1964 mit Hilfe von US-Bergbauunternehmen und der CIA die linke Regierung von Víctor Paz Estensoro gestürzt hat. Auch wenn das Unternehmen noch aussichtsloser erscheint als das Abenteuer im Kongo, stellt Fidel sich ihm nicht in den Weg, sondern gibt ihm noch einmal zwanzig Guerilleros an die Seite. Wieder ist der Abschied kühl. Diesmal in den Worten Fidels, der in einem Interview mit Gianni Mina bekennt: »Wir hatten uns ja schon so oft gesehen. Eine Umarmung, ohne viel Aufhebens, denn wir sind keine Männer von viel ... [er vollendet den Satz nicht] Er nicht, und ich auch nicht. Aber wir empfinden tief.«

Auf Umwegen und als Geschäftsmann verkleidet reist der »Che« im November 1966 nach La Paz in Bolivien. Aus den Bergwäldern ruft er der Trikontinentalen Konferenz, die im April 1967 in Havanna stattfindet, zu, sie solle »zwei, drei, viele Vietnams auf dem Erdball« entzünden. Dann verschwindet er völlig von der Bildfläche. In den kommenden Monaten spielt er in den bolivianischen Anden Katz und Maus mit den Häschern der Armee und der CIA, die inzwischen weiß, daß ihr Erzfeind sich unter den bolivianischen Guerilleros befindet. Die Operation ist von vornherein zum Scheitern verurteilt, da dem »Che«, anders als in Fidels Kampf gegen Batista, ein Netzwerk von Unterstützern in den Städten und in der Landbevölkerung fehlt. Am 8. Oktober geht er seinen Verfolgern schließlich ins Netz und wird am Tag darauf ermordet.

★

Fidel erfährt noch am selben Tag vom Tod seines Freundes. Zunächst ist er skeptisch: Schon zu oft haben Geheimdienste ähnliche Meldungen verbreitet. Wenige Tage später erhält er dann die Fotos der Journalisten, die von den bolivianischen Behörden in die Berge gebracht wurden, um den Triumph über den legendären Guerillaführer zu dokumentieren. Allmählich wird es für ihn zur Gewißheit.

Für Fidel ist der Tod des »Che« ein schwerer Schlag, er ist erschüttert, tobt, schreit und schließt sich im Haus von Celia Sánchez ein. Er hat einen seiner wichtigsten politischen Vertrauten und treuesten Mitstreiter verloren. Der »Che« war eines der wichtigsten Gesichter der Revolution und ihrer Ideale, nach außen wie nach innen. Mit ihm sei auch die Idee der gewaltsamen Revolution gescheitert, wie sowjetische Funktionäre schadenfroh erklären. Aber der Tod des »Che« ist auch ein schwerer persönlicher Verlust für Fidel. Zwar war der Draht zwischen beiden durch ihre unterschiedlichen Ansichten zu Fragen der Weltrevolution nicht mehr ganz so eng wie zu Zeiten der Sierra Maestra. Doch der »Che« war einer der ganz wenigen Menschen, mit denen Fidel auch über das gemeinsame politische Projekt hinaus eine tiefe persönliche Freundschaft verband.

Am 15. Oktober 1967 verkündet Fidel den Tod »Che« Guevaras und ordnet Staatstrauer an. Mit diesem Tag beginnt auf Kuba ein Kult um den Argentinier. Das Jahr 1968 wird zum Jahr des heroischen Revolutionärs ernannt, und der »Che« wird zum Vorbild für alle Kubaner stilisiert. Keine Mobilisierungskampagne kommt in Zukunft mehr ohne sein Bild aus. Sein Konterfei, vor allem das legendäre Porträt des Fotographen Alberto Korda, ist von nun an noch häufiger an kubanischen Hauswänden zu sehen als das Fidels. Für die westliche Linke wird der »Che« zum Mythos des Revolutionärs schlechthin, für die Generation der Achtundsechziger werden seine Tagebücher und sein Buch über den Guerillakrieg zu Bibeln des Widerstandes gegen den Imperialismus.

Der »Che« wird zur wichtigsten Heiligenfigur der kubanischen Revolution mit den dazugehörigen quasireligiösen Kulten, morbiden Reliquien und Pilgerorten. Die bolivianischen Häscher schneiden ihm nach seiner Ermordung die Hände ab und legen sie in Formaldehyd ein, um einen Beweis zu haben, daß es sich tatsächlich um den legendären Rebellen handelt. Danach wird seine Leiche angeblich verbrannt. Die Hände gelangen auf Umwegen nach Havanna und sind heute im Revolutionsmuseum aufgebahrt. Eine Kopie der Tagebücher wird nach Kuba geschmuggelt und dort im Juni 1968 veröffentlicht. Und im Sommer 1997 werden schließlich nach jahrelanger Suche die Überreste des »Che« in einem Massengrab gefunden. Sie werden nach Kuba überführt und Mitte Juli in einem Mausoleum in Santa Clara beigesetzt.

★

Fidel führt den Gedanken des internationalen Befreiungskampfes zunächst fort, auch gegen den Widerstand der Sowjets. Am 3. Januar 1966 findet die erste Trikontinentale Konferenz in Havanna statt, zu der 743 Delegierte aus Asien, Afrika und Lateinamerika anreisen. China und die Sowjetunion entsenden Beobachter. Hier lernt Fidel unter anderem António Agostinho Neto kennen, der in der portugiesischen Kolonie Angola den marxistischen Movimento Popular de Libertação de Angola (MPLA), die Volksbewegung zur Befreiung Angolas, anführt. Doch mit seinem außenpolitischen Engagement setzt sich der Máximo Líder zunehmend zwischen alle Stühle.

Die Chinesen werfen Fidel Revisionismus vor und stellen noch im selben Jahr ihre Reislieferungen ein. Gleichzeitig beginnen sie über ihre Botschaft auf Kuba Propagandamaterial des Großen Vorsitzenden Mao Zedong unter Offizieren und Soldaten der kubanischen Armee zu verteilen, bis Fidel persönlich androht, das Botschaftspersonal der Insel zu verweisen.

Die Sowjets wiederum sind alles andere als glücklich über die fortgesetzte revolutionäre Rhetorik aus Havanna und die Tatsache, daß Fidel trotz der Gründung des PCC noch weit davon entfernt ist, einen Staat nach sowjetischem Vorbild aufzubauen. Fidel will sich nicht bevormunden lassen und trumpft gegenüber den Sowjets auf, indem er argumentiert, sie wüßten auch nicht besser als er, wie man zum Kommunismus gelange, und jedes Land habe das Recht, seinen eigenen Weg zu gehen. Der Konflikt verschärft sich, als Fidel im Januar 1968 plötzlich verkündet, die Altkommunisten hätten sich unter Anleitung Moskaus zu einer Mikrofraktion zusammengeschlossen, um ihn zu stürzen. Es kommt zu einer Verhaftungswelle, knapp vierzig führende Altkommunisten werden vor Gericht gestellt und zu langen Gefängnisstrafen verurteilt. Darunter ist erneut Aníbal Escalante, der 1962 schon einmal in Ungnade gefallen war und nach einem kurzen Aufenthalt in Moskau wieder nach Kuba zurückgekommen ist; diesmal wandert er für fünfzehn Jahre hinter Gitter.

Unter westlichen Intellektuellen und Marxisten gilt Fidel gerade wegen seines Eigensinnes und seiner scheinbaren Unabhängigkeit von Moskau nach wie vor als die große Hoffnung. Seit 1959 ist Kuba der neue Pilgerort für die undogmatische Linke Europas: Der fran-

»Ich bin Marxist-Leninist, und werde bis ans Ende meiner Tage
Marxist-Leninist bleiben.«
Vor allem ist er aber Fidelist und in Sachen Revolution überall auf
der Insel unterwegs.

zösische Philosoph Jean-Paul Sartre, der italienische Verleger Gian-
giacomo Feltrinelli, der englische Philosoph Bertrand Russell, der
ehemalige mexikanische Präsident Lázaro Cárdenas, der argentinische Romanautor Julio Cortázar oder der deutsche Schriftsteller
Hans-Magnus Enzensberger geben sich die Klinke in die Hand, um
mit dem Máximo Líder der kubanischen Revolution zu diskutieren.
Im Januar 1968, dem Jahr der heftigsten Proteste gegen den US-Imperialismus in Vietnam, kommen die namhaftesten Vordenker der
westlichen Linken auf Einladung Fidels zu einem Kongreβ zum
Thema Neokolonialismus nach Havanna. Die Konferenz steht noch
ganz im Geiste »Che« Guevaras, und Fidel klagt die orthodoxen
Kommunisten an, sich im Kampf gegen den Imperialismus allzu
vornehm zurückzuhalten.

Doch die westliche Linke ist im Machtgefüge des Kalten Krieges
eine zu vernachlässigende Größe, sie bringt in Havanna keine Bröt-

chen auf den Tisch. Aus Moskau dagegen wird der Ton schärfer. Im Sommer 1968 reduziert Breschnew die Öllieferungen und droht gar mit der Kündigung der Handelsverträge. Benzin und andere Produkte werden rationiert, und die kubanische Wirtschaft steht kurz vor dem Kollaps. In einer Verzweiflungstat verstaatlicht Fidel die verbliebenen Kleinunternehmen und schimpft vier Stunden lang über die Betreiber von Hot-Dog-Ständen, als wären sie an der Wirtschaftsmisere schuld. Er spürt, daß ihm das Wasser bis zum Halse steht, besonders als im August 1968 die Panzer des Warschauer Paktes in Prag einrollen und dem sozialistischen Experiment Alexander Dubčeks ein Ende bereiten. Die Machthaber im Kreml werden zwar kaum Truppen nach Kuba schicken, doch die Drohung, man könne die Zuckerinsel einfach fallenlassen, wird täglich realer. Fidel rudert zurück. Acht Monate nach dem Kulturkongreß und nicht einmal ein Jahr nach dem Tod seines radikalen Mitstreiters billigt er gewunden die Niederschlagung des Prager Frühlings und beugt sich der am 12. November 1968 verkündeten Breschnew-Doktrin, nach der sozialistische Staaten nur eine eingeschränkte Souveränität haben. Es beginnt ein neuer Frühling auf Kuba.

11

Des Widerspenstigen
vorläufige Zähmung

»Zehn Millionen Tonnen!« Das ist das Stichwort, mit dem Fidel in den Jahren 1969 und 1970 die Kubaner elektrisiert. So viel Zucker soll die Gran Zafra, die Große Zuckerrohrernte, einbringen. Ganz Kuba gerät in Bewegung, um diese phantastische Zahl zu erreichen. Neue Mühlen werden errichtet, die staatlichen Einrichtungen gestrafft und eine immer größere Zahl von Menschen organisiert, um die gesamte Gesellschaft in den Kraftakt einzubeziehen. Im November ist es soweit. Auf offenen Lastwagen werden Menschen aus der Stadt aufs Land gebracht, um bei der Ernte zu helfen. Für das Militär ist die neue Front auf den Feldern. Statt der üblichen vier Monate soll die Zafra nun fast neun Monate dauern. Weihnachten, Silvester und der Nationalfeiertag müssen in diesem Jahr ausfallen. »Hebt euch den Festtagsbraten, den Rum und das Bier bis zum Juli auf!« ruft Fidel den Kubanern zu Beginn der Ernte zu.

Schwitzend, mit nacktem Oberkörper, erklärt Fidel vor der Kamera des kubanischen Fernsehens, wie man die übermannshohen, etwa zwei Finger dicken Rohre mit einem einzigen Machetenhieb fällt. Dann wettert er gegen die Arbeitsscheuen und ruft alle Kubaner zu einer gemeinsamen Anstrengung auf. Das ganze Jahr hindurch bereist er sämtliche Provinzen der Insel; er ist fast täglich mehrere Stunden auf einem anderen Feld und hackt mit einer Begeisterung auf das Rohr ein, als wolle er die zehn Millionen Tonnen ganz allein einbringen.

Das Ziel steht schon seit Mitte der sechziger Jahre auf seiner Agenda: Der Zuckerwirtschaft soll der große Sprung gelingen, im Jahr 1970 soll Kuba in der Lage sein, 10 Millionen Tonnen Zucker zu produzieren. Doch in den Jahren zuvor ist die Insel weit von dieser Marke entfernt: Die sowjetischen Erntemaschinen fallen aus oder lassen sich auf dem unebenen Terrain nicht einsetzen. Im Jahr 1967 zerstört der Wirbelsturm Inés große Teile der Ernte, und 1968 sorgt der frühzeitig einsetzende Regen dafür, daß nur 4,5 Millionen Tonnen Zucker erzeugt werden. Nun soll diese Zahl auf einen Ruck mehr als verdoppelt werden: Der große Sprung soll aus dem Stand erfolgen.

Doch auch im Frühjahr 1970 beginnt der Regen früher als erwartet, die Ernte kommt nur schleppend voran, das Zuckerrohr ist verdreckt und verstopft die Maschinen. Dazu kommen Organisationsmängel, viele Mühlen sind nicht rechtzeitig fertig, immer wieder fallen Maschinen aus. Wegen fehlender Transportmittel bleiben große Mengen bereits geernteten Zuckerrohrs am Wegesrand liegen, wo er verdorrt oder vom Regen ausgelaugt wird und an Zuckergehalt verliert. Statt die Leistungsfähigkeit der kubanischen Wirtschaft zu demonstrieren, enthüllt die Gran Zafra schonungslos ihre Schwächen. Auch wenn Fidel die Erntearbeiter ohne Unterlaß im Fernsehen und auf den Feldern antreibt, erkennt er spätestens ab März, daß das hochgesteckte Ziel nicht erreicht werden kann.

In seiner Rede zum Jahrestag des Angriffs auf die Moncada-Kaserne gibt Fidel schließlich das Ergebnis bekannt: Es sind nur 8,5 Millionen Tonnen geworden. Das ist zwar die größte Zuckerernte aller Zeiten, doch es sind eben nicht die versprochenen zehn Millionen. Fidel wirkt bedrückt und fahrig, Hunderttausende Kubaner auf der Plaza de la Revolución sind ungewöhnlich still. Doch die schlechten Nachrichten gehen noch weiter. Da alle Kräfte auf die Zuckerernte gebündelt worden sind, können auch auf anderen Gebieten die Planzahlen nicht erreicht werden. Fidel übt sich in Selbstkritik: »Die Schlacht um die zehn Millionen wurde nicht vom Volk verloren. Wir, der Verwaltungsapparat, die Führer der Revolution, haben diese Schlacht verloren.« Er spricht von »unbestreitbarer Ineffizienz« und davon, daß er die Verantwortung übernehmen wolle.

Es ist still auf dem riesigen Platz der Revolution. Plötzlich fragt Fidel mittenhinein in dieses Schweigen, ob die Kubaner wegen die-

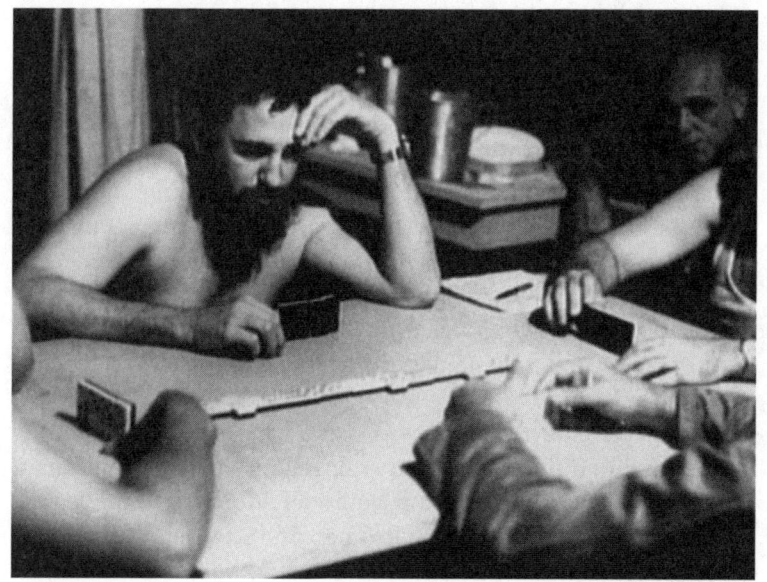

»Zehn Millionen Tonnen!«
Fidel ist bei der Großen Zuckerernte fast täglich auf dem Feld und spielt
abends mit den Landarbeitern Domino.

ses Versagens seinen Rücktritt wollten. Es kommt Bewegung in die
Menge. Fidel fragt noch einmal. Es ist, als wären die Menschen auf
dem Platz jäh wachgerüttelt worden. Laut rufen sie: »Nein! Nein!«
und »Fidel! Fidel!«

★

Trotz des Scheiterns der Gran Zafra und trotz der anhaltenden Mangelwirtschaft verehren die meisten der auf der Insel verbliebenen
Kubaner ihren Fidel mehr denn je. Mit einigem Grund: Anfang der
siebziger Jahre geht es vielen besser als jemals zuvor. Der Wohnungs-
bau schreitet voran, Menschen, die früher in Strohhütten und Verschlägen gewohnt haben, ziehen jetzt in Plattenbauten sozialistischer
Bauart. Strom und Leitungswasser erreichen ebenso wie die kostenlose medizinische Versorgung fast jeden Winkel der Insel. Die Kinder von vormals bettelarmen Landarbeitern studieren mit Hilfe von
Stipendien und neuen Studienplätzen Medizin und Ingenieurwesen.

Diese Erfolge werden dem Máximo Líder zugerechnet, dessen Stimme aus dem Radio die Menschen wie eine Geräuschtapete begleitet, dessen Gesicht fast täglich im Fernsehen zu sehen ist und der noch im abgelegensten Dorf von Hauswänden wie ein gütiger und fordernder Vater auf seine Kubaner blickt. Der Großteil der Bevölkerung ist ihm auch schon persönlich begegnet, denn, wie eh und je, fährt er in jeden Winkel der Insel. Unversehens kann er in einer abgelegenen Dorfschule in der Provinz Oriente auftauchen und sich lebhaft an einer Diskussion über die Farbe von Schuluniformen beteiligen. Oder er steht plötzlich auf dem Hof einer Genossenschaft im Escambray und zieht gemeinsam mit den Bauern wie selbstverständlich einen Traktor aus dem Dreck. Und wenn er irgendwo an der Landstraße an einer Sportveranstaltung vorbeikommt, steigt er aus dem Wagen und nimmt selbst den Baseballschläger in die Hand, blockt beim Strandvolleyball am Netz oder dribbelt unterm Basketballkorb. Das sind keine der sparsamen und sorgsam inszenierten Ortsbegehungen, wie man sie von den Regierungschefs anderer sozialistischer Länder kennt, es gibt keine Absperrungen, keine Papierfähnchen und keine salbungsvollen Begrüßungsreden. Der Kontakt wirkt authentisch, spontan und informell, zumindest von Fidels Seite. Natürlich zeigen die Kubaner in Gegenwart der Macht eine gewisse Scheu: Kein Footballspieler käme auf die Idee, den Máximo Líder ernsthaft zu tackeln, und eine fröhliche Tanzveranstaltung endet, wenn Fidel den Raum betritt und zu reden beginnt. Aber Angst haben die Menschen nicht vor ihm. Er ist »ihr Fidel«, auch dann noch, wenn er vor ihnen steht: Sie duzen ihn, widersprechen ihm und tragen ihm ihre Sorgen und Fragen vor. Es ist die Magie ihres patriarchalen Führers, die die Menschen an die kubanische Revolution bindet, nicht das abstrakte Ideal des »neuen Menschen«. So kommt es, daß der Máximo Líder zu Beginn der siebziger Jahre trotz aller wirtschaftlichen Nöte in der Bevölkerung auf einem neuen Höhepunkt seiner Beliebtheit steht.

Doch Fidel Castro ist ein Patriarch mit zwei Gesichtern: Ein Bauer oder eine Fabrikarbeiterin darf sich kritische Bemerkungen erlauben, doch ein Minister sollte sich tunlichst hüten, sich ein Beispiel daran zu nehmen. Wer dem Máximo Líder widerspricht, darf im günstigsten Fall damit rechnen, in der politischen Versenkung zu verschwinden. Im schlimmsten Fall wird er des Verrats oder der Konterrevolution bezichtigt und landet im Gefängnis wie so viele Mitglieder der Bewegung des 26. Juli. Einer der wenigen, die seit dem Überfall auf die Moncada-Kaserne bis heute politisch überlebt haben, ist Juan Almeida, und auch das nur, weil er es stets verstanden hat, sich unauffällig im Hintergrund zu halten. Als gewiefter Machiavellist besetzt Fidel die Führungspositionen ständig neu und sorgt auf diese Weise dafür, daß niemand neben ihm zu einem möglichen Konkurrenten heranwächst. Es gibt kaum jemanden, der es wirklich wagt, ihm die Meinung direkt ins Gesicht zu sagen, die echten Vertrauten Fidels lassen sich an einer Hand abzählen. Celia Sánchez ist eine der ganz wenigen Ausnahmen, doch sie achtet darauf, ihre Ansichten hinter verschlossenen Türen in der Calle 11 zu äußern. Auch sein Bruder Raúl darf sich ein wenig mehr herausnehmen, doch der ist dem Bruder treu ergeben, als Trinker ein labiler Mensch und bei den Kubanern derart unbeliebt, daß er keine Gefahr darstellt.

Auch Schriftsteller und Journalisten läßt Fidel nur zu Wort kommen, wenn sie ihm nach dem Mund reden. Zeitungen wie die *Granma* sind gleichgeschaltete Verlautbarungsorgane, und die staatlichen Buchverlage veröffentlichen vor allem Klassiker der Weltliteratur. Unbequeme kubanische Autoren wie der Dichter Heberto Padilla, der Theaterschriftsteller Antón Arrufat oder der Romanautor José Lorenzo Fuentes werden aus dem staatlichen Schriftstellerverband ausgeschlossen, sie dürfen nicht mehr publizieren, werden verhaftet, schikaniert oder gehen ins Ausland. Ausländische Autoren dürfen nur noch publiziert werden, wenn ihre Überzeugungen in Einklang mit der Revolution stehen. Hochschullehrer werden einer ideologischen Überprüfung unterzogen. Fidels Macht ist absolut, er läßt sie sich von niemandem streitig machen. Er macht ganz klar, was es bedeutet, daß innerhalb der Revolution alles möglich ist, außerhalb der Revolution jedoch nichts. Und was diese Revolution ist, das bestimmt er allein.

★

Anfang der siebziger Jahre nimmt diese Revolution immer eindeutiger sowjetsozialistische Formen an. Im Juni 1972 reist Fidel zum ersten Mal seit acht Jahren wieder nach Moskau. Dort heftet ihm der

Staats- und Parteichef den Lenin-Orden an die Brust und nimmt Kuba offiziell in den Rat für gegenseitige Wirtschaftshilfe (RGW) auf. Ende des Jahres reist er erneut in die Sowjetunion, um eine Stundung der Schulden und neue Kredite zu erwirken. Im Januar 1974 erwidert Leonid Breschnew den Besuch. Der Sowjetführer bleibt eine ganze Woche auf Kuba, besichtigt unter anderem die Moncada-Kaserne und spricht auf dem Platz der Revolution zu einer Million Kubanern.

Hinter vorgehaltenere Hand murren die Verbündeten aus den Ostblockstaaten trotzdem noch immer über Caudillismus und maoistischen Personenkult. Sie fordern die Einrichtung von Staatsorganen nach sowjetischem Vorbild. Daher findet im Dezember 1975 endlich der lange angekündigte erste Parteitag der Kommunistischen Partei Kubas statt. Aus diesem Anlaß wird der gesamte Staatsapparat umgekrempelt: Mit Politbüro, Zentralkomitee, Nationalversammlung, Staatsrat und Ministerrat führt Fidel all die Institutionen ein, die aus den sozialistischen Bruderstaaten bekannt sind. In der Armee werden die revolutionären Dienstgrade wie »comandante« durch sozialistische Dienstgrade abgelöst. Dazu erhält die Insel eine sozialistische Verfassung, in der Kuba als »sozialistischer Staat der Arbeiter, Bauern und aller anderen Arbeiter der Hand und des Intellekts« beschrieben wird. Doch die Verfassung bleibt den Wurzeln des Fidelismus treu: In der Präambel steht José Martís Motto »Das erste Gesetz unserer Republik sei die Pflege der Menschenwürde durch die Kubaner«. Der kubanische Staat wird sogar als Fortschreibung des Angriffs auf die Moncada-Kaserne und des Befreiungskampfes in der Sierra Nevada definiert.

Nach außen mag es so wirken, als gäbe der Máximo Líder mit der neuen Verfassung einen Teil seiner Macht an die neu geschaffenen Institutionen ab, doch die Realität sieht anders aus. Das einzige, was sich ändert, sind die Titel, die Fidel nun tragen darf: Fortan ist er eben Vorsitzender des Zentralkomitees der Kommunistischen Partei, des Staatsrats und des Ministerrates sowie Oberbefehlshaber der Armee, und das alles auf Lebenszeit. Wenn überhaupt, dann wächst seine Macht sogar noch, denn er löst nun sogar Osvaldo Dorticós als Staatspräsidenten ab.

★

Außenpolitisch sucht Fidel nach dem Tod des »Che« einen Weg zwischen kubanischer Eigenständigkeit und der sowjetischen Linie. In Lateinamerika gibt er die Hoffnung für's erste auf, durch gewaltsame Umstürze weitere Regimewechsel herbeizuführen. Nach dem 4. September 1970 und der Wahl von Salvador Allende Gossens zum chilenischen Präsidenten besteht nämlich plötzlich die Hoffnung einer friedlichen sozialistischen Revolution, und für kurze Zeit scheint es, als ließe sich das Modell auf ganz Lateinamerika übertragen. Jedenfalls blicken die demokratischen Politiker des Kontinents voller Hoffnung nicht mehr auf Kuba, sondern auf Chile. Fidel, ein persönlicher Freund Allendes, macht 1971 eine vierzehntägige Rundreise durch Chile, auf der er überall umjubelt wird. Er meint zwar, es führten viele Wege nach Rom, aber zugleich warnt er: »Damit Amerika vereint und, wie Martí sagt, ›unser Amerika‹ werden kann, ist es notwendig, die verbleibenden Reaktionäre auszurotten.« Doch Allende will von alledem nichts wissen. Er will keine gewaltsame Revolution, und vor allem will er keine Waffenhilfe aus Kuba aus Angst, sein politisches Experiment damit zu gefährden. Mit dieser Ansicht steht er unter den lateinamerikanischen Linken nicht allein.

Ein weiterer Grund für die Zurückhaltung Fidels ist, daß die USA unter Lyndon B. Johnson und später unter Richard Nixon massiv gegen jede linke Bewegung oder Regierung in Lateinamerika vorgehen, um, wie sie sagen, »ein zweites Kuba zu verhindern«. Die USA rechtfertigen ihre Politik unter Hinweis auf den sogenannten Dominoeffekt, wonach ein sozialistisches Regime automatisch auch alle Nachbarstaaten zum politischen Umfallen bringe, eine These, die sich im übrigen nirgendwo auf der Welt bestätigt hat. Das Scheitern des »Che« und der von der CIA unterstützte Militärputsch gegen Salvador Allende am 11. September 1973 machen Fidel klar, daß es nicht einfach sein wird, die Weltrevolution auf dem amerikanischen Doppelkontinent fortzusetzen.

Erst gegen Ende der Siebziger, als mit Jimmy Carter ein gemäßigterer Präsident im Weißen Haus sitzt, wird Fidel auch wieder in Amerika aktiv. Daniel Ortega, der Führer der nicaraguanischen Frente Sandinista de Liberación Nacional, hält sich zwischen 1974 und 1976 im Exil in Havanna auf. Kubanische Einheiten unterstützen die Sandinisten in ihrem langjährigen Kampf gegen den Diktator Anastasio

Somoza Debayle und stürmen im Mai 1979 dessen Bunker. In El Salvador unterstützt Fidel den zähen Kampf der Frente Farabundo Martí de Liberación Nacional gegen General Napoleón Duarte und dessen Todesschwadrone. Joaquín Villalobos, Anführer des Ejército Revolucionario del Pueblo, der Revolutionären Volksarmee, reist unzählige Male heimlich zu Fidel nach Kuba.

★

Auf anderen Kontinenten wird Fidel nach seinem ersten neuerlichen Moskaubesuch unter Duldung und mit finanzieller und materieller Hilfe der Sowjets wieder aktiv. Nun geht es allerdings nicht mehr um die Unterstützung von Guerillas wie zu »Ches« Zeiten: In der Zeit der Stellvertreterkriege ist der Maßstab ein völlig anderer geworden. Fidel geht selten allein vor, sondern meist im Konzert mit den verbündeten Ostblockstaaten.

Nachdem die Trikontinentale Konferenz zwischenzeitlich fast eingeschlafen ist, begibt sich Fidel im Jahr 1972 wieder auf eine Reise nach Sierra Leone, Guinea und Algerien und schickt Militärberater. In der Folge der portugiesischen Nelkenrevolution des Jahres 1974 kommt es in Afrika zu neuen Konflikten. Nachdem Portugal überhastet seine afrikanischen Kolonien in die Unabhängigkeit entlassen hat, flammen dort heftige Kämpfe zwischen verfeindeten Parteien auf, in die sich rasch die Großmächte einmischen. Zusammen mit anderen Ostblockstaaten unterstützt Fidel den Frente da Libertação de Moçambique (FRELIMO), die Befreiungsfront in Mosambik und den Partido Africano para a Independência da Guiné e do Cabo Verde (PAIGC), die Partei für die Unabhängigkeit von Guinea und Kapverde, in Guinea-Bissau, die auch beide in relativ kurzer Zeit die Macht übernehmen können. In Angola sind die Kämpfe jedoch ungleich heftiger.

Um den Wahlsieg Angostinho Netos und der MPLA zu verhindern, torpedieren die USA mit Hilfe der Frente Nacional da Libertação de Angola (FNLA), der Nationalen Front zur Befreiung Angolas, die Präsidentschaftswahlen. Südafrika, das das Nachbarland Namibia besetzt hält, schiebt für seine Interessen die UNITA vor, die União Nacional para a Independência Total de Angola oder Vereinigung für

»Die Hölle des Kapitalismus wird nie mehr wieder nach Kuba zurückkehren!«
Damit dies auch so bleibt, legt Fidel eifrig mit Hand an.

die völlige Unabhängigkeit Angolas. Es ist schwer, diese Gruppen auseinanderzuhalten, die sich mehr durch ihre Verbündeten und Stammeszugehörigkeiten voneinander unterscheiden als durch politische Programme. Im Frühjahr 1975 ersucht Neto Fidel um Militärhilfe. Der schickt zunächst rund hundert Militärberater, doch als die Kämpfe heftiger werden und die Nachbarn Zaire und Südafrika das Land bis auf einen schmalen Korridor um die Hauptstadt Luanda besetzen, entsendet er reguläre Einheiten der Armee und Kampfjets. Bis Februar 1976 läßt er 15 000 Soldaten mit Panzern aus dem 11 000 Kilometer entfernten Kuba einfliegen. Den Kubanern gelingt es rasch, weite Teile des Landes zurückzuerobern. Da sich die Lage trotzdem nicht stabilisiert, bleiben die kubanischen Truppen im Land. Die Armee untersteht General Arnaldo Ochoa, einem Freund und Kampfgefährten Fidels aus der Sierra Maestra. Doch natürlich kann es Fidel auch hier nicht lassen, sich persönlich in Fragen der militärischen Taktik einzumischen. Im Hauptquartier der Armee in Havanna richtet er sich eine Kommandozentrale ein, von der aus er die Truppen fernsteuert.

Die neue kubanische Politik in Afrika steht diesmal in Einklang mit der Sowjetführung. Im November 1977 entsendet Fidel sogar auf Bitten der Sowjetunion Soldaten nach Äthiopien, um die Regierung des sozialistischen Präsidenten Mengistu Haile Mariam gegen eine von den USA unterstützte Invasion aus dem benachbarten Somalia zu verteidigen. Fidel schickt 17 000 Soldaten und die Sowjets das militärische Gerät: 600 Panzer, 300 Transportfahrzeuge und 80 Kampfjets. Das Kommando übernimmt wieder General Arnaldo Ochoa. Innerhalb von drei Monaten schlagen die Kubaner die somalische Invasion zurück.

Auch wenn die Einsätze in Angola und Äthiopien die ohnehin wackelige Wirtschaft Kubas auf eine harte Probe stellen, tragen sie viel zum Selbstbewußtsein der Kubaner bei. Die kleine Karibikinsel mischt als einziges lateinamerikanisches Land aktiv in der Weltpolitik mit und weist den verhaßten US-Imperialismus in die Schranken. Vor allem für die schwarze Bevölkerung Kubas hat der Krieg enorme Bedeutung. Der Kampf der Kubaner in Angola ist auch ein Kampf gegen das rassistische Apartheidsregime in Südafrika. Fidel schickt überwiegend afrikanischstämmige Kubaner nach Angola und erfindet dabei Kuba als afro-lateinische Nation neu. Und er stärkt den Volksglauben der afrokubanischen Bevölkerung. Unter anderem lädt er, wie man es von dem mythischen Krieger Aggayú erwarten darf, den nigerianischen Religionsführer Alaiyeluwa Oba Okunade Sijuwade Olobuse II, den Oni de Ife oder »Papst« der Yoruba, nach Kuba ein. Dieser trifft in Begleitung seiner zahlreichen Ehefrauen, eines Dutzends Stammesführer und von Geschäftsleuten zu einer einwöchigen Rundreise ein.

★

Trotz gewisser Anfangsschwierigkeiten sind die Siebziger ein goldenes Jahrzehnt für Fidel. Den Kubanern geht es besser denn je, und die Stellung des Máximo Líder ist völlig unangefochten. Im Ausland genießt er nach anderthalb Jahrzehnten an der Regierung den Ruf eines Staatsmannes, und vor allem unter den Entwicklungsländern gilt er als großes Vorbild. Besonders imponiert den internationalen Freunden, daß die kleine Insel von ihren verhältnismäßig bescheidenen Ressourcen nicht nur Militäreinsätze finanziert, sondern auch Lehrer, Ärzte, Krankenschwestern und Bauarbeiter in zwei Dutzend Länder auf drei Kontinenten schickt und dort eindrucksvolle Entwicklungsarbeit leistet. Außerdem bietet die Insel Zehntausenden Flüchtlingen aus Kriegs- und Bürgerkriegsregionen ein neues Zuhause. Auf der Isla de Juventud, der frühreren Gefangeneninsel Isla de Pinos, werden Jugendliche aus aller Welt zu Lehrern und Ärzten ausgebildet.

Über die Gründe seines Engagements sagt Fidel auf dem Ersten Parteitag der PCC: »Es gibt Imperialisten, die uns fragen, warum wir den Angolanern helfen, und welche Interessen wir dort haben. Sie denken, wenn ein Land dergleichen unternimmt, dann weil es hinter Erdöl, Kupfer, Diamanten oder anderen Bodenschätzen her ist. Nein. Wir haben keinerlei materielle Interessen, und es ist vollkommen logisch, daß die Imperialisten das nicht verstehen, denn sie handeln ausschließlich aus chauvinistischen, nationalistischen und egoistischen Gründen.« In der Tat ist das kubanische Auslandsengagement ein idealistischer Kraftakt und eine gewaltige Belastung. Für den Einsatz von Soldaten und Ärzten erwartet Fidel keinerlei Gegenleistung außer der Unterstützung durch neue Verbündete in seinem Kampf gegen den Imperialismus. Das ist einer der Gründe, weshalb Fidel in der Dritten Welt als glaubwürdig gilt und weshalb er 1979 Vorsitzender der Bewegung der blockfreien Staaten wird.

Sogar im Verhältnis zu den USA kündigt sich in den siebziger Jahren ganz allmählich eine Normalisierung an. Zwar gehen die Anschläge der Exilkubaner weiter – im Jahr 1976 sprengt beispielsweise die von der CIA aufgebaute Terrorgruppe Alpha 66 unter Führung von Orlando Bosch und Luis Posada Carriles ein kubanisches Verkehrsflugzeug beim Start in Barbados in die Luft, dreiundsiebzig Menschen kommen ums Leben. Doch unter US-Präsident Gerald D. Ford kommt es zu einer Entspannung, und Jimmy Carter lockert die Handelsblockaden. Die OAS folgt auf dem Fuße, und Kuba nimmt den Handel mit Mexiko, Venezuela und Brasilien wieder auf.

Fidel geht ganz in der Rolle des Fürsprechers der blockfreien Staaten und der armen Nationen der Welt auf. Bei einer Rede vor der UNO-Vollversammlung am 12. Oktober 1979 in New York präsentiert er sich versöhnlich und staatsmännisch gereift. Anders als bei seinem letzten Besuch beinahe zwanzig Jahre zuvor habe er diesmal nicht vor, die USA in ihrem eigenen Land zu beleidigen und »unnötige Adjektive« zu verwenden, so Fidel. Es gehe ihm nicht darum, zur Revolution aufzurufen. Statt dessen prangert er in seiner bescheidenen zwei Stunden langen Rede die Armut der Menschen in der Dritten Welt an und fordert die reichen Nationen auf, im Namen der Menschenwürde ihre Rüstungsgelder lieber in die Entwicklung dieser Länder zu stecken.

★

Doch schon zu Beginn des neuen Jahrzehnts ziehen dunkle Wolken am Himmel über der Karibik auf. 1980 ist ein rabenschwarzes Jahr für Fidel. Anfang Januar stirbt seine Lebensgefährtin Celia Sánchez, »die schönste Blume der Revolution«, wie Armando Hart sie genannt hat, im Alter von erst 59 Jahren an Lungenkrebs. Es ist ein schwerer persönlicher Schlag für Fidel, denn neben seinem Bruder Raúl ist Celia einer der ganz wenigen Menschen, zu denen er ein intimes persönliches Verhältnis hat. Auch wenn er noch immer fast jede Nacht an einem anderen Ort schläft und bestenfalls zwei Nächte in der Woche bei ihr verbringt, ist ihm ihr Haus in der Calle 11 mehr ein Zuhause als jedes andere. Daran ändert auch nichts, daß er inzwischen mit Dalia Soto del Valle eine feste Geliebte und fast schon so etwas wie eine bürgerliche Familie hat. Der Verlust der intellektuellen Freundin und intimen Vertrauten ist nicht zu ersetzen. Nach Celias Tod wirkt Fidel lange Zeit apathisch, Journalisten erleben den sonst für seine Redelust berüchtigten Máximo Líder als geistesabwesend und wortkarg.

Das Jahr 1980 geht schlecht weiter. Als in den ersten Apriltagen eine Handvoll Kubaner in die peruanische Botschaft flüchtet und ein kubanischer Soldat dabei ums Leben kommt, läßt Fidel in einem Wutanfall die Wachen von der Botschaft abziehen. Daraufhin strömen rund 10000 Menschen auf das Botschaftsgelände, um Asyl zu beantragen. Da sich die Peruaner weigern, den Kubanern Einreisegenehmigungen zu erteilen, erklärt sich US-Präsident Jimmy Carter bereit, die Flüchtlinge aufzunehmen. In einer für ihn typischen, impulsiven Geste erlaubt Fidel den Ausreisewilligen, Kuba zu verlassen: Sollen die »Würmer« doch aus seinem Kuba verschwinden! Aus

Florida kommende Schiffe dürfen im Hafen von Mariel anlegen. Die Flüchtlingswelle nimmt biblische Ausmaße an, insgesamt packen rund 125 000 Menschen die Koffer, um der Mangelwirtschaft zu entkommen und ins Land des grenzenlosen Konsums zu gelangen. Fidel packt die Gelegenheit beim Schopf, seine Gefängnisse zu leeren und schickt mit den Flüchtlingen rund 25 000 verurteilte Straftäter in die USA. Als der Strom gar nicht abreißen will, gebietet ein erschrockener US-Präsident, der zu Beginn der Krise noch alle Flüchtlinge mit offenen Armen hatte aufnehmen wollen, der Welle Einhalt. Zwar freut sich der Máximo Líder diebisch, seinem Erzfeind erneut eins ausgewischt zu haben, doch der Schaden für Kuba ist gewaltig. Unter den Flüchtlingen sind nicht nur »Würmer« und andere »Schädlinge«, sondern auch Facharbeiter, Wissenschaftler und Ärzte, deren Ausbildung die kubanische Volkswirtschaft viel gekostet hat und die nun auf Kuba fehlen.

★

Um das Maß voll zu machen, wird im November 1980 schließlich der republikanische Hardliner und ehemalige Westerndarsteller Ronald Reagan zum 40. Präsidenten der Vereinigten Staaten gewählt. Reagan setzte schon im Wahlkampf auf aggressive Parolen gegen den Kommunismus im allgemeinen und Kuba im besonderen, und unter seiner Regierung beginnt nun eine neue Phase des Kalten Krieges. Kaum im Amt, bezeichnet er Fidel als »Störenfried« und Bedrohung für die nationale Sicherheit der Vereinigten Staaten, die nicht mehr hinzunehmen sei. Kuba wird bezichtigt, umstürzlerische Aktivitäten in Mittelamerika zu finanzieren, an einer weltweiten Verschwörung mit der Sowjetunion beteiligt zu sein und den Drogenhandel zu unterstützen. US-Außenminister Alexander Haig denkt laut über eine Seeblockade gegen Kuba nach, die US-Marine probt Landemanöver in der Karibik, und der republikanische Vordenker Barry Goldwater sieht Kuba gar schon als 51. Bundesstaat der USA.

Die Bedrohung durch eine Invasion scheint so real wie seit 1962 nicht mehr. Fidel läßt die Milizen in Alarmbereitschaft versetzten. Trotzdem kommt ihm die Hetze aus dem Weißen Haus nicht ungelegen, denn auf diese Weise gelingt es ihm einmal mehr, die Kubaner für die nationale Sache zu mobilisieren. Unter anderem beschuldigt er Reagan, er habe Krankheitserreger für Tabak- und Zuckerpflanzen über der Insel abwerfen lassen. Sogar für eine Dengueepidemie wird der Cowboy im Weißen Haus verantwortlich gemacht. Die Anti-Yankee-Stimmung auf Kuba erreicht nach Jahren der Gelassenheit einen neuen Höhepunkt. »Die Hölle des Kapitalismus wird nie mehr wieder nach Kuba zurückkehren!« erklärt Fidel immer wieder.

Kuba direkt anzugreifen wagen die neuen Hardliner im Weißen Haus aber denn doch nicht. Also versuchen sie,»Castro dorthin zu treten, wo es weh tut«, wie Reagan sich ausdrückt. Der US-Präsident ordnet eine Seeblockade gegen Nicaragua an und läßt die Häfen des mittelamerikanischen Landes verminen. Mit Mitteln aus dem US-Haushalt baut die CIA die sogenannten »Contras« auf, die von Honduras aus Anschläge auf zivile Einrichtungen in Nicaragua ver-üben, um das Land zu destabilisieren. Als die Gelder 1984 von der neuen demokratischen Mehrheit im US-Kongreß gestrichen werden, sorgt Reagan durch Mittelsmänner dafür, daß auf dunklen Kanälen weiter Geld an die Contras fließt. Auch die Todesschwadrone, die in El Salvador Gegner der Diktatur – Liberale, Kommunisten und Priester – unterschiedslos foltern und ermorden, werden mit Geldern aus dem Weißen Haus finanziert. Bei der Suche nach Verbün-deten im Kampf gegen die vermeintliche kommunistische Bedro-hung ist Reagan nicht wählerisch. Augusto Pinochet Ugarte ist ihm ebenso willkommen wie die argentinische Militärjunta, auch wenn in beiden Ländern politische Gegner zu Tausenden verschwinden und zu Tode gefoltert werden. Den guatemaltekischen Diktator Efraín Ríos Montt, der für einen Völkermord an den indianischen Urein-wohnern verantwortlich ist, nennt er gar »einen Mann von großer persönlicher Integrität« und erklärt: »Ich weiß, daß er die Lebens-qualität aller Menschen in Guatemala verbessern und die soziale Gerechtigkeit fördern will.«

Im Oktober 1983 ordnet Ronald Reagan eine Invasion der zu den Kleinen Antillen gehörenden Insel Grenada an, wo Fidels Freund Maurice Bishop gestürzt und ermordet worden ist. Diese Unruhen nimmt der US-Präsident zum Anlaß, die Insel mit ihren etwa 100000 Einwohnern von 20000 US-Soldaten besetzen zu lassen, vorgeblich, um die wenigen dort lebenden US-Bürger zu schützen. Zum Zeitpunkt des Einmarsches arbeiten kubanische Bautrupps an der Erweiterung des Flughafens. Bei Schußwechseln werden vierundzwanzig der Bauarbeiter getötet, die übrigen etwa 300 werden von den Invasionstruppen gefangengenommen und im US-Fernsehen als gefährliche kommunistische Söldner vorgeführt, die im Auftrag Fidels Grenada erobern sollen. Das stimmt zwar nicht, ist aber eine gute Rechtfertigung für Reagan, die Wirtschaftsblockade gegen Kuba zu verschärfen.

In den USA stößt der säbelrasselnde Kurs Reagans auf die Zustimmung von mehr als zwei Dritteln der Bevölkerung: Nach dem verlorenen Vietnamkrieg und der Entspannungspolitik der Präsidenten Ford und Carter kommt die neue Politik der Stärke gut an. Bei der Beisetzung der getöteten Kubaner hält Fidel dagegen: »Was ist denn so ruhmreich daran, eines der kleinsten Länder der Welt anzugreifen und zu besetzen? Was ist denn so heldenhaft daran, gegen eine Handvoll kubanischer Bauarbeiter und ziviler Aufbauhelfer zu kämpfen?« Nachdem er Daniel Ortega zunächst geraten hatte, ein gutes Verhältnis zu den USA zu suchen, schickt er nun zusätzlich zu den Lehrern, Ärzten und zivilen Beratern, die seit 1979 in Nicaragua tätig sind, auch weitere Militärberater. Doch er muß vorsichtig sein, um Reagan keinen Vorwand für einen direkten Angriff auf Kuba zu liefern.

★

Auch wirtschaftlich beginnt das neue Jahrzehnt mit einem Dämpfer für Fidel. Zwar sind die kubanischen Zuckerernten mit sieben bis acht Millionen Tonnen gewaltig. Doch der Weltmarktpreis für Zucker fällt rasant von 650 US-Dollar pro Tonne im Jahr 1980 auf weniger als 140 Dollar im Jahr 1982. Auch der Ölpreis sinkt nach seinem Hoch in den siebziger Jahren, und der Dollarkurs stürzt ab. Die Folgen dieser Weltmarktentwicklungen treffen Kuba zwar nicht voll, da die Insel sechzig Prozent ihres Handels mit den RGW-Ländern abwickelt, mit denen weit höhere Zuckerpreise vereinbart sind. Doch mit den Rechenrubeln kann Kuba seine Schulden bei westlichen Banken nicht bedienen, und die wertvollen Deviseneinnahmen sinken rapide. Westliche Kosumgüter und Maschinen, die erst seit kurzem nach Kuba kommen, verschwinden wieder.

Dazu kommt, daß die Reagan-Regierung den Wirtschaftsboykott gegen die Insel wieder verschärft. Der Handel zwischen Kuba und den USA, der unter Carter vorsichtig wieder aufgenommen worden ist, wird erneut unterbunden. Außerdem übt Reagan Druck auf die OAS-Staaten und ihre europäischen Partner aus, den Handel mit Kuba ebenfalls zu beenden und keine neuen Kredite mehr zu vergeben. Schließlich verhängt die US-Regierung neue Reisebeschränkungen für ihre Bürger, wodurch der allmählich beginnende Touristenstrom aus Nordamerika wieder versiegt.

Kuba gerät nun in den Strudel der Schulden, der bereits den Rest Lateinamerikas erfaßt hat. Dabei hat die Insel zumindest vorerst das Glück, vor allem bei den sozialistischen Staaten in der Kreide zu stehen, die die Schulden noch großzügig stunden. Zu diesem Zeitpunkt kann Fidel davon ausgehen, daß zumindest die Sowjetunion ihre Schulden nie eintreiben wird. Allerdings erkennt er die fatale Logik der Schuldenproblematik, die zu dieser Zeit die Volkswirtschaften Mexikos, Brasiliens und anderer Schwellenländer erdrosselt, und macht sich zum Sprecher der hochverschuldeten Nationen. Mitte der achtziger Jahre lädt er zu Konferenzen nach Havanna ein, in denen er die Gläubigerländer auffordert, der Dritten Welt die Schulden zu erlassen.

★

Gegen Ende der achtziger Jahre feiert Fidel noch einmal einen außenpolitischen Erfolg in Afrika. Im Herbst 1988 fällt die südafrikanische Armee erneut in den Süden Angolas ein und rückt auf die Stadt Cuito Cuanavale vor. In der größten Panzerschlacht seit dem Ende des Zweiten Weltkriegs drängen die MIG-23 der kubanischen Luftwaffe die Panzereinheiten der Südafrikaner zurück und erzwingen schließlich im Dezember 1988 einen vorläufigen Friedensschluß zwischen Angola, Südafrika und Kuba. Die Ereignisse in Angola führen schließlich zum Sieg der SWAPO »South West African People's Organisation« in Namibia und zur Unabhängigkeit des Landes im Dezember 1990, womit auch sie letztlich ihren Teil zum Ende des weißen Apartheidregimes in Pretoria beitragen.

Doch zu diesem Zeitpunkt hat sich der Himmel über Havanna bereits verdüstert. Denn inzwischen ist Fidel aus einer völlig unerwarteten Richtung unter Druck geraten: aus Moskau.

12

Der alte Mann und
die neue Weltordnung

»Wenn wir morgen oder irgendwann anders mit der Nachricht aufwachen, daß es in der UdSSR zu einem Volksaufstand gekommen ist, oder wenn wir gar mit der Nachricht aufwachen, daß die UdSSR zerfallen ist – eine Sache, von der wir hoffen, daß sie nie eintreten möge –, selbst unter diesen Umständen werden Kuba und die kubanische Revolution weiterkämpfen und weiter Widerstand leisten!«

Es ist der 26. Juli 1989, als Fidel Castro diese Wort ausruft. Eine unbändige Leidenschaft spricht aus den Worten des zweiundsechzigjährigen Máximo Líder, er blitzt seine Zuhörer an, und seine Gestik ist klar und kraftvoll. Vielleicht wirkt er ein bißchen müde um die Augen, vielleicht sind seine Bewegungen ein wenig eckiger geworden, und vielleicht ist er insgesamt nicht mehr so beweglich wie dreißig Jahre zuvor, als er im Cuartel Columbia zum ersten Mal zu den jubelnden Menschen Havannas sprach. Doch noch immer geht eine schwer zu beschreibende Faszination von diesem Mann im olivgrünen Kampfanzug, mit der Armeemütze und dem inzwischen grauen Bart aus.

So sehr es in diesen Wochen in den kommunistischen Staaten Osteuropas auch rumort: In diesem Moment ahnt niemand unter den Hunderttausenden von Zuschauern, die Fidel auf dem Platz der Revolution zujubeln, wie bald schon seine Worte auf eine harte Probe gestellt werden würden.

★

Als Michail Sergejewitsch Gorbatschow nach dem Tod des alten und kranken Konstantin Ustinowitsch Tschernenko am 11. März 1985 zum Generalsekretär der KPdSU gewählt wird, schickt Fidel ihm ein Glückwunschtelegramm: »Ich bin überzeugt, daß die unverbrüchlichen Bande der Freundschaft, der militärischen Brüderschaft und der Solidarität, die unsere Völker verbinden, sich verstärken und weiterentwickeln werden.«

Diese Zeilen werden sich schon bald als Wunschdenken herausstellen, denn der für einen Sowjetführer junge Gorbatschow will die alten Zöpfe abschneiden und die Sowjetunion von Grund auf erneuern, um sie im Kampf der Systeme wieder konkurrenzfähig zu machen. »Perestroika« und »Glasnost« heißen die neuen Schlagworte, mit denen er eine marktwirtschaftliche und politische Öffnung betreibt.

Fidel sieht sich die Entwicklung aus der Ferne an und zieht seine eigenen Schlüsse. Zwar spricht er in der Öffentlichkeit gern davon, Gorbatschow sei ein »moderner und brillanter Staatsmann«. Doch hinter verschlossenen Türen orakelt er in Gesprächen mit osteuropäischen Amtskollegen und lateinamerikanischen Diplomaten, das Ganze werde in einer Katastrophe enden. Im Jahr 1986 legt er sein Gegenmodell zur Perestroika vor, eine Reform, die genau in die andere Richtung weist. Im Jahr 1980 hatte Fidel noch private Bauernmärkte, Geschäfte und Handwerksbetriebe zugelassen. Diese kleinen Zugeständnisse an die Marktwirschaft schafft er nun zur Überraschung aller wieder ab. Statt auf Glasnost setzt er auf »Che« Guevara und dessen moralischen Rigorismus, statt auf materielle Anreize baut er auf revolutionäre Ideale.

Doch auch er bekommt recht bald den neuen Wind aus Moskau zu spüren. Gorbatschow steht vor einem wirtschaftlichen Scherbenhaufen und hat weder Mittel noch Lust, die Mißwirtschaft der sowjetischen Verbündeten weiter zu subventionieren. Kurz nach seinem Amtsantritt senkt er eigenmächtig den vertraglich ausgehandelten Zuckerpreis.

Fidel widerspricht dem Sowjetführer immer offener. In seinen Reden betont er, daß er sich keineswegs gezwungen sehe, die Experimente »anderer Länder« nachzuahmen. Als Gorbatschow die Breschnew-Doktrin aufgibt und die anderen sozialistischen Führer zu Reformen auffordert, kracht es im Gebälk der Staaten des Warschauer Paktes. In seiner Ansprache zum 26. Juli 1988 kritisiert Fidel die Veränderungen in der Sowjetunion nun offen und erklärt, Gorbatschow gefährde den Sozialismus. Angesichts der Bedrohung durch den Imperialismus könne sich Kuba derlei Experimente nicht erlauben und werde notfalls seinen eigenen Weg gehen.

Das Verhältnis zwischen Moskau und Havanna wird immer angespannter. Als Michael Gorbatschow am 2. April 1989 zu einem Staatsbesuch nach Kuba kommt, ist Fidel auf das Schlimmste gefaßt. Beim Empfang ist die Stimmung frostig, die Brüderküsse sind lediglich eine Pflichtübung. Schon in der ersten Pressekonferenz wird die Spannung zwischen den beiden Führern deutlich: Bei brenzligen Fragen, wie etwa dem Engagement der UdSSR in Mittelamerika, fällt Fidel seinem Gast ins Wort oder läßt ihn gar nicht erst antworten.

Nach außen geben die beiden sich betont freundschaftlich, und auch für Scherze am Rande ist Zeit. Während des Empfangs, den Fidel im marmorgefließten Festsaal des Regierungspalastes für seinen Gast gibt, spricht zum Beispiel auch Gabriel García Márquez mit dem Sowjetführer. Fidel sagt zu seinem Freund: »Ich versuche zu erreichen, daß dir die Sowjetunion die Honorare zahlt, die dir für deine Ausgaben in Rußland zustehen. Aber dafür hätte ich gern eine Kommission.« Daraufhin wendet sich der Schriftsteller direkt an Gorbatschow: »Señor Presidente, Ihnen zahle ich gern eine Kommission, wenn sie ihn davon überzeugen, mir die Honorare zu zahlen, die mir für meine kubanischen Ausgaben zustehen.«

Zum Eklat kommt es in der kubanischen Nationalversammlung. Zuerst sieht es so aus, als wolle Fidel den Sowjetführer gar nicht zu Wort kommen lassen. Statt seinem Gast mit ein paar höflichen Bemerkungen das Wort zu erteilen, redet er eine geschlagene Dreiviertelstunde lang selbst. Als Gorbatschow sich schließlich doch noch an die Abgeordneten wenden darf, kommt er ohne Umschweife zur Sache. Er sei »gegen jede Doktrin, die den Export von Revolutionen verlangt«, und macht klar, daß jedes Land seinen eigenen Weg zum Sozialismus gehen könne. Es bleibe somit seinem Gastgeber selbst überlassen, sich für Glasnost und Perestroika zu entscheiden oder nicht. Obwohl Fidel den eigenen Weg zwei Jahrzehnte zuvor vehement selbst eingefordert hat, behagt ihm dieser Vorschlag aus dem Mund des Sowjetführers überhaupt nicht.

Schließlich sagt Gorbatschow etwas, das Fidel und den Abgeordneten das Blut in den Adern gefrieren läßt. Die Wirtschaftsbeziehungen zwischen beiden Ländern sollten in Zukunft »dynamischer und effizienter werden und für unsere Volkswirtschaften bessere Ergebnisse erbringen«. Mit anderen Worten, die Sowjetunion ist nicht länger gewillt, den Sozialismus auf Kuba zu subventionieren. Die Nachricht könnte nicht schlimmer sein.

Während die beiden Staatsführer in der Öffentlichkeit weiter gute Miene machen, findet hinter den Kulissen das böse Spiel statt. Der sowjetische Vizepräsident Vladimir M. Kamenzow diktiert seinem kubanischen Kollegen Carlos Rafael Rodríguez die neuen Regeln für den Handel zwischen der Sowjetunion und Kuba. In Zukunft muß Kuba Waren aus der Sowjetunion in US-Dollar bezahlen. Die Subventionen werden gestrichen, und das Handelsdefizit soll abgebaut werden. Außerdem kündigt die UdSSR bestehende Liefer- und Abnahmeverträge, da die sowjetischen Unternehmen nun keine Staatsbetriebe mehr seien und ihre eigene Preispolitik machen würden. Moskaus Satellitenstaaten ziehen kurze Zeit später nach.

Am Ende des Besuchs steht ein »verbindlicher Freundschaftsvertrag« zwischen beiden Staaten, der alles ist, nur nicht verbindlich. Als Fidel und Gorbatschow zum Abschied Hand in Hand den versammelten Kubanern und der Weltpresse zuwinken, wirkt der achtundfünfzigjährige Sowjetführer jovial, dynamisch und der Zukunft zugewandt. Neben ihm sieht der dreiundsechzigjährige Kubaner in seiner Uniform müde aus, wie ein greiser Betonkopf aus längst vergangenen Tagen.

★

Nicht alle Kubaner teilen Fidels Ablehung von Perestroika und Glasnost. Der Kurs Gorbatschows findet durchaus zahlreiche Fürsprecher, wenngleich sich kaum einer laut zu äußern wagt. Einer, der das in kleinem Kreise doch tut, ist Arnaldo Ochoa, der Oberbefehlshaber der Truppen in Angola. Zwei andere, die ihre Meinung nicht verhehlen, sind der Geheimdienstmann Antonio de la Guardia und sein Zwillingsbruder Patricio, ein Armeegeneral. Alle drei sind altgediente Haudegen der kubanischen Revolution mit einem gesunden elitären Bewußtsein. Fernab der Heimat haben sie sich an ein luxuriöses

Leben gewöhnt und spotten über den unflexiblen alten Mann in Havanna, der nicht in der Lage sei, die Zeichen der Zeit zu erkennen.

Nach ihrer Rückkehr nach Havanna halten die Offiziere mit ihrer Unzufriedenheit über die Mangelwirtschaft nicht hinterm Berg. Ihre Stimme zählt, nicht nur in der Armee, sondern auch in der Öffentlichkeit. Fidel hat allen Grund, die populären Helden von Angola, Äthiopien und Nicaragua zu fürchten, und läßt Ochoa und andere Offiziere durch den Geheimdienst überwachen. Der fördert erste Beweise zutage, daß Ochoa Geld, das eigentlich für die Truppen in Nicaragua bestimmt war, für eigene Zwecke abgezweigt hat.

Insgesamt vierzehn Offizere werden verhaftet. Nach und nach finden die Ermittler Beweise für weitere Vergehen, unter anderem für die Verwicklung in den Drogenhandel mit kolumbianischen und mexikanischen Kartellen. Das ist nicht weiter überraschend, auch Fidel hat in der Vergangenheit Drogenschiebereien über Panama und Osteuropa in die USA, zumindest stillschweigend, geduldet. Doch einerseits darf er dem Reagan-Nachfolger George Bush keinen Vorwand für weitere Aggressionen gegen Kuba liefern, andererseits will er die Revolution vom Vorwurf reinwaschen, mit dem schmutzigsten aller kapitalistischen Geschäfte Profit zu machen. Und schließlich kommt ihm die Geschichte gelegen, um einen gefährlichen Widersacher aus dem Weg zu räumen. Ochoa ist zwar ein langjähriger Weggefährte und fast so etwas wie ein Freund, aber wenn es darum geht, seine Macht gegen wirkliche oder vermeindliche Gegner zu behaupten, haben Fidel solche Dinge noch nie sonderlich gerührt.

In einem öffentlichen Prozeß werden die Offiziere des Hochverrats angeklagt und bekennen sich schuldig. In seinem Plädoyer erklärt der Máximo Líder seine Enttäuschung und tiefe Bestürzung über den Verrat. Dann werden Ochoa, Toni de la Guardia und zwei weitere Offiziere zum Tode verurteilt und am 13. Juli 1989 hingerichtet. Die anderen Angeklagten kommen für viele Jahre hinter Gitter. Wenige Tage später wird auch der Innenminister José Abrantes, ebenfalls sein politischer Freund Fidels, verurteilt. In den folgenden Monaten kommt es zu weiteren Verhaftungen und Entlassungen in Ministerien und Behörden. Fidel rüstet sich für die schweren Zeiten, die vor ihm liegen, und will jeden möglichen Widerstand von vornherein ausschalten.

In Osteuropa fällt der Sozialismus wie Eischnee in sich zusammen – das ist das Bild, mit dem Hobbykoch Fidel Castro den rasanten Zerfall beschreibt. Am 19. August 1989 öffnen die Ungarn den Eisernen Vorhang zu einem paneuropäischen Frühstück, am 9. November fällt die Berliner Mauer, einen Monat später siegt mit dem Rücktritt des kommunistischen Präsidenten Gustáv Husák die Samtene Revolution in der Tschechoslowkai und dann am ersten Weihnachtsfeiertag dieses bewegten Jahres werden der rumänische Diktator Nicolae Ceauşescu und seine Frau Elena von einem Militärtribunal erschossen. Im folgenden Jahr fällt der Dominostein Bulgarien, und am 3. Oktober wird Deutschland wiedervereinigt. Auch in der Sowjetunion brodelt es, die Unabhängigkeitsbestrebungen der Mitgliedsstaaten werden immer stärker.

Zwei Tage vor der Öffnung der Berliner Mauer warnt Fidel die Kubaner, es kämen harte Zeiten auf sie zu. Zwar sagt er, es ginge nicht darum, zu überleben, sondern sich weiterzuentwickeln. Doch er kündigt vorsorglich einen »periodo especial«, eine Art Ausnahmezustand in Friedenszeiten, an, sollte es zu einem Krieg oder einer weiteren wirtschaftlichen Blockade kommen: »Wir wissen noch nicht, welche Folgen die Ereignisse haben, die wir in vielen sozialistischen Ländern verfolgen können, und wie sie sich auf unsere Pläne auswirken. Vielleicht müssen wir eines Tages einen Ausnahmezustand wie im Krieg auf das Volk anwenden, um das Überleben unserer Revolution und unseres Landes zu sichern. Wir nennen es ›Sonderperiode‹, und niemand weiß, welche praktischen Probleme auf uns zukommen können.«

Für das Jahr 1990 gelingt es Fidel wie durch ein Wunder noch einmal, die Situation zu entspannen. Ein Jahr nach Gorbatschows Besuch kommt der als Reformer bekannte Leonid Abalkin für eine Woche nach Kuba, um die neuen Handelsverträge abzuschließen. Eine Woche lang reist Fidel mit ihm auf der ganzen Insel herum, er zeigt ihm die Krankenhäuser, in denen jugendliche Opfer der Reaktorkatastrophe von Tschernobyl behandelt werden, und überzeugt ihn davon, daß Kuba auf dem Gebiet der Biotechnologie und des Tourismus über ein großes, unausgeschöpftes Potenzial verfüge. Mit

Engelszungen redet er auf den Gast ein und führt ihm noch einmal die strategische Bedeutung Kubas als Hafen für sowjetische Atom-U-Boote und als Abhörstation vor Augen. Abalkin läßt sich umgarnen und unterschreibt neue Lieferverträge, deren Handelsvolumen noch über dem des Vorjahres liegt. Die sowjetische Presse fällt über Abalkin her, und am Ende hält sich die Sowjetunion nicht an alle Vereinbarungen, doch vorerst kann Fidel zufrieden sein. Um so härter trifft es die kubanische Wirtschaft im folgenden Jahr.

★

Der 19. August 1991 ist noch einmal ein hoffnungsvoller Tag für Fidel. Es ist der letzte Tag der XI. Panamerikanischen Spiele, die in diesem Jahr in Havanna stattfinden. Nach Ansicht des PASO-Präsidenten und mexikanischen Möbelmillionärs Mario Vázquez Raña sind es aufgrund ihrer Schlichtheit die besten Spiele in der Geschichte des Wettbewerbs. Die kubanische Mannschaft gewinnt 140 Goldmedaillen und liegt damit vor den Vereinigten Staaten. Zum ersten Mal gewinnt ein anderes Land als die USA die Spiele. Bei der Abschiedsveranstaltung laufen die Athleten aller Länder zu den Klängen der inoffiziellen kubanischen Nationalhymne »Guantanamera« durch das Stadionrund. Fidel stehen die Tränen in den Augen, während die elektrisierten Zuschauer zuerst »Kuba! Kuba!« und dann »Fidel! Fidel!« skandieren.

Vor den Kameras der US-amerikanischen Fernsehsender CNN und ABC tanzen die Menschen ausgelassen auf den Straßen und singen »Fidel, campeón, te comiste al tiburón!«. Nach Jahrzehnten der Propaganda gegen die kubanische Revolution nimmt eine staunende US-Öffentlichkeit zur Kenntnis, daß Fidel Castro auf Kuba nicht etwa der verhaßte Tyrann ist, als den ihn die US-Presse darstellt, sondern ein Volksheld. ABC bringt Bilder der kubanischen Traumstrände in nordamerikanische Wohnzimmer, und CNN-Chef Ted Turner, der mit der Schauspielerin und Menschenrechtsaktivistin Jane Fonda nach Havanna gekommen ist, verordnet seinen Reportern eine positive Berichterstattung über Kuba. Die Spiele sind einer der größten Propagandaerfolge in der an Propagandaerfolgen nicht armen Karriere Fidel Castros.

Die Bilder tragen dazu bei, daß es beim ersten Iberoamerikanischen Gipfel im mexikanischen Guadalajara wenige Tage später zu einer regelrechten Kubaeuphorie kommt. Fidel wird mit Glückwünschen überhäuft, Chile und Kolumbien erneuern ihre diplomatischen Beziehungen zu Kuba, und der Gipfel verurteilt die Wirtschaftsblockade durch die USA einstimmig. Fidel lädt die amerikanischen Staaten ein, auf Kuba zu investieren, und kündigt an, den »Vertrag von Tlatelolco« zu unterzeichnen, der Atomwaffen in Lateinamerika ächtet. Die anwesenden Staatschefs der hochverschuldeten Nationen applaudieren Fidel demonstrativ, als dieser gegen die US-Politik in Lateinamerika wettert: »Die wirschaftlichen Supermächte und die ihnen hörigen internationalen Finanzorganisationen haben keine Entwicklung gebracht, sondern Armut für mehr als 250 Millionen Menschen.« Nach Jahren der Isolation darf Fidel das Gefühl haben, wieder in Amerika angekommen zu sein.

Am Abend des 19. August sieht es für einen Moment lang so aus, als wäre noch ein anderes Problem Fidels aus der Welt. Bei einem festlichen Abendessen zum Abschluß der Panamerikanischen Spiele wird Fidel in ein Nebenzimmer gerufen. Dort teilt ihm Carlos Aldana, Sekretär für Ideologie im Zentralkomitee der Kommunistischen Partei Kubas, mit, in Moskau habe ein Staatsstreich gegen die Regierung Gorbatschow stattgefunden. Der sowjetische Präsident stünde in seiner Dadscha auf der Halbinsel Krim unter Hausarrest, Vizepräsident Gennadi Janajew, KGB-Chef Wladimir Krjutschkow, Verteidigungsminister Dmitrij Yazov und Ministerpräsident Valentin Pawlow hätten die Macht übernommen. Fidel schöpft neuen Mut. Er kennt die Putschisten von ihren Besuchen auf Kuba, Yazov war sogar während der Raketenkrise in der Provinz Oriente stationiert. Wie Fidel sind auch die sowjetischen Umstürzler gegen Gorbatschows Kurs der marktwirtschaftlichen und politischen Öffnung, und der Kubaner darf sich Hoffnungen machen, daß es mit den wirtschaftlichen Beziehungen bald wieder aufwärts geht.

Doch die Nachrichten, die Fidels Büro in den kommenden Stunden erreichen, sind verwirrend. In Moskau und Leningrad gehen die Menschen in Massen auf die Straße. Auf einem Panzer stehend, nur mit einem Megaphon bewaffnet, fordert der russische Ministerpräsident Boris Jelzin die Putschisten zur Aufgabe auf. Einheiten der

Armee verweigern den Gehorsam. Nur China, Irak und Libyen erkennen die Putschisten als neue Regierung der Sowjetunion offiziell an, der Rest der Welt verurteilt den Staatsstreich. Fidel ist nervös und ratlos wie selten. Schließlich gibt er eine neutrale Stellungnahme ab, in der er schreibt: »Es steht der kubanischen Regierung nicht zu, die Ereignisse in der Sowjetunion zu beurteilen.« Darüber hinaus verleiht er seiner Hoffung Ausdruck, die »große Nation« möge »auf friedlichem Wege die Schwierigkeiten überwinden und geeint bleiben«. Allerdings bezeichnet er die Putschisten in seiner Stellungnahme »als die sowjetischen Machthaber« – ein folgenschwerer Fehler. Als der Putsch am 22. August zusammenbricht und Gorbatschow nach Moskau zurückkehrt, stößt ihm diese Wortwahl übel auf.

Die Reaktion des Noch-Machthabers in Moskau läßt nicht lange auf sich warten. Drei Wochen später verkündet Gorbatschow in einer Pressekonferenz mit US-Außenminister James Baker den Abzug der 2800 noch auf Kuba stationierten sowjetischen Soldaten – ohne Fidel vorher informiert zu haben. Fidel versucht Gorbatschow zu überreden, im Gegenzug von den USA wenigstens die Aufgabe der US-Militärbasis in Guantánamo zu verlangen, doch Gorbatschow antwortet brüsk, er sehe keinen Zusammenhang zwischen diesen beiden Themen.

★

Der Auflösungsprozeß, den die Putschisten aufhalten wollten, beschleunigt sich nun noch. Im Herbst verbietet der Oberste Sowjet die KPdSU, kurze Zeit später erklären sich zuerst die baltischen Staaten, dann die übrigen Sowjetrepubliken für unabhängig. Am 8. Dezember beschließen Rußland, Weißrußland und die Ukraine die Auflösung der Sowjetunion, Ende des Monats formiert sich die Gemeinschaft Unabhängiger Staaten (GUS), und am 25. Dezember tritt Gorbatschow als Präsident der Sowjetunion zurück.

In dieser Stimmung findet vom 10. bis 14. Oktober 1991 hinter verschlossenen Türen der lange erwartete 4. Parteitag der Kommunistischen Partei Kubas statt. Gerade im Ausland ist man gespannt, welche Auswirkungen die Ereignisse in Moskau und Osteuropa auf der Zuckerinsel haben werden. Tatsächlich kommt ein wenig Bewegung in die starren kubanischen Machtverhältnisse. Doch wer radikale Veränderungen erwartet hat, der sieht sich enttäuscht.

Zunächst schwört Fidel die 1800 Delegierten auf den fortgesetzten Widerstand gegen die USA ein: »Wenn der Imperialismus Kuba erneut in die Knie zwingen könnte; wenn er unserem Land erneut den Kapitalismus aufzwingen würde – was wäre dann mit all dem, was wir in den letzten 123 Jahren erreicht haben [1868 begann der erste kubanische Unabhängigkeitskrieg]? Würden wir uns in ein zweites Puerto Rico verwandeln?«»Nein!« antworten die Delegierten im Chor. »Würden wir uns in ein zweites Miami verwandeln, mit all der abstoßenden Verkommenheit dieser Gesellschaft?« Wieder rufen 1800 Stimmen: »Nein!«

Auf dem Parteitag wird unter anderem eine neue Verfassung vorgelegt, in der José Martí in den Mittelpunkt rückt. Marx und Lenin verschwinden fast völlig. Selbst die PCC ist fortan zuerst martianisch und dann marxistisch-leninistisch.

Die neue Verfassung beinhaltet das Wahlrecht zur Nationalversammlung, auch wenn die Kandidaten sämtlich Mitglieder der Partei sein müssen. Freie Wahlen mit mehreren Parteien, wie sie die Politiker der USA immer wieder lautstark für Kuba fordern, stehen nach wie vor nicht auf der Tagesordnung. Ein Jahr nach dem Parteitag legt Fidel in einem Gespräch mit dem ehemaligen nicaraguanischen Innenminister Tomás Borge seine Gründe dar: »Für Martí war diese Art der Demokratie unvorstellbar. Auch für Bolívar war diese Art der Demokratie für Lateinamerika unvorstellbar, er kritisierte ausdrücklich jeden Versuch, die politischen Systeme Frankreichs oder der USA zu übertragen. Diese großen Denker unseres Amerika haben sich nie mit der Art Demokratie identifiziert, wie sie uns die Imperialisten aufzwingen wollen, und mit der sie unsere Gesellschaft geschwächt und unfähig gemacht haben, ihre Probleme zu lösen. In dieser Art Demokratie gibt es keine wirkliche Volksbeteiligung, die Meinungen werden durch die Massenmedien manipuliert.« Tomás Borge, einer der Gründer der Frente Sandinista de Liberación Nacional, weiß wovon Fidel spricht: In der Hoffnung, die US-Sanktionen auf diese Weise zu mildern, halten die Sandinisten 1990 in Nicaragua Wahlen ab. Siegerin ist jedoch zur Überraschung aller die Oppositionskandidatin Violetta Chamorro, deren Familie die Medienindustrie des Landes fest in der Hand hat.

Eine der Überraschungen des Parteitages ist der Abschied einer Reihe bekannter Gesichter aus den Anfangstagen der Revolution wie etwa Vilma Espín, Pedro Miret oder Jorge Risquet aus dem Politbüro. Der Apparat wird verschlankt und verjüngt: Mit Carlos Lage Dávila, Roberto Robaina, Felipe Pérez Roque, Abel Prieto, Ricardo Alarcón de Quesada und Carlos Aldana rückt erstmals eine jüngere Generation auf verantwortliche Positionen vor, die Batista nicht mehr erlebt hat und im Fidelismus groß geworden ist. Ricardo Alarcón de Quesada wird bald nach dem Parteitag Außenminister und Parlamentspräsident, Roberto Robaina löst ihn Mitte der neunziger Jahre auf diesem Posten ab, und Lage steigt bis zum stellvertretenden Staatsratsvorsitzenden auf.

Ob diese Verjüngung bedeute, daß er allmählich an einen Rückzug denke, wird Fidel danach gefragt. Der antwortet, wie üblich, etwas ausführlicher: »Es wäre falsch zu glauben, die Revolution bestehe nur aus einem einzigen Mann. Wenn das stimmen würde, wären wir arm dran. Wir haben gute neue Männer, junge Männer. Wir wollen uns erneuern. Sie könnten mich jetzt fragen, warum erneuert man mich nicht? Wenn man mich erneuern könnte, wäre das eine tolle Sache. Doch wenn ich in diesen schweren Zeiten zurücktreten oder einen Nachfolger suchen würde, der meine Aufgaben übernimmt, dann würde man mich zu Recht einen Verräter nennen.« Mit anderen Worten: Fidel denkt nicht daran, seine Macht aufzugeben und seine Revolution anderen zu überlassen. In der Tat halten sich einige der Jungen nicht lange: Nach wie vor muß jeder gehen, der groß genug wird, einen Schatten zu werfen. Aldana wird schon Ende 1992 wegen Korruptionsverdachts seiner Ämter enthoben, und Anfang 1999 folgt ihm Robaina nach, weil seine Frau angeblich in eine Korruptionsaffäre verstrickt ist. Lage Dávila, Pérez Roque, Alarcón de Quesada und Prieto scheinen es dagegen gut zu verstehen, bei aller Kompetenz nicht den Argwohn des Máximo Líder zu erregen und behaupten sich bis heute in zentralen Machtpositionen.

Trotz der kleineren politischen Zugeständnisse bleibt Fidel auf dem Parteitag eisern in seiner Ablehnung jeglicher wirtschaftlicher Reformen. Den Deligierten ruft er zu: »Es soll sich niemand einbilden, daß der kubanische Sozialismus Zugeständnisse machen wird oder daß die kubanische Revolution Zugeständnisse machen wird. Wir haben *eine* Partei, *eine einzige* Partei. Es wird keine Marktwirtschaft geben! Wer wird denn so dumm sein zu glauben, daß sich ein Land durch Mechanismen der Selbstregulierung entwickeln kann!« Doch er gibt sich keinen Illusionen über die Popularität dieser unnachgiebigen Haltung hin. Es sickert durch, Fidel habe die Parteimitglieder gewarnt, sie müßten notfalls auch gegen eine Mehrheit der Kubaner regieren.

★

Auf Kuba bleiben die Waren aus den früheren Ostblockstaaten aus, die Sowjetunion hält sich nicht mehr an die ohnehin schon dürftigen Lieferverträge, und auf Druck der USA kündigt der russische Ministerpräsident Boris Jelzin den Handel mit Kuba vollständig auf. Der Warenaustausch mit RGW-Ländern macht Ende der achtziger Jahre fünfundachtzig Prozent des gesamten kubanischen Außenhandels aus, und dieser Handel kommt von einem Tag auf den anderen fast vollständig zum Erliegen. Auf dem Parteitag im Oktober 1991 ruft Fidel aus: »Wissen die Kubaner, wieviel an Reis in der ersten Hälfte des Jahres 1991 aus der Sowjetunion gekommen ist? Nichts! Und wieviel an Getreide? Nichts! Und wieviel an Butter? Nichts! Und wieviel an Fernsehern, Kühlschränken, Ventilatoren und Fahrrädern sowjetischer Fabrikation? Nichts! Und wissen die Kubaner, was mit den Lieferungen aus Osteuropa passiert ist? Das neue Deutschland hat die Kooperationsverträge zwischen Ostdeutschland und Kuba aufgekündigt. Die Tschechoslowakei genauso! Und Ungarn und alle anderen Länder Osteuropas genauso!«

Diese Aufzählung ist ein unfreiwilliger Beleg für die immense Abhängigkeit Kubas von den RGW-Staaten und für die Unfähigkeit der einseitig auf den Zuckerexport fixierten kubanischen Wirtschaft, selbst Dinge des täglichen Bedarfs bereitzustellen. Entsprechend drastisch sind die Auswirkungen auf das Leben der Kubaner. Ohne sowjetisches Erdöl kommt es zu regelmäßigen Stromsperren. Es fehlen selbst Grundnahrungsmittel wie Dosenfleisch, Speiseöl, Fischprodukte, Mehl, Brot und Bohnen, von Obst und Gemüse ganz zu schweigen. Nachdem 20 000 Tonnen Milchpulver aus der DDR ersatzlos weggefallen sind, müssen die Kubaner in den folgenden Jahren auf Butter und das beliebte Speiseeis »Coppelia« verzichten. Weil 45 000 Tonnen Malz aus der Tschechoslowakei und der DDR fehlen, fällt die kubanische Bierproduktion um neunzig Prozent. Seife, Waschmittel und Toilettenpapier werden zur Mangelware, auch Flaschen gibt es kaum noch. Die Liste ist schier endlos.

Die Landwirtschaft vollzieht nun den einst von »Che« Guevara geforderten Schwenk zur Subsistenzwirtschaft, der Zuckerrohranbau wird zugunsten des Anbaus von Gemüse und Getreide zurückgefahren. Statt der Maschinen, die mangels Benzin ausfallen, kommt wieder menschliche Arbeitskraft zum Einsatz, arbeitslose Städter werden aufs Land verfrachtet, um auf dem Feld die Machete zu schwingen. Fidel propagiert eine neue Kultur von Kleingärtnern und läßt die private Schweinehaltung zu. Doch die Situation bleibt vorerst dramatisch. Die pro Kopf auf Bezugsscheine erhältlichen Mengen an Brot, Reis, Bohnen, Butter, Milch oder Bekleidung werden gekürzt, und schon bald können nicht einmal mehr diese Mengen garantiert werden. Es kommt zu Mangelerkrankungen, die durch die staatliche Ausgabe von Vitamintabletten bekämpft werden. Wie der stets mit Zahlen gewappnete Fidel vorrechnet, geht die durchschnittliche Kalorienzufuhr von 3000 auf 1900 pro Tag zurück. Doch nach wie vor garantiert die Regierung die Ausgabe von Milch an Kleinkinder, und die medizinische Versorgung hält ihr hohes Niveau. Selbst die öffentliche Ordnung bleibt ungefährdet, Kuba hat noch immer die beste Kriminalitätsstatistik Lateinamerikas.

Fidel ist nach wie vor ein manischer Arbeiter. Er ist bis ins Detail über die mißliche Lage im Lande informiert. Er liest die neuesten Berichte mit den Wirtschaftsdaten aus ganz Kuba, sei es über die Menge der geernteten Bohnen in Camagüey oder die Anzahl der defekten Erntemaschinen in Holguin. Diese Zahlen kennt er nach nur einer Lektüre auswendig und baut sie spontan in seine weiterhin improvisierten Reden ein. Täglich liest er bis zu 200 Seiten Agenturmeldungen, um sich über die Auswirkungen der Wirtschaftsblockade auf den Irak, die Arbeitslosigkeit in der ehemaligen DDR oder die Entwicklung nach Pinochets Sturz in Chile zu informieren. Besonders aufmerksam verfolgt er die Geschehnisse in den USA, und wann immer er kann, trifft er sich mit US-Politikern, Geschäftsleuten und Journalisten, die nach wie vor auf die Insel kommen. Fidel darf deshalb als ausgezeichneter Kenner dieses Landes und seiner politischen Mentalität gelten.

Wie in früheren Jahren reist er unermüdlich durch das Land oder hält Fernsehansprachen, um die Menschen für die Sache der Revolution zu begeistern und mit ihnen vor Ort über ihre jeweiligen Probleme zu diskutieren. Jedes Thema hat für ihn dieselbe Relevanz: Er legt dieselbe Ernsthaftigkeit an den Tag, ob er mit Carlos Lage Dávila über die fehlenden Rohölmengen diskutiert oder mit Bauern eines Staatsbetriebes in Escambray über den Ausfall einer Pumpe oder eines Mähdreschers spricht. Er will ein gutes Beispiel abgeben: Er, der selbst für sein Leben gern kocht und gut ißt, sitzt nun beinahe täglich in irgendeiner Werkskantine irgendwo auf der Insel mit Fabrikarbeitern oder Bauern an einem Tisch, um seinen Teller Bohnen mit ihnen zu löffeln. In seinen Reden und Gesprächen verwendet er oft das biblische Bild der »Jahre der mageren Kühe«, die auch wieder vorübergingen. Gelegentlich greift er auch zu apokalyptischen Bildern und warnt, die Kubaner würden niemals nachgeben und den Sozialismus bis zum Tod verteidigen.

Oft preist er die neuen Fahrräder an, die zunächst aus China kommen und später zu Millionen in kubanischen Werken hergestellt werden. Fidel behauptet gern, mit der Einführung des Fahrrades habe man das Auto überwunden und befinde sich nun ähnlich wie die Niederlande auf dem Weg zu einer umweltfreundlichen Verkehrspolitik. Mit dieser unfreiwilligen ökologischen Wende im Rücken wettert er 1992 auf dem Weltgipfel für Umwelt und Entwicklung in Rio de Janeiro gegen die Umweltzerstörung durch die reichen Nationen. Daheim müssen sich die Menschen dagegen offenbar erst an das neue Transportmittel gewöhnen: In den ersten Monaten kommt es zu zahlreichen Stürzen und etlichen Todesfällen. Doch der sportbegeisterte Fidel, der noch immer täglich in seinem privaten Fitneßstudio trainiert und zwei Stunden am Stück schwimmt, läßt sich nicht beirren: »Gibt es etwas Gesünderes?« fragt er.

Wie abzusehen, stimmen nicht alle Kubaner dem Máximo Líder zu. Viele suchen sich Auswege jenseits der staatlichen Versorgung: Statt zur Arbeit zu gehen, wo es aufgrund des Rohstoffmangels ohnehin kaum etwas zu tun gibt, pflanzen sie lieber in versteckten Privatgärtchen Gemüse an oder gehen fischen. Am Malecón, der berühmten Strandpromenade der Hauptstadt, gehören die Angler inzwischen zum Straßenbild. Es entsteht ein boomender Schwarzmarkt, auf dem die Dollars der Verwandten aus Miami die einzig gültige Währung sind. Trotzdem wird die Spannung auf der Insel immer größer. Im August 1994 kommt es in den Straßen Havannas erstmals seit der Flucht Batistas zu Protesten und gewalttätigen Ausschreitungen, die als »Habanazo« in die Geschichte eingehen. Die meist jugendlichen Demonstranten werfen Steine in die Fenster von Hotels und Regierungsgebäuden. Zum ersten Mal sind Rufe zu hören wie »Basta Fidel – Genug mit Fidel!« Plötzlich erscheint der so Geschmähte unter starkem Begleitschutz auf der Straße. Augenblicklich beruhigen sich die Demonstranten, und Fidel diskutiert mit ihnen über die Ursachen für die wirtschaftlichen Probleme Kubas. Daraufhin zerstreut sich die Menge.

Fidels Auftritt macht die Menschen jedoch auch nicht zufriedener mit ihren Lebensumständen. In diesen Wochen und Monaten machen sich Tausende Kubaner mit gestohlenen Schiffen oder selbstgebauten Flößen auf den Weg ins 150 Kilometer entfernte Florida. Die Regierung tut zunächst nichts, um sie aufzuhalten. Im staatlichen Fernsehen ist zu sehen, wie die kubanische Küstenwache die sogenannten Balseros mit Trinkwasser versorgt und wegen der Gefahren zur Umkehr überreden will. Insgesamt 30 000 Menschen gelangen auf diesem Wege in die USA, unzählige kommen ums Leben. Fidel beschuldigt die USA, der Cuban Adjustment Act sei eine Einladung für Kubaner, ihr Leben aufs Spiel zu setzen. Die mexikanische Regierung vermittelt zwischen den USA und Kuba, und schließlich verfügt Präsident Bill Clinton die sogenannte »Wet-foot-dry-foot«-Regel: Kubaner, die von der US-Küstenwache auf dem Meer aufgegriffen werden, sollen nach Guantánamo gebracht werden; wer es jedoch an Land schafft, hat weiterhin ein Anrecht auf die US-Staatsbürgerschaft. Schließlich verbietet Fidel die Ausreise und stellt den Diebstahl von Booten unter drakonische Strafen. Die humanitäre Krise ist zunächst bewältigt, die wirtschaftliche noch lange nicht.

★

Um die schlimmste Unzufriedenheit abzuwenden, legalisiert Fidel schon 1993 den Dollar als Zweitwährung. Mit staatlichen Dollarge-schäften schöpft er die begehrte Devise aus den Sparstrümpfen der Kubaner ab. Im klassenlosen Kuba entsteht eine Zweiklassengesell-schaft aus Menschen ohne Dollars, die mit ihren Bezugsscheinen um die wenigen Grundnahrungsmittel vor den Geschäften Schlange stehen, und Menschen mit Dollars, die in den Dollargeschäften fast alles kaufen können.

Nach dem Habanazo erlaubt Fidel wieder einmal die Eröffnung von privaten Märkten. Gleichzeitig geht er gegen den Schwarzmarkt vor und läßt illegal erworbene Vermögen konfiszieren. Unter stren-gen Auflagen erlaubt er private Kleinbetriebe, die – einmalig in der Geschichte der Revolution – Steuern bezahlen müssen. Außerdem werden Studiengebühren erhoben, vor allem um die Vielzahl der Studenten zu verringern. Fidel begründet diesen drastischen Schritt so: »Wer soll denn die Toten in diesem Land begraben? Wer soll die Straßen saubermachen? Unser Problem ist, daß wir zu viele geistige Arbeiter haben und zu wenige Handarbeiter. Wenn jeder einen Uni-versitätsabschluß hat, muß der Straßenkehrer mehr verdienen als der Akademiker.«

Angesichts der Notlage daheim wendet sich Fidel wieder stärker dem Ausland zu, wo er immer mehr an Ansehen gewinnt, je größer der wirtschaftliche Druck auf Kuba wird. Trotz seiner unvermin-derten Flugangst reist er nun mehr denn je um den gesamten Globus und erkennt, daß Kuba in der westlichen Welt viele Freunde hat und deshalb auf dem Weltmarkt eine wertvolle Marke darstellt. Rum und hochwertige Zigarren mit dem Etikett »Cuba« lassen sich in der glo-balisierten Wirtschaft ausgezeichnet verkaufen, aber auch die kuba-nische Medizin und Biotechnologie genießen einen blendenden Ruf, und Kubas palmenbestandene Traumstrände wecken die Sehn-süchte sonnenhungriger Nordeuropäer und Kanadier.

Carlos Lage Dávila schmiedet zahlreiche Joint Ventures zwischen kubanischen Staatsunternehmen und ausländischen Investoren. Mit deren Hilfe werden kubanische Bodenschätze wie Nickel oder Rohöl erschlossen und Produkte von Rum der Marke »Habana Club« über Zigarren der Marke »Cohiba« bis hin zu Impfstoffen und Medi-kamenten in der Europäischen Union, Kanada, Mexiko oder Brasilien vertrieben. Vor allem im Tourismusbereich beginnt eine langsame aber stetige Aufwärtsentwicklung, und in Kooperation mit internationalen Touristikunternehmen entstehen moderne Hotelbauten. Für die ausländischen Investoren werden die strikten kubanischen Arbeitsschutzgesetze und Arbeitszeitregelungen gelockert. Der Tourismus bringt neue Beschäftigung, Straßenhändler und selbst die noch vor einem Jahrzehnt verteufelten privaten Hot-Dog-Stände werden wieder zugelassen. Allerdings ist die neue Privatinitiative nicht immer im Sinne des Staates: Die Zahl der Bettler nimmt ebenso zu wie die der weiblichen und männlichen Prostitutierten, Familien vermieten stundenweise Zimmer oder richten in Hinterzimmern »paladares«, illegale Restaurants, ein. Doch auf welchem Wege auch immer, ganz allmählich bringen die neuen internationalen Kontakte eine Erleichterung für die kubanische Wirtschaft. Zwar sind die Menschen noch weit vom Lebensstandard des vorigen Jahrzehnts entfernt, doch Anfang 1995 ist zumindest das dunkelste Tal durchschritten, und es geht langsam wieder aufwärts. Im Jahr 1995 wächst die Wirtschaft Kubas wieder um zweieinhalb Prozent und bis zum Jahr 2000 insgesamt um weitere siebzehn Prozent.

Im Ausland findet Fidel schließlich auch die Bestätigung für seinen rigiden antimarktwirtschaftlichen Kurs. Sämtliche Schwellenländer, die unter Anleitung der neoliberalen Wirtschaftstheoretiker ihre Märkte geöffnet haben und dafür mit Krediten belohnt wurden – seien es die GUS-Staaten oder die asiatischen Tigerstaaten –, durchleben Anfang und Mitte der Neunziger katastrophale Währungs- und Wirtschaftskrisen. In seinen Reden an die Kubaner beschwört Fidel vor allem den Verfall der ehemaligen Sowjetunion als abschreckendes Beispiel für alle, die sich von mehr Marktwirtschaft eine Besserung für Kuba erhoffen.

★

Während Europäer und Kanadier Kuba als neuen Handelspartner entdecken, scheint für die reichen Exilkubaner in Miami nun der Moment günstig, den Máximo Líder ein für allemal loszuwerden. In Miami leben inzwischen rund 750 000 Kubaner. Die humanitäre Krise auf der Insel rührt sie kaum, im Gegenteil, sie sind mehr daran interessiert, die Notlage noch zu verschärfen und die Bevölkerung gegen Fidel aufzubringen, um schließlich nach Kuba zurückkehren und dort das Heft in die Hand nehmen zu können.

Seit den Tagen Ronald Reagans ist die 1981 von Jorge Mas Canosa gegründete Cuban-American National Foundation (CANF) die wichtigste Exilorganisation. Die CANF kontrolliert den Propagandasender Radio Martí, den der sonst sehr auf eine Reduzierung der öffentlichen Ausgaben bedachte Reagan mit Steuergeldern finanziert hat. Außerdem bezahlt sie Terroranschläge auf kubanische Einrichtungen und auf Fidel Castro, z. B. durch den Terroristen und Drogenschmuggler Luís Posada Carriles. Der verübt unter anderem im Jahr 1997 Anschläge auf die neuen kubanischen Hotels. Ein Anschlag, der auf dem 7. Iberoamerikanischen Gipfel in Venezuela auf den Máximo Líder verübt werden soll, scheitert, weil die US-Küstenwache die Waffen beschlagnahmt.

Gleichzeitig verstärken die Exilkubaner ihre Lobbyarbeit bei Politikern beider Parteien. Sowohl bei Republikanern als auch bei Demokraten gilt es nach wie vor als stimmenträchtig, den Herrschaftsanspruch der USA über Kuba zu verkünden. Die CANF finanziert die Kampagnen republikanischer wie demokratischer Senatoren, Kongreßabgeordneter und Präsidentschaftskandidaten mit massiven Wahlkampfspenden. Zwei ihrer Günstlinge, der demokratische Kongreßabgeordnete Robert Torricelli aus New Jersey und der demokratische Senator Robert Graham aus Florida, bringen 1992 das sogenannte Torricelli-Gesetz ein, das nicht nur jeglichen Handel zwischen den USA und Kuba untersagt, sondern auch Tochterfirmen von US-Unternehmen in Drittländern den Handel mit Kuba verbietet – ein klarer Bruch internationalen Rechts. Kauft beispielsweise ein europäisches Unternehmen eine US-Firma auf oder umgekehrt, dann muß dieses Unternehmen den Handel mit Kuba einstellen. Schiffe, die aus Kuba kommen oder nach Kuba wollen, dürfen in den USA keinen Zwischenstop mehr einlegen. Insgesamt verzeichnet Kuba durch das Gesetz Handelseinbußen gegenüber dem Vorjahr in Höhe von 718 Millionen US-Dollar, von denen 91 Prozent auf Nahrungs- und Arzneimittel entfallen. Im Interesse der US-Wirtschaft hat George Bush noch zwei Jahre zuvor einen ähnlich lautenden Verfassungszusatz abgelehnt, doch unter dem Eindruck eines extrem

Castro-feindlichen Wahlkampfes seines Gegenkandidaten Bill Clinton unterschreibt Bush das Gesetz kurz vor der Wahl.

Wie zu erwarten, bleibt unter dem demokratischen Präsidenten Bill Clinton in Sachen Kuba alles beim alten. Das Torricelli-Gesetz wird 1996 durch ein weitreichenderes Gesetz ergänzt, den berüchtigten Helms-Burton Act. Dieses Gesetz ist auch unter dem Namen Bacardí-Gesetz bekannt, da der Entwurf angeblich aus der Feder der Bacardí-Anwälte stammt und der republikanische Senator Jesse Helms sowie der republikanische Kongreßabgeordnete Dan Burton ganz offiziell großzügige Zuwendungen aus der Firmenkasse erhalten. Um den neuen Handel zwischen Kuba und Europa zu torpedieren, greift das Gesetz weit über die Befugnisse der USA hinaus in die Souveränität internationaler Organisationen und anderer Staaten ein. Sollte beispielsweise eine internationale Finanzinstitution wie der Internationale Währungsfond auf den Gedanken kommen, einen Kredit an Kuba zu vergeben, verhängen die USA Sanktionen gegen diese Institution. Dasselbe gilt für Länder, die Kuba in irgendeiner Form Wirtschaftshilfe gewähren, oder Unternehmen, die mit verstaatlichten Firmen Geschäfte machen. Produkte aus Drittländern, die kubanische Rohstoffe wie Nickel oder Zucker enthalten, dürfen nicht in die USA importiert werden. Leitende Angestellte ausländischer Firmen, die Geschäfte mit Kuba machen, sowie deren Familien, haben in den USA Einreiseverbot. US-Bürger dürfen nicht mehr nach Kuba reisen. Und so weiter, und so weiter.

Doch das Gesetz beläßt es nicht bei wirtschaftlichen Sanktionen: Es regelt außerdem, welche politischen Bedingungen auf Kuba herrschen müssen, damit die Blockade aufgehoben wird. Vor allem muß eine Voraussetzung erfüllt sein: Fidel Castro muß weg. Das Gesetz ist damit ein ungeheuerlicher Eingriff in das Selbstbestimmungsrecht Kubas, ganz in der Tradition des Platt-Amendments von 1902.

Der Konflikt mit der Europäischen Union und anderen Wirtschaftspartnern Kubas ist vorprogrammiert. Die EU, Mexiko und Kanada verabschieden Gesetze, die es dort ansässigen Unternehmen untersagen, das Helms-Burton-Gesetz zu beachten. Die UNO verurteilt das Gesetz Jahr für Jahr aufs neue, und internationale Gerichte entscheiden wieder und wieder gegen die USA – allerdings ohne dort allzu großen Eindruck zu machen.

Die Affäre um den kleinen Elián González macht Ende 1999 einmal mehr deutlich, mit welcher Hysterie Fidel in der US-Öffentlichkeit verfolgt wird. Während die Mutter des Jungen bei einem Flüchtlingsdrama in der Straße von Florida ertrinkt, wird der sechsjährige Elián gerettet und zu entfernten Verwandten nach Miami gebracht. Der Vater ist auf Kuba geblieben und verlangt die Herausgabe des Jungen. Die Verwandten weigern sich jedoch, in Miami demonstrieren Exilkubaner und liefern sich Straßenschlachten mit der Polizei. Der Vater reist schließlich nach Miami und bittet im Fernsehen darum, seinen Sohn mitnehmen zu dürfen. Doch es geht schon längst nicht mehr um den Jungen, sondern um Fidel Castro. Schließlich wird Elián von einer Sondereinheit der Polizei befreit und zu seinem Vater gebracht. Allerdings verhindert die Justiz Floridas noch ein weiteres halbes Jahr lang die Rückkehr der beiden nach Kuba.

★

Gegen die wirtschaftliche Blockade der USA hilft Fidel nur eines: der Appell an die Weltöffentlichkeit. Und die begegnet dem kubanischen Diktator mit immer größerer Sympathie, ungeachtet aller Menschenrechtsverletzungen, politischen Unterdrückung und Hinrichtungen auf Kuba. Für viele Menschen in Europa, Lateinamerika, Afrika und Asien steht Kuba noch immer für ein unvollendetes Projekt der sozialen Gerechtigkeit. Nach dem Zusammenbruch des Kommunismus und dem Anbruch der sogenannten Neuen Weltordnung fehlt es an Alternativen zum Neoliberalismus. Zweifelsohne hilft es Fidel, die einzig verbliebene Weltmacht zum Gegner zu haben, die es versteht, sich durch ihre Politik weltweit immer neue Feinde zu machen. Weil ihn die internationalen Finanzsysteme von der Kreditvergabe ausschließen, muß er keine Rücksichten nehmen und kann aussprechen, was viele nur denken. Er gilt als Elder Statesman, seine Meinung ist gefragt. Und schließlich hat Fidel auch noch im Alter unvergleichliches Charisma und Propagandagenie, und weiß beides geschickt einzusetzen.

Fidel, der Kuba lange Jahre kaum verlassen hat, wird zu einem wahren Weltreisenden in eigener Sache und mausert sich zum heimlichen Sprecher der Entwicklungsländer. Auf der UN-Konferenz über

Klima und Entwicklung in Rio de Janeiro im Juni 1992 präsentiert er sich als Musterschüler in Sachen Nachhaltigkeit und fordert, »daß eine gerechtere internationale Wirtschaftsordnung zur Anwendung kommt. Daß die erforderliche Wissenschaft betrieben wird, um eine Entwicklung ohne Umweltzerstörung zu ermöglichen. Daß die ökologischen Schulden bezahlt werden, nicht die Außenhandelsschulden. Daß der Hunger verschwindet, nicht der Mensch …«

Im März 1995 reist er nach Kopenhagen, um am Weltgipfel für soziale Entwicklung teilzunehmen. Im Angesicht der Krise der asiatischen Tigerstaaten wettert er gegen das neoliberale Entwicklungsmodell des Internationalen Währungsfonds: »Der Neoliberalismus, diese Modedoktrin, die der Welt von heute aufgedrückt werden soll, streicht in den unterentwickelten Ländern gnadenlos sämtliche Ausgaben für Gesundheit, Bildung, Kultur, Sport, Sozialversicherung, Wohnungen, Trinkwasser und andere Grundbedürfnisse. Ungehemmt steigender Drogenkonsum, Fremdenfeindlichkeit und Gewalt sind ein Beleg für seine moralische Dekadenz.« An die USA richtet er den Appell: »Wenn die Yankees in der Lage wären, von einem treuen Gegner einen Rat anzunehmen, dann würde ich sagen: Machen Sie die Taschen auf und unterstützen Sie, arbeiten Sie mit und helfen Sie! Wo es keine Menschlichkeit gibt, gibt es auch kein Menschenrecht.«

Im Oktober desselben Jahres reist er zum fünfzigsten Gründungsjubiläum der Vereinten Nationen nach New York, wo er, wie es bereits gute Tradition ist, nicht zum Empfang der Staats- und Regierungschefs der Welt eingeladen wird. Vor der Vollversammlung verzichtet Fidel auf eine Lobrede und betont, daß das UNO-Jubiläum für die Dritte Welt kein Grund zum Feiern sei. Er endet mit einem Appell an wahrhaft Vereinte Nationen: »Wir wollen eine Welt ohne Vorherrschaft, ohne Atomwaffen, ohne Einmischungen, ohne Rassismus, ohne Eingriffe in die Souveränität eines Landes, eine Welt des Respekts für die Unabhängigkeit und die freie Selbstbestimmung der Völker, ohne universelle Modelle, die sich über die Traditionen und Kulturen der Menschheit hinwegsetzen, eine Welt ohne grausame Blockaden, die Männer, Frauen und Kinder, Junge und Alte töten wie stille Atombomben. Wir wollen eine Welt des Friedens, der Gerechtigkeit und der Menschenwürde, in der alle ohne Ausnahme das Recht auf Leben und Wohlstand haben.«

Weitere Stationen Fidels sind die Habitat-II-Konferenz in Istanbul im Juni 1997, die Welternährungskonferenz in Rom im November desselben Jahres sowie die Weltgesundheitskonferenz und die Welthandelskonferenz in Genf im Mai 1998. Im November 1999 findet der 9. Iberoamerikanische Gipfel in Havanna statt, und im April 2000 kommen die 133 Mitgliedsstaaten der Gruppe der 77 in die kubanische Hauptstadt. Auf dem Milleniumsgipfel der Vereinten Nationen in New York City im September 2000 fordert er, das »Theater« der UNO endlich zu beenden. Zwar gelingt es ihm durch seine diplomatischen Aktivitäten nicht, die Wirtschaftsblockade der USA zu lockern, doch er gewinnt weltweit hochangesehene Freunde wie etwa den südafrikanischen Präsidenten Nelson Mandela. Im Jahr 2002 kommt schließlich sogar der ehemalige US-Präsident Jimmy Carter zu Besuch nach Kuba.

★

Sein größter Publicityerfolg gelingt Fidel mit dem Besuch des weltweit angesehensten Gegners des Neoliberalismus, Papst Johannes Paul II. Auf den ersten Blick geben der alte Sozialist und das gebrechliche Oberhaupt der katholischen Kirche ein merkwürdiges Paar ab. Nach seiner Wahl zum Pontifex im Jahr 1978 gilt Karol Józef Wojtyla als strammer Antikommunist, der den Sozialismus in seinem Heimatland Polen zum Einsturz brachte und ein Erdbeben im gesamten sozialistischen Lager auslöste. Wer allerdings, wie die Exilkubaner in Miami, hofft, daß es nun auf Kuba ebenfalls zu einem Wojtyla-Effekt kommen könnte, der sieht sich getäuscht. Auch Johannes Paul II. ist längst in der neuen Weltordnung angekommen, er sieht das Übel der Zeit im Neoliberalismus, der Entwicklungspolitik allein nach Bilanzgesichtspunkten betreibt und die Menschlichkeit als unrentabel abschreibt. Für ihn, der in Fragen der Öffentlichkeitsarbeit mindestens ebenso gewieft ist wie Fidel, ist der Besuch auf Kuba ein triumphaler Beleg für die Lebendigkeit der Kirche, die Relevanz ihrer Botschaft in der Ära des Postkommunismus und den Erfolg seiner eigenen, lebenslangen Missionsarbeit.

Auch für Fidel ist die Verbindung nicht ganz so erstaunlich, wie es auf den ersten Blick erscheinen mag. Zwar hat er immer wieder katholische Priester der Sympathien mit der Konterrevolution ver-

»... daß eine gerechtere neue Wirtschaftsordnung zur Anwendung kommt«.
Mit seinem tatkräftigen Eintreten für die Interessen der Entwicklungsländer
gewinnt Fidel, hier mit Nelson Mandela, in aller Welt neue Freunde.

dächtigt und Geistliche einsperren und ausweisen lassen. Doch
anders als beispielsweise in der Mexikanischen Revolution wurden
weder Gottesdienste verboten noch Priester verfolgt. Der Jesuitenzögling Fidel trug in der Sierra Maestra einen Anhänger der kubanischen Nationalheiligen, der Virgen del Cobre um den Hals und äußert in Gesprächen, wie etwa mit dem Dominikanerpater Frei Betto
oder dem nicaraguanischen Dichtertheologen Ernesto Cardenal,
immer wieder vorsichtig seine Sympathien für den christlichen
Glauben, auch wenn er sich nicht dazu bekennen mag. Nach der nicaraguanischen Revolution interessiert er sich zunehmend für die
Befreiungstheologie, die dort neben dem Sozialismus eine trei-
bende Kraft ist. Und schließlich ist ihm in seiner Bedrängnis der
Mann, der sich den Ruf als oberste moralische Autorität der Welt erworben hat, ein willkommener Verbündeter.

So ist es eigentlich doch keine Überraschung, als am 21. Januar 1998
ein gebrechlicher Johannes Paul II. die Treppe des Flugzeugs herab-

steigt und symbolisch die kubanische Erde küßt, die ihm in einer Schüssel gereicht wird. Fidel empfängt ihn auf dem Rollfeld im ungewohnten zivilen Anzug mit gestreifter Krawatte. In seiner Begrüßungsansprache beeilt sich der Gastgeber, die Gemeinsamkeiten zwischen der kubanischen Revolution und der christlichen Urkirche herauszustreichen: »Wir sind ein Volk, das sich weigert, sich dem wirtschaftlich, militärisch und politisch mächtigsten Imperium der Weltgeschichte zu unterwerfen. Dieses Imperium ist mächtiger als das Rom der Antike. Wie jene Christen, die gnadenlos verleumdet wurden, um Verbrechen an ihnen zu rechtfertigen, gehen auch wir, die wir genauso verleumdet werden, lieber in den Tod, als daß wir unsere Überzeugungen aufgeben.« Etwas weniger pathetisch fährt er fort: »Es gibt kein Land, das besser gerüstet ist, Euren glücklichen Gedanken zu verstehen: daß die gerechte Verteilung des Reichtums und die Solidarität unter den Menschen und Völkern die Welt umspannen mögen.«

Der Pontifex Maximus enttäuscht den Máximo Líder nicht. Zwar fordert er immer wieder Glaubensfreiheit und Pluralismus, doch unterläßt er alles, was die kubanische Führung vor den Kopf stoßen könnte. Das wird schon bei der Begrüßungsfeier deutlich. Als Erzbischof Pedro Meurice Estiú aus Santiago den Marxismus-Leninismus kritisiert und von Kubanern spricht, »die Heimat mit Partei und Kultur mit Ideologie verwechseln«, reagiert er prompt. In seiner vorab schriftlich verteilten Grußbotschaft ist noch die Rede von Menschenrechten, doch in seiner Ansprache verwendet Johannes Paul II. das Wort nicht mehr. Zwar spricht er von »schwierigen Umständen« für die Kirche, doch über den Sozialismus verliert er kein Wort. Auch auf ein Zitat des kubanischen Nationalhelden Antonio Macea verzichtet er, in dem es heißt: »Wer Gott nicht liebt, liebt sein Vaterland nicht.« Statt dessen schließt er mit Worten, die gleichermaßen eine Mahnung an Kuba und eine Kritik an der Blockade durch die USA darstellen: »Daher vereinen sich meine besten Wünsche mit meinen Gebeten, daß dieses Land allen ein Klima des Friedens, des gegenseitigen Vertrauens, der sozialen Gerechtigkeit und des dauerhaften Friedens biete. Möge Kuba sich mit seinem großartigen Potenzial der Welt öffnen, und möge sich die Welt Kuba öffnen, damit dieses Volk, daß für den Fortschritt arbeitet und sich nach Harmonie und Frieden sehnt, voller Hoffnung in die Zukunft blicken kann.«

»Möge Kuba sich der Welt öffnen, und möge sich die Welt Kuba öffnen.«
Der Besuch Johannes Paul II. auf Kuba ist ein moralischer Sieg für Fidel.
Die kritischen Töne überhört er.

Vor Hundertausenden von Menschen liest Johannes Paul II. Messen in Santa Clara, Santiago und Havanna. Fidel hat die Parteimitglieder ausdrücklich eingeladen, an den Veranstaltungen teilzunehmen und folgt dem Papst auf Schritt und Tritt wie ein eifriger Meßdiener. Die Sympathie, welche die beiden alten Männer füreinander hegen, ist nicht zu übersehen. Sie unterhalten sich mehrere Stunden lang unter vier Augen, und der Papst übergibt Fidel eine Liste mit den Namen politischer Gefangener, für die er sich einsetzen möchte. Schließlich trifft der Papst auch die vier auf der Insel verbliebenen Geschwister Ramón, Angelita, Raúl und Agustina Castro. Ramón, der älteste, sagt bei dieser Gelegenheit zu Johannes Paul II: »Heiliger Vater, diese Frau [Angelita] hat schon immer davon geträumt, den Papst zu umarmen.« Darauf antwortet dieser: »Dann aber jetzt gleich.« Darauf hängt sich die weinende Schwester praktisch an den Hals des Pontifex.

Der Papst läßt sich zwar nicht vereinnahmen und äußert daher immer wieder Kritik an den fehlenden Freiheiten für die Kirche und die Gläubigen. Im Gottesdienst in der Hauptstadt spricht er sich beispielsweise gegen jede Ideologisierung des öffentlichen Lebens aus und fordert Grundrechte ein: »Freiheit läßt sich nicht auf gesellschaftliche und politische Aspekte reduzieren, zur Freiheit gehört unbedingt auch die Gewissensfreiheit, die Grundlage aller Menschenrechte ist.« Doch für ihn sind die Unfreiheiten auf Kuba nur die andere Seite der Heilsreligion des Kapitalismus: »Heute entwickelt sich die kapitalistische Spielart des Neoliberalismus, der die Menschen unterdrückt und die Völker den blinden Kräften des Marktes unterwirft. Von wenigen Machtzentren aus wird die Situation der ärmeren Länder mit unerträglichen Lasten verschlimmert. In manchen Fällen bürdet er Ländern als Bedingung für finanzielle Unterstützung unerträgliche wirtschaftliche Programme auf ... So werden die Reichen immer reicher und die Armen immer ärmer.«

In der Abschlußveranstaltung bezieht Johannes Paul II. schließlich deutlich Stellung zur wirtschaftlichen Blockade durch die USA: »Kein Land kann heute in Isolation leben. Dem kubanischen Volk darf daher der Kontakt mit anderen Völkern nicht verweigert werden, der für seine wirtschaftliche, soziale und kulturelle Entwicklung notwendig ist, insbesondere da die Isolation die Bevölkerung unterschiedslos trifft und es für die Ärmsten immer schwieriger wird, die Grundvoraussetzungen eines menschenwürdigen Lebens zu erhalten wie Nahrung, Gesundheit und Bildung. Alle können und müssen praktische Maßnahmen ergreifen, um diese Situation zu verändern. Mögen alle Nationen, vor allem diejenigen mit demselben christlichen Erbe und derselben Sprache, zusammenarbeiten, um die Segnungen der Einheit und der Harmonie auszuweiten, mögen sie ihre Kräfte vereinen und Hindernisse überwinden, damit das kubanische Volk als aktiver Gestalter seiner eigenen Geschicke internationale Beziehungen eingehen kann, die dem Gemeinwohl förderlich sind.«

Der Papstbesuch zeigt, wie gut Fidel die Spielregeln der globalisierten Mediengesellschaft für sich zu nutzen versteht. Die Bilder der beiden greisen Führer werden von 160 Fernsehanstalten in alle Welt übertragen, 1500 ausländische Journalisten begleiten die fünftägige Reise des Pontifex durch Kuba. Durch das Oberhaupt der katholischen Kirche wird Fidel zwar nicht zum Heiligen, doch er erhält vor den Augen der Weltöffentlichkeit seine Absolution und die Bescheinigung, für eine gerechte Sache zu kämpfen. Wenn Fidel gegen den übermächtigen Nachbarn schon nichts ausrichten kann, dann steht er immerhin als moralischer Sieger da.

Der lange Abschied

Am 21. Oktober 2004 schlägt Fidel nach einer Rede in Santa Clara vor den laufenden Kameras der internationalen Fernsehanstalten der Länge nach auf dem Podium hin. Nachdem er von Begleitern zu einem Sofa geführt worden ist, läßt er sich keinerlei Schmerz anmerken. Er bittet um ein Mikrophon und entschuldigt sich für seinen Sturz. Dann erklärt er den verdutzten Zuhörern und Journalisten: »Damit niemand hier spekuliert: Ich merke, daß ich mir im Knie etwas gebrochen habe und vielleicht im Arm, vielleicht, ich bin mir nicht sicher. Aber ich bin heil.« Dann fährt er fort, er werde auf jeden Fall weiterarbeiten und seine Pflichten wahrnehmen.

In der Tat stellen die Ärzte fest, daß er Splitterbrüche im rechten Oberarmknochen und im linken Knie erlitten hat. Die Operation ist nicht einfach, vor allem nicht bei einem biologisch Siebenundsiebzigjährigen, doch aus dem Krankenhaus wird bekannt, Fidel habe eine Vollnarkose abgelehnt und auf einer örtlichen Betäubung bestanden. Vor Studenten erzählt er ein gutes Jahr später, das Wichtigste sei ihm gewesen, zu wissen, daß er seine Pistole, eine Browning, noch bedienen könne: »Das erste, was ich sehen wollte, war, ob mein Arm die Kraft hat, diese Waffe, die ich immer benutze, zu handhaben. Die hat man bei sich, man hat sie einfach. Ich schob das Magazin hinein, lud die Waffe, sicherte sie, entsicherte sie, zog das Magazin heraus, nahm die Kugel heraus und sagte: ruhig. Das war am nächsten Tag. Ich fühlte mich stark genug, um zu schießen.« Noch immer ist er ganz der *castrense*, der Soldat. Unbeugsam wie eh und je erscheint er in diesem Moment, ein Mensch, der in jedem Augenblick die Kontrolle behält.

★

Es ist allerdings nicht der erste Sturz. Am 23. Juni 2001 erleidet Fidel
bei einer Rede in Havannas Stadtteil El Cotorro einen Schwächean-
fall, angeblich wegen der großen Hitze. Fidels Gesundheit wird als
Thema täglich wichtiger. Nicht nur für ihn selbst, sondern auch für
die große Schar von Journalisten und Höflingen, die ihn umgeben
und die wie zu Zeiten Breschnews und Tschernenkos über jedes
Hüsteln und jedes Fernbleiben Fidels von öffentlichen Veranstaltungen orakeln.

Doch Fidel wird nicht müde, bei jeder Gelegenheit seine ausge-
zeichnete körperliche Verfassung zu betonen. Die muß man ihm in
der Tat attestieren, vor allem wenn man bedenkt, welches Arbeits-
pensum er sich in seinem Alter noch immer abverlangt. Seine verhältnismäßig gute Gesundheit mag damit zusammenhängen, daß
er in den letzten zwei Jahrzehnten viele seiner schlechten Gewohn-
heiten abgelegt hat und erstaunlich gesund lebt. Schon 1985 hat er
seine geliebten Cohibas aufgegeben, die kubanische Zigarrendre-
her einst eigens für ihn und seine Gäste drehten. Er erzählt, er habe
bei einer Antiraucherkampagne mit gutem Beispiel vorangehen
wollen, vor allem aber habe es ihm sein Arzt geraten. Auch Alkohol
rührt er nicht mehr an: Bei Interviews hat er zwar des öfteren ein
Glas Rotwein oder Whiskey vor sich stehen, doch das macht er nur,
um seinen Gästen die Scheu zu nehmen, selbst etwas zu trinken.

Nach einer schweren Divertikulitis in den achtziger Jahren hat er
seine Ernährung umgestellt. Diese Krankheit ist vermutlich eine
Folge der fettreichen und balaststoffarmen galicischen Küche, die
Fidel so liebt. Seither hat sein Leibarzt Eugenio Sellman ein wachsa-
mes Auge auf seinen Speiseplan. Unter dessen strengem Regiment
ist Schluß mit den legendären Ausflügen in die Küche des Präsidentenpalastes, wo er früher gern mit den Köchen und Küchenhil-
fen seine Lieblingsgerichte zubereitete und verzehrte. Gegrillte Lan-
gusten, Reis mit Muscheln, Stockfisch in Olivenöl, kurzgebratenes
Kalbsteak, Lammfleisch aus der Pfanne, Spaghetti, all das ist heute
tabu. Statt dessen ißt er viel Joghurt, gedämpften Fisch und Gemüse.
Was nicht heißt, daß er das Leben nicht genießen würde, im Gegenteil. Journalisten gegenüber erklärt er gern: »Ich gehe, wohin ich will,

ich mache, was ich will, ich gehe am Malecón spazieren, wenn mir danach ist, ich esse ein Eis – sollen doch andere leiden und sich um meine Sicherheit sorgen!«

Bis heute treibt Fidel täglich Sport, er schwimmt und hält sich seit seinem Sturz mit spezieller Reha-Gymnastik beweglich. In seiner Villa im abgeschirmten Diplomatenviertel im Osten Havannas, in der er heute mit Dalia Soto del Valle lebt, hat er ein Fitneßstudio und einen Swimmingpool. Doch auch in der Calle 11, wo er sich noch immer gelegentlich aufhält, oder in seinem Büro im Präsidentenpalast stehen Geräte, an denen er zwischendurch ein paar Übungen einlegen kann. Trotzdem bleibt es Beobachtern natürlich nicht verborgen, daß er sich immer eckiger und schwerfälliger bewegt.

Seit dem Unfall vom Oktober 2004 lebt er nach eigenen Aussagen sehr viel disziplinierter. Vor allem schläft er regelmäßig, auch wenn er noch immer in jeder wachen Minute arbeitet und nie genau sagen kann, wann und wo er sich ausruhen wird. Außerdem erscheint er heute pünktlich zu Interviews und läßt seine Gäste nicht mehr stundenlang warten. Und noch immer redet er bis in die Nacht mit Journalisten und Freunden, wenn auch seltener bis zum Morgengrauen.

Alle Bemühungen der kubanischen Ärzte um seine Gesundheit können nicht darüber hinwegtäuschen, daß auch Fidel Castro nicht ewig leben wird. Die letzte Phase seiner langen Herrschaft ist angebrochen. Diese Phase kann noch zwei, noch fünf oder auch noch zehn Jahre dauern, doch es ist nur eine Frage der Zeit, bis der alte Mann in Havanna abtritt.

★

Auch seine Feinde stellen sich auf den Tod des kubanischen Führers ein. Längst liegen in den Schubladen der CIA und des Weißen Hauses sogenannte »Übergangspläne«. Unter George Bush junior, von Castro gern »Bushecito – Büshlein« genannt, geht die US-amerikanische Blockadepolitik weiter, die jegliche wirtschaftliche Entwicklung auf Kuba zu torpedieren versucht. Unter der Herrschaft der Neokonservativen verschärft sich die kriegerische Rhetorik aus dem Weißen Haus, vor allem als US-Präsident Bush nach den Anschlägen vom 11. September 2001 Fidels Kuba in seine »Achse des Bösen« einreiht. In den darauffolgenden Monaten geht auf der Insel die Furcht um, Bush könne vielleicht unter irgendeinem Vorwand auch Raketen nach Kuba schicken.

Doch die militärische Option ist auch für die USA unter Bush junior keine. Im Grunde hofft man, daß sich das Problem demnächst von selbst erledigt, und möchte dafür sorgen, daß nach Fidels Tod eine den USA genehme Regierung auf Kuba an die Macht kommt. Trotzdem verschärft Bush junior die Sanktionen noch einmal. Der 43. US-Präsident beruft eine »Kommission zur Unterstützung eines freien Kuba« ein und erklärt, er suche einen »offensiven, integrierten und disziplinierten Ansatz, um die Überlebensstrategien der Castro-Regierung zu unterminieren und Bedingungen herbeizuführen, die dem kubanischen Volk helfen, das Ende der Diktatur zu beschleunigen«. Mit anderen Worten, die USA wollen die Situation der Menschen auf Kuba durch wirtschaftliche Aggression weiter verschlechtern und exilkubanische Terrorgruppen unterstützen.

Die Hauptwaffe der USA bleibt die Wirtschaftsblockade, vor allem die Unterbindung jeglichen Handels mit Drittstaaten. Dabei geht es inzwischen schon darum, sich den kubanischen Markt für die Zeit nach Castro zu sichern und die europäische Konkurrenz auszuschalten. Unter dem Vorwand, es handele sich um Marken, die der kubanische Staat in unrechtmäßiger Weise erworben habe, soll verhindert werden, daß Produkte unter Namen wie »Havana Club« oder »Cohiba« auf dem Weltmarkt firmieren. Unter dubiosen Umständen eignen sich Exilkubaner wie etwa die Bacardí-Familie in den USA die Markennamen an und ziehen damit vor US-Gerichte, die ihre Ansprüche auch noch bestätigen. Betroffen sind neben den Kubanern auch ihre europäischen Vertriebspartner, die vor internationalen Gerichten in endlose Prozesse verstrickt werden.

Vor den Vereinten Nationen schildert der kubanische Außenminister Felipe Pérez Roque ein besonders zynisches Beispiel für den Wirtschaftskrieg, den die USA gegen Kuba führen: »Das Unternehmen Chiron Corporation hat seine Verkäufe an Kuba eingestellt, nachdem es im vergangenen Jahr [2004] zu einer Strafe von 168 500 US-Dollar verurteilt wurde, weil eine europäische Tochterfirma zwei Päckchen mit Impfstoffen für Kinder an Kuba verkauft hat. Es handelt sich nicht um Nuklearwaffen, nicht um strategische Raketen, sondern um zwei Impfungen für Kinder!« Selbst gegenüber dem Irak Saddam Husseins war die Blockade weniger drakonisch.

Pérez Roque schildert auch die Sanktionen auf dem Finanzmarkt: »Mit Beginn des zweiten Trimesters 2004 begann die Regierung der USA zusammen mit den Kongreßabgeordneten und der antikubanischen Mafia eine Kampagne der Verleumdungen bezüglich der Herkunft und Verwendung der kubanischen Dollareinkünfte und drohte mit einer Reihe von Sanktionen, um ausländische Banken einzuschüchtern, die Finanzgeschäfte mit Kuba abwickeln. Im Rahmen dieser Kampagne verhängte die Zentralbank der USA im Mai 2004 eine Strafe von hundert Millionen US-Dollar gegen die Schweizer Bank UBS AG, weil diese angeblich die US-Sanktionen gegen Kuba, Libyen, Iran und Serbien unterlaufen habe. Damit soll jeglicher Zahlungsverkehr in US-Dollar, die Kuba legitim durch Tourismus und Handel erworben hat, unterbunden werden, mit dem Ziel, kubanische Importe, vor allem von Nahrungsmitteln, Medizin und Treibstoffen, zu verhindern und auf diese Weise einen wirtschaftlichen Kollaps und eine kritische soziale Situation herbeizuführen.«

Was allerdings weder Bush Junior noch Pérez Roque erwähnen: Schon seit 2001 fließt ein Teil der kubanischen Tourismus-Dollars wieder zurück in die Vereinigten Staaten, und zwar in bar. Im Oktober 2000 gestattet der US-Kongreß Kuba den Kauf von Nahrungsmitteln in den USA. Fidel will von dieser Möglichkeit zunächst nichts wissen, doch nach dem verheerenden Wirbelsturm Michelle vom November 2001 macht er davon Gebrauch, um Getreide, Hülsenfrüchte, Obst und Gemüse einzukaufen. Der Handel weitet sich aus, und im Jahr 2005 gelangen Nahrungsmittel im Wert von rund 450 Millionen US-Dollar nach Kuba.

Anfang 2006 versucht sich die Bush-Regierung auch wieder mit Propaganda auf Kuba selbst. Der ständige Vertreter der USA, Michael Parmly, läßt vor der US-Vertretung auf Kuba eine riesige Leuchtreklame aufbauen, auf der Dinge zu lesen sind wie: »Wenn dies eine Schlacht der Ideen ist, warum dürfen Sie dann der Regierung nicht widersprechen?« oder »Warum können Kubaner nicht in Luxushotels übernachten?« Fidel läßt daraufhin am 23. Januar 2006 mehr als eine Million Menschen in Havanna gegen den US-Imperialismus demonstrieren. Zwei Tage später errichten Arbeiter eine meterhohe Mauer, um die Fassade der ständige US-Vertretung zu verdecken.

★

Andernorts erlebt Fidel in dieser letzten Phase seiner Regierung ungeahnte Erfolge. Seine jahrelange Öffentlichkeitsarbeit in Sachen Kuba zahlt sich aus, auf der internationalen Bühne gewinnt er mehr und mehr Partner. Mit Europa gerät er zwar wegen der Menschenrechtssituation immer wieder aneinander, aber immerhin kündigen ihm die Europäer nur die Kulturprogramme, nicht die wirtschaftlichen Beziehungen. Vor allem in Lateinamerika tauchen neue Verbündete auf.

Einer davon ist Hugo Chávez Frías, Führer des Movimiento Bolivariano Revolucionario (MBR), der Revolutionären Bolivarianischen Bewegung, und seit 2. Februar 1999 Präsident von Venezuela. Chávez hat zwei leuchtende Vorbilder: den legendären Befreier Simón Bolívar, der im 19. Jahrhundert halb Südamerika von der spanischen Herrschaft befreite, und Fidel Castro. Vor seiner ersten Präsidentschaftskandidatur besucht er Fidel und fragt ihn um Rat. Der Máximo Líder warnt ihn unter anderem, seine Sympathien für Kuba nicht allzulaut zu äußern: »Das Schicksal der Regierungen, die ein Herz für Kuba haben, ist nicht das vielversprechendste.« Hugo Chávez ist heute einer der wichtigsten Partner Fidels und ein lautstarker Verbündeter im Kampf gegen die Vorherrschaft der USA auf dem amerikanischen Kontinent. Bei ihren Treffen muß Fidel, der wahrhaftig nicht singen kann, schon mal gemeinsam mit dem leidenschaftlichen Sänger Chávez ein Ständchen geben. Das nimmt der Máximo Líder aber gerne auf sich, denn ab dem Jahr 2000 liefert Chávez jährlich rund 2,5 Millionen Tonnen Erdöl nach Kuba. Im Dezember 2004 gründen die beiden eine Wirtschaftsallianz mit dem Namen Alternativa Bolivariana para las Américas (ALBA), Bolivarianische Alternative für ganz Amerika. Nach dem Energiegipfel der ALBA im Juli 2005, an dem fünfzehn Staatschefs aus Lateinamerika teilnehmen, stockt Chávez die Liefermenge auf 4,5 Millionen Tonnen auf. Bezahlen läßt er sich den Handel mit Naturalien: Fidel schickt mehr als 20 000 Ärzte, Zahnärzte und Sporttrainer nach Venezuela.

253

Mit der ALBA – das Akronym bedeutet Morgenröte – zeichnet sich noch einmal ein Silberstreif am Himmel Fidels ab. Nachdem er beinahe ein halbes Jahrhundert auf einsamem Posten gekämpft hat, scheint sich hier eine Staatenverbindung zu entwickeln, der durch ihre wirtschaftliche Kraft eine reale Bedeutung zukommt. Auch wenn diese Allianz allein am Erdöl und an Hugo Chávez hängt, nimmt der Gedanke der lateinamerikanischen Solidarität erstmals handfestere Gestalt an. Nicht umsonst ist nicht mehr Fidel Castro sondern Hugo Chávez der Feind Nummer eins der USA auf dem amerikanischen Kontinent.

Neben Chávez tummeln sich seit einigen Jahren eine ganze Reihe weiterer »neuer Linker« in Lateinamerika, unter denen Fidel zahlreiche Freunde hat. Einer davon ist Luiz Inácio »Lula« da Silva, Chef der brasilianischen Arbeiterpartei Partido dos Trabalhadores (PT) und seit 1. Januar 2003 Präsident Brasiliens. Ein weiterer ist Evo Morales, der vom Sprecher der bolivianischen Koka-Bauern zum Vorsitzenden der Partei Movimiento al Socialismo (MAS), Bewegung zum Sozialismus, aufstieg und seit dem 22. Januar 2006 Präsident Boliviens ist. Im Mai 2006 tritt er der ALBA bei. Zum weiteren Kreis der Castro-Freunde gehört schließlich der Linksperonist Néstor Carlos Kirchner, seit 25. Mai 2003 argentinischer Präsident.

Fidel schaut sich auch außerhalb Amerikas unter den erklärten Gegnern der USA nach Bündnispartnern um. Auch wenn es ansonsten kaum Berührungspunkte zum Iran gibt, ist sein Außenminister Pérez Roque schon mehrmals mit dem 2005 gewählten Präsidenten Mahmoud Ahmadinedschad zusammengetroffen.

★

Natürlich weiß auch Fidel, daß er nicht mehr allzulange an der Spitze seiner Revolution stehen wird, weshalb er Vorbereitungen für deren Weiterbestehen nach seinem Tode trifft. Dabei entdeckt er die kubanische Jugend neu: Je älter er wird, desto häufiger läßt er sich auf nationalen und internationalen Jugendkongressen blicken. Er liebt den Kontakt zu jungen Menschen, und als Nachwuchs für die Revolution werden die Jugendlichen immer wichtiger für ihn. Rund siebzig Prozent der heutigen kubanischen Bevölkerung wurden nach

1959 geboren, für sie sind die Errungenschaften der Revolution, wie kostenlose Gesundheitsversorgung und Schulbildung, selbstverständlich. An Batista erinnern sich heute nur noch Menschen, die kaum jünger sind als Fidel selbst. Daher hat Fidel das Bedürfnis, den Jugendlichen den Mythos der Revolution zu vermitteln, und der beste Weg scheint dem kubanischen Patriarchen wie immer die persönliche Begegnung und das Gespräch zu sein.

Doch viele kubanische Jugendliche sehen Fidel heute ohne Illusionen. Sie leben unter dem Eindruck der Mangelwirtschaft, der Schlangen vor den Geschäften, der Arbeitslosigkeit, der Langeweile, des allgegenwärtigen Fluchtthemas und der Bilder der bunten Konsumwelt, die aus den USA gesendet werden. Zwar stehen sie den Segnungen des Konsums durchaus skeptisch gegenüber, viele sind fest überzeugt von den Idealen des kubanischen Sozialismus und lassen sich für neue Kampagnen begeistern. Aber sie wollen sich auch persönlich entfalten und die Möglichkeit haben, die Welt kennenzulernen. Viele haben den Eindruck, die Zeit um sie herum sei stehengeblieben.

Das liegt vor allem daran, daß sich Fidels Rezepte seit der Gran Zafra von 1970 kaum geändert haben. Zwar gibt er sich nach wie vor unermüdlich, zum Beispiel wenn er in den Jahren 2001 und 2002 eine »Schlacht der Ideen« ausruft. Wie eh und je reist er durch das Land und ist dauernd im Fernsehen zu sehen, um die Kubaner zu mobilisieren. Doch anders als früher steigt er kaum noch aus dem Auto, statt dessen versammelt er Dorfbewohner oder Schulkinder um seinen offenen Geländewagen wie bei einer Safari. Und die Uniformjacke des Máximo Líder wölbt sich weiter über dem Brustkasten als früher, um die kugelsichere Weste zu verbergen.

Vor dem Hintergrund der anhaltenden Beschwerden über den Mangel soll die Bevölkerung mit der »Schlacht der Ideen« neue Schwerpunkte der Revolution setzen. Außerdem geht Fidel gegen die Korruption vor und beruft zu diesem Zweck 40 000 jugendliche »Sozialarbeiter« ein, die selbst kleinste Akte der Bestechlichkeit und Selbstbereicherung melden sollen. Doch dies ist lediglich ein Versuch, die alten Werte der Revolution wiederzubeleben, einmal mehr unter dem Banner Ernesto »Che« Guevaras und des »neuen Menschen«.

Echte Reformen, die auch nur eine begrenzte unternehmerische Initiative oder eine größere politische Beteiligung der Bevölkerung ermöglichen, läßt Fidel heute so wenig zu wie eh und je. Im Dezember 2002 zirkuliert beispielsweise eine Petition des Dissidenten Oswaldo Payá Sardiñas, das sogenannte Varela-Projekt, das Pressefreiheit, Versammlungsfreiheit, freie Wahlen, freies Unternehmertum und die Freilassung der politischen Gefangenen fordert. Doch Fidels einzige Antwort ist die Verhaftung von fünfundsiebzig Regierungskritikern im Frühjahr des folgenden Jahres und ihre Verurteilung zu langen Haftstrafen. Nach der Entführung einer Hafenfähre in Havanna kommt es sogar zu den ersten Hinrichtungen seit Jahren. Die Reformen, die die Insel dringend benötigt, werden erst nach Fidel möglich sein. Doch der wird sein Büro im Präsidentenpalast nicht freiwillig räumen.

★

Hinter vorgehaltener Hand sprechen die Menschen auf Kuba schon seit Jahren kaum noch von etwas anderem. Doch seit dem 17. November 2005 darf auch offiziell über die Zeit nach dem Tod des Máximo Líder gesprochen werden. Er selbst schneidet das Thema in seiner vierstündigen Rede zum sechzigsten Jahrestag seiner Ersteinschreibung an der Juristischen Fakultät der Universität von Havanna an, wenn auch extrem gewunden:

»Aber wir kommen dazu, uns diese Frage zu stellen, diesem übermächtigen Imperium gegenüber, das uns auflauert, uns bedroht und das Übergangspläne und militärische Aktionspläne hat. Sie warten auf ein natürliches und absolut logisches Ereignis, wie es der Tod von jemandem nun mal ist. In diesem Fall haben sie mir die bedeutende Ehre gemacht, an mich zu denken ... Jeden Tag erfinden sie etwas, Castro hat dies, Castro hat das. Zuletzt haben sie erfunden, daß er Parkinson hat ... Wenn ich wirklich sterben würde, dann würde es niemand glauben. Ich könnte wie Cid Campeador herumreiten, den sie nach seinem Tod aufs Pferd gesetzt und mit ihm Schlachten gewonnen haben ... Doch wir haben Maßnahmen getroffen und geplant, damit es keine Überraschungen gibt, und unser Volk soll genau wissen, was in jedem Fall zu tun ist. Hört gut zu, man muß wissen, was in jedem Fall zu tun ist. Aber wir werden sie nicht

»Sie warten auf ein natürliches und absolut logisches Ereignis.«
Seit November 2005 wird auf Kuba offiziell über den Tod
Fidel Castros gesprochen.

beschreiben, wir werden dem Büshlein nicht verraten, welche Maßnahmen wir geplant haben.«

Diese Worte sagen zunächst einmal eines: Fidel Castro will weder
abtreten noch sterben. Der Tod, das sind für ihn die Vereinigten
Staaten, und denen wird er sich widersetzen. Ein Kuba ohne ihn, das
kann und will er sich nicht vorstellen: Er ist die Revolution, und die
Revolution ist nichts ohne ihn.

Ihn plagt ein wiederkehrender Alptraum, daß alles umsonst gewesen sein könnte, daß nach seinem Tod die Exilkubaner aus Miami
und die US-Konzerne die Insel wieder übernehmen und die alten
Verhältnisse wiederherstellen könnten. Doch er redet sich und seinen Zuhörern ein, daß es so nicht kommen werde. Es klingt wie das
Pfeifen im Walde: »Es sind sechsundvierzig Jahre vergangen, und die
Chancen, die kubanische Nation in die Knie zu zwingen, stehen
schlechter denn je ... Doch diese Oberidioten glauben, daß sie hier-

her zurückkommen werden und daß wir sie auf Knien anflehen werden: ›Kommt und rettet uns ein weiteres Mal, Retter der Welt; kommt, wir werden euch alles wiedergeben … Kommt und schafft erneut die Arbeitslosen und Analphabeten.‹«

Gerade weil er die Revolution am liebsten noch über seinen Tod hinaus kontrollieren will, tut er alles, was in seiner Macht steht, um ihren Fortbestand zu sichern. Fidel ist auch mit seinen heute achtzig Jahren noch ein hochintelligenter Machtpolitiker. Vermutlich hat er tatsächlich Vorkehrungen getroffen und höchstpersönlich detaillierte politische und militärische Pläne für den Tag X entworfen. Schon seit dem Parteitag der Kommunisten im Jahr 1991 wählt Fidel Führungskräfte danach aus, ob er ihnen eine Fortsetzung seiner Revolution zutraut oder nicht, und er entläßt sie wieder, wenn sie seiner Ansicht nach vom Kurs abweichen. Ein Teil der von ihm angesprochenen Maßnahmen besteht darin, seine Kandidaten nach China zu schicken, damit sie sich dort mit hochrangigen Politikern treffen und von deren Erfahrungen im Übergang von der Herrschaft eines charismatischen Diktators zu einer Nachfolgeregierung lernen.

★

Die Politiker, die Fidel in den letzten Jahren protegiert hat und die als mögliche Nachfolger in Frage kommen, lassen sich an einer Hand abzählen. Noch immer wird der Name seines Bruders Raúl Castro genannt, der als Oberbefehlshaber der Fuerzas Armadas Revolucionarias die Armee im Rücken hat. Diese Nachfolge wurde bereits zu Beginn der Revolution für den Fall verabredet, daß Fidel einem Attentat zum Opfer fallen sollte und gilt als die offizielle Regelung. Raúl wäre der einzige, der in der Lage wäre, an den Mythos der Sierra Maestra anzuknüpfen, doch er ist lediglich fünf Jahre jünger als Fidel und zudem derart unbeliebt, daß sich diese Variante fast von selbst ausschließt. Sollte er Fidel überleben, wird er vermutlich für eine Übergangszeit die Geschäfte übernehmen und eine Zeitlang der starke Mann im Hintergrund bleiben.

Auch der Name des Kulturministers Abel Prieto wird gelegentlich genannt, doch dieser hat bereits mehrfach geäußert, er wolle sich von allen öffentlichen Ämtern zurückziehen und hat laut darüber nachgedacht, daß er als Nachfolger Fidels nicht in Frage käme. Diese Art der Indiskretion läßt ihn ebenfalls ausscheiden. Ricardo Alarcón de Quesada, Präsident der Nationalversammlung, hat sich auf seinem Posten sehr unauffällig verhalten, was ihn eigentlich als potenziellen Nachfolger qualifiziert. Gegen ihn spricht jedoch, daß Fidel ihn Mitte der neunziger Jahre als Außenminister abgesetzt hat.

Einer der ernsthaften Kandidaten ist Carlos Lage Dávila, Vizepräsident des Staatsrates, Wirtschaftsminister und Architekt der wirtschaftlichen Reformen der Neunziger. Für Dissidenten und Exilkubaner ist er genau aus diesem Grund neben Fidel die beliebteste Zielscheibe der Kritik. Der promovierte Mediziner und Sozialwissenschaftler hat eine klassische Parteikarriere hinter sich: Er war Präsident des Studentenverbandes FEU, Erster Sekretär des Nationalkomitees der Jungen Kommunisten und Mitglied von Fidel Castros Organisationskomitees des Oberkommandierenden der Streitkräfte. Seit Gründung der Nationalversammlung im Jahr 1976 ist er Abgeordneter, und seit 1980 sitzt er im Zentralkomitee der Partei. Lage Dávila hat sich gegen alle Anfeindungen gehalten, kommt mit dem Fahrrad ins Büro und ist – anders als Roberto Robaina oder Carlos Aldana – über jeden Verdacht der Selbstbereicherung erhaben.

Eingeweihte »Kubanologen« handeln jedoch einen anderen Politiker als Favoriten: den derzeitigen Außenminister Felipe Pérez Roque. Der Sohn einfacher Arbeiter und studierte Elektroingenieur war wie Lage Dávila Präsident des Studentenverbandes FEU, Mitglied der Nationalversammlung und des Organisationskomitees von Fidel Castro, außerdem war er später Privatsekretär des Máximo Líder. Mit heute einundvierzig Jahren ist er der jüngste aus der ersten Garde kubanischer Politiker. Von allen denkbaren Nachfolgern hat er sich als einziger öffentlich Gedanken über die Zeit nach Castros Tod gemacht. Für ihn reißt dieser Tod »eine Lücke, die niemand füllen kann und die wir als ganzes Volk füllen müssen«. Bezugnehmend auf Fidels Rede warnt er am 24. Dezember 2005, die kubanische Revolution sei durchaus umkehrbar, und zwar nicht durch äußere Feinde, sondern durch Fehler der politischen Führung. Er formuliert Punkte, die zur Verteidigung des Systems nach dem Tag X nötig seien: Führung durch gutes Beispiel und ohne Privilegien;

Festhalten am Prinzip der ideellen statt der materiellen Entlohnung; und eine klare Absage an die Rückkehr der besitzenden Klassen. Diese Forderungen sind nichts anderes als die Ideen des Máximo Líder selbst.

★

Bei aller Vorbereitung, die man auf Kuba treffen mag: Die Diskussion um einen möglichen Nachfolger hat zahlreiche Unbekannte. Die offensichtlichste ist die Frage, wie sich die USA nach dem Tod Fidel Castros verhalten werden. Dafür gibt es vier Szenarien:

- Eine neue, Kuba wohlgesonnene Administration im Weißen Haus erkennt eine Regierung unter Lage Dávila oder Pérez Roque an und beendet die wirtschaftliche Blockade durch die USA. Diese Variante ist schon allein deshalb unwahrscheinlich, weil weder Republikaner noch Demokraten die Enteignungen von US-Eigentum jemals anerkannt haben und ihre quasikolonialen Ansprüche an Kuba nicht aufgeben werden. Das völkerrechtswidrige Helms-Burton-Gesetz verlangt diese Einmischung sogar, und die Regierung Bush hat darüber hinaus verlauten lassen, sie werde keine Regierung aus Mitgliedern der heutigen Führung akzeptieren.
- Die Regierung der USA beschließt eine direkte und sofortige militärische Invasion und entsendet US-Truppen. Für diese Variante liegen bereits seit der Raketenkrise Pläne in der Schublade des US-Präsidenten. Auch diese Variante ist wenig wahrscheinlich, allerdings nicht, weil die Legitimation für einen derartigen Akt der Aggression fehlt, sondern vor allem, weil die ohnehin stark überlastete US-Armee durch das Engagement im Irak auf absehbare Zeit kaum dazu in der Lage sein wird. Außerdem schätzt das Pentagon, angesichts des hohen Organisationsgrades der kubanischen Bevölkerung und des Baus zahlreicher neuer Verteidigungsanlagen auf der Insel, das militärische Risiko als hoch ein.
- Da die zu erwartenden Verluste und Kosten in der Öffentlichkeit schwer zu vertreten sind, ist es wahrscheinlicher, daß die US-Regierung exilkubanische Gruppierungen wie den Frente Nacional

Cubano Americano finanziell, logistisch und militärisch unterstützt, um eine Neuauflage der Invasion in der Schweinebucht zu inszenieren. Wie damals würden die Invasoren versuchen, auf der Insel einen Brückenkopf zu bilden, dort eine Regierung auszurufen und diese von den USA anerkennen zu lassen. Dann wäre zumindest eine formelle Legitimation für ein militärisches Eingreifen durch die USA gegeben.

• Die USA üben weiter politischen und wirtschaftlichen Druck auf die Nachfolger Fidel Castros aus. Zugleich suchen sie eine Einigung mit einer Gruppe, um auf diese Weise Wahlen zu erzwingen. Die US-Armee unterhält schon seit einigen Jahren geheime Kontakte zu Offizieren der kubanischen Revolutionsarmee, und es ist durchaus denkbar, daß sich einige kubanische Militärs zuerst an die Macht putschen und dann Wahlen ansetzen. Möglicherweise ist es aber auch, ähnlich wie in Nicaragua, die politische Klasse selbst, die sich unter dem fortgesetzten äußeren Druck zu Wahlen bereit erklärt.

Für welche Variante auch immer sich die USA entscheiden, die Strategen in der CIA und im Verteidigungsministerium gehen davon aus, daß eine neue Regierung auf Kuba zwei bis fünf Jahre benötigen wird, um sich zu stabilisieren, und innerhalb dieser Zeitspanne werden die USA aktiv werden.

★

Mit der vierten Variante ist bereits eine weitere Unbekannte angesprochen: Das Verhalten der politischen Klasse Kubas nach dem Tod der einzigartigen Integrationsfigur Fidel Castro. Wie Pérez Roque sagt, ist Fidel nicht zu ersetzen: Er *ist* die Revolution, es gibt auf Kuba niemanden mit seinem Charisma und seiner Legitimation. Der Machtmensch Fidel geht davon aus, daß sich Macht nicht teilen läßt, und hat vermutlich nur einen einzelnen Nachfolger im Sinn. Trotzdem ist es sehr wahrscheinlich, daß es unter den realen Bedingungen der Nachfolge den *einen* Máximo Líder nicht mehr geben wird, und daß die Ämter des Staatspräsidenten, des Staatsratsvorsitzenden und des Parteichefs auf verschiedene Personen übergehen. Dadurch könnten Interessenkonflikte zwischen verschiedenen Gruppen ausgeglichen, gleichzeitig aber auch institutionalisiert werden.

Der *Miami Herald*, das Sprachrohr der Exilkubaner, will im August 2004 unter der politischen Führung jedenfalls schon einmal vier widerstreitende Strömungen ausgemacht haben:

- *Die Polen*: Offiziere der regulären Armee, die nach dem Vorbild des polnischen Generals Wojciech Jaruzelski einen Staatsstreich durchführen, um auf diese Weise eine US-Invasion zu verhindern und den Übergang zu einer demokratischen Staatsform zu suchen.

- Die *Jurásicos*: orthodoxe Kommunisten um José Ramón Machado Ventura, den Chefideologen der kubanischen Kommunisten, und die Parteischule Ñico López, aus der die Verwaltungsbeamten und zahlreiche Parteiführer hervorgegangen sind.

- *Die Gueveristas*: Anhänger der Revolutionsheiligen Ernesto »Che« Guevara, vor allem überzeugte Sozialisten aus den Reihen der Armee und Regierungsfunktionäre aus allen Ebenen, die Privilegien für die politische Klasse ablehnen, aber politisch flexibel sind.

- *Die Öffner*: Befürworter einer marktwirtschaftlichen Umgestaltung der kubanischen Ökonomie. Sie sind jedoch fast bedeutungslos, seit Fidel Castro Mitte der neunziger Jahre jede weitere marktwirtschaftliche Reform eingefroren hat.

Noch ungewisser ist schließlich, ob unter einer neuen politischen Führung der heute bestehende gesellschaftliche Konsens erhalten bliebe. Die Gesellschaft ist zwar in hohem Maße militärisch durchorganisiert, doch das war auch in Osteuropa kein Hindernis für einen plötzlichen Zusammenbruch. Natürlich ist im Gegensatz zur DDR oder zur ČSSR die Identifikation und sogar der Stolz auf die Errungenschaften der Revolution auf Kuba ungleich größer. Und mindestens ebenso groß ist die Befürchtung, daß im Falle einer Aufgabe des Sozialismus die reichen Exilkubaner und die US-Konzerne über die Insel herfallen könnten. Doch der wichtigste Grund, weshalb die Kubaner den Mangel und die fehlenden Freiheiten geduldig ertragen, ist der Mythos Fidel Castro, und der wird nicht zu ersetzen sein.

★

Der Máximo Líder ist sich jedenfalls ganz sicher, daß die Revolution in seinem Sinne fortgeführt werden wird. In einem Fernsehinterview, das er im Oktober 2005 dem ehemaligen Fußballstar Diego Maradonna gibt, antwortet er auf die Frage, was auf Kuba nach seinem Tod passieren wird: »Ich stelle es mir als eine moralische Supermacht vor, mit einer großen Würde … Das ist eine so reale Tatsache, daß ich gar nicht ruhig bleiben kann, wenn ich es sage, niemand kann es übersehen: Wir sind unbesiegbar!«

Dank

Unser erster Dank gilt unseren Frauen, die uns über die Wochen und Monate des Schreibens geduldig mit Fidel geteilt haben. Ein großes Dankeschön auch an Suzette Trujillo Covián und Adriana de Villa für ihre technische Unterstützung und an Miguel Angel Da Vila, ohne den das Manuskript in den Trümmern einer Festplatte verraucht wäre. Herzlichen Dank an Dr. Ursula Voss, Chefredakteurin der Feature-Redaktion des NDR-Hörfunks, die den Anstoß zu diesem Projekt gegeben hat, sowie an Dr. Olaf Meier vom Campus Verlag und an unseren Agenten Thomas Montasser, der uns mit wertvollen Anregungen auf die richtige Spur gebracht hat.

Vielen Dank allen, die ihr Wissen großzügig mit uns geteilt haben: darunter Heinz Dieterich, einer der kenntnisreichsten »Fidelisten«; Juan Balboa, Kuba-Korrespondent der mexikanischen Nachrichtenagentur Notimex; Rubén Montedónico, Chef der Auslandsredaktion der mexikanischen Tageszeitung La Jornada; José Carreño, ehemaliger Chef der Auslandsredaktion der mexikanischen Tageszeitung El Día und José Ignacio Piña, mexikanischer Botschafter auf Kuba. Vielen Dank schließlich an Renato Sales Heredia, stellvertretender Oberstaatsanwalt des Distrito Federal, der dem Phänomen Castro inzwischen ebenfalls auf der Spur ist.

Ein herzliches Dankeschön schließlich an das Team bei Econ: an Maria Koettnitz, Katrin Mackowiak und Christin Dwertmann, unseren Lektor Thomas Bertram und alle, die das Buch auf dem langen Weg vom Schreibtisch in den Buchhandel ein Stück weitergetragen haben.

Ausgewählte Literatur

Arciniegas, Germán: *Biografía del Caribe*. Buenos Aires: Sudamericana, 1966. Deutsche Ausgabe: *Karibische Rhapsodie*. München: Nymphenburger 1970.

Bermúdez Torres, Lilia: *El intervencionismo de E.U. y la soberanía de América Latina*. *Objectivo y naturaleza de las intervenciones estadounidienses*. Mexiko-Stadt: *El Día*, Sonderausgabe Juni 1990.

Betto, Frei: *Fidel y la religion. Conversaciones con Frei Betto*. Mexiko-Stadt: Siglo Veintiuno 1986. Deutsche Ausgabe: *Nachtgespräche mit Fidel*. Freiburg, Schweiz: Edition Exodus 1986.

Blanco, Katiuska u. a.: *Niños del milagro*. Havanna: Ediciones Abril 2004.

Blanco, Katiuska u. a.: *Voces del milagro*. Havanna: Ediciones Abril 2004.

Borge, Tomás: *Un grano de maíz: Conversación con Fidel Castro*. Mexiko-Stadt: Fondo de Cultura Economica 1993.

Brauburger, Stefan: *Die Nervenprobe. Schauplatz Kuba: Als die Welt am Abgrund stand*. Frankfurt: Campus 2002.

Cardenal, Ernesto: *En Cuba*. Mexiko-Stadt: Ediciones Era 1977.

Castro, Fidel: *La Revolución Cubana*. Mexiko-Stadt: Ediciones Era 1972.

_____: *La primera revolución socialista en América*. Mexiko-Stadt: Siglo Veintiuno 1976.

_____: *Granma rumbo a la libertad*. Havanna: Editorial Gente Nueva 1983.

_____: *Fidel en Brasil*. Havanna: Editora Política 1990.

_____: *Rectificación: Selección Temática*. Havanna: Editora Política 1990.

_____: Discursos e intervenciones del Comandante en Jefe Fidel Castro Ruz, Presidente del Consejo de Estado de la República de Cuba. Archiv des Kubanischen Staatsrates, Havanna.

Coltman, Leycester: The Real Fidel Castro. New Haven: Yale University Press 2003. Deutsche Ausgabe: Der wahre Fidel Castro. Zürich: Artemis und Winkler 2005.

Del Pino, Rafael: Proa a la libertad. Mexiko-Stadt: Planeta 1990.

León Cotayo, Nicanor: El Bloqueo a Cuba. Havanna: Editorial de Ciencias Sociales, 1983.

Franqui, Carlos: Diary of the Cuban Revolution. New York: Viking 1980.

Fuentes, Norberto: La autobiografía de Fidel Castro. Barcelona: Destino 2004: Deutsche Ausgabe: Die Autobiographie des Fidel Castro. München: Beck 2006.

Furiati, Claudia: Fidel Castro. La historia me absolverá. Barcelona: Plaza Janés 2003.

Galeano, Eduardo: Las venas abiertas de América Latina. Mexiko-Stadt: Siglo Veintiuno 2003. Deutsche Ausgabe: Die offenen Adern Lateinamerikas. Die Geschichte eines Kontinents von der Entdeckung bis zur Gegenwart. Erweiterte Auflage. Wuppertal: Peter Hammer Verlag 2003.

Hoffmann, Bert: Kuba. München: C. H. Beck 2000.

Hudson, Rex: Castro's Americas Department. Miami: The Cuban American National Foundation 1988.

Instituto Cubano del Arte e Industria Cinematográfico: Cuba: Caminos de revolución. Madrid: Santanilla Ediciones Generales 2005.

López Segrera, Francisco: El conflicto Cuba-Estados Unidos y la crisis centroamericana. Mexiko-Stadt: Nuestro Tiempo 1985.

Lorenz, Marita und Ted Schwarz: Marita: One Woman's Extraordinary Tale of Love and Espionage from Castro to Kennedy. New York 1993. Deutsche Ausgabe: Marita. Zwischen Liebe und Spionage. Die Geliebte Castros und Agentin Kennedys berichtet aus ihrem schillernden Leben. München: Goldmann 2000.

Masetti, Jorge: El furor y el delirio: Itinerario de un hijo de la Revolución Cubana. Barcelona: Tusquets 1999.

Matthews, Herbert: Castro: A Political Biography. Harmondsworth: Penguin 1970.

Mina, Gianni: Habla Fidel. Vorwort von Gabriel García Márquez. Mexiko-Stadt: Edivision 1988.

Oppenheimer, Andrés: *La hora final de Fidel Castro: La historia secreta detras del comunismo en Cuba*. Mexiko-Stadt: Javier Vergara 1992.

Orozco, Román: *Cuba Roja. Cómo viven los Cubanos con Fidel Castro*. Madrid: Cambio 16 1993.

Pinos Santos, Oscar: *Complot*. Mexiko-Stadt: Nuestro Tiempo 1992.

Quirk, Robert E.: *Fidel Castro*. New York: Norton 1993. Deutsche Ausgabe: *Fidel Castro. Die Biographie*. 2. aktualisierte Auflage. Berlin: Edition Q 2001.

Skierka, Volker: *Fidel Castro: Eine Biographie*. 2. Auflage. Reinbeck: Rowohlt 2004.

Szulc, Tad: *Fidel: A Critical Portrait*. New York: HarperCollins 1986.

Taibo Mahojo, Francisco Ignacio (Paco Ignacio Taibo II): *Ernesto Guevara también conocido como el Che*. Mexiko-Stadt: Planeta 2003. Deutsche Ausgabe: *Che. Die Biographie des Ernesto Guevara*. Hamburg: Edition Nautilus 1993.

Thomas, Hugh: *Cuba or the Pursuit of Freedom*. New York 1971. Deutsche Ausgabe: *Castros Kuba*. München: Siedler 1996.

Vázquez Montalbán, Manuel: *Y Dios entró en La Habana*. Mexiko-Stadt: Aguilar 1998.

Voss, Ursula: *Die Bacardis. Der Kuba-Clan zwischen Rum und Revolution*. Frankfurt/Main: Campus 2005.

Zeuske, Michael: *Kleine Geschichte Kubas*. 2. Auflage. München: C. H. Beck 2002.

_____: *Insel der Extreme: Kuba im zwanzigsten Jahrhundert*. 2. Auflage. Zürich: Rotpunktverlag 2004.

Anmerkung: Sämtliche Zitate aus spanisch- und englischsprachigen Texten wurden von den Autoren für dieses Buch ins Deutsche übertragen.

Bildnachweis

Seite 243 und 245: Ullsteinbild, Berlin.
Alle übrigen Fotos: Kubanisches Nationalarchiv, Havanna.

Register

Das nächste Stadium ist erreicht!

Kenichi Ohmae · **Was kommt nach der Globalisierung?**
400 Seiten, gebunden mit Schutzumschlag
€ [D] 24,90 · € [A] 25,60 · sFr. 44,00
ISBN-13: 978-3-430-17276-9 · ISBN-10: 3-430-17276-4

Globalisierung ist kein Zukunftsschlagwort mehr, sondern bereits Realität!
Kenichi Ohmae, der von *The Economist* zu einem der fünf weltweit
bedeutendsten Management-Denker gekürt wurde, erklärt, wie sich das
Phänomen auf lange Sicht auswirken und wie sich die Macht vom Staat auf
neue Wirtschaftszentren verlagern wird. Ohmae schildert neue Strategien, unter
anderem am Beispiel von China, das sich zu einem Vorreiter in der »neuen Welt«
entwickelt und zeigt, wie wir im nächsten Stadium der Globalisierung agieren
sollten, wenn wir den Anschluss nicht verpassen wollen.

Econ

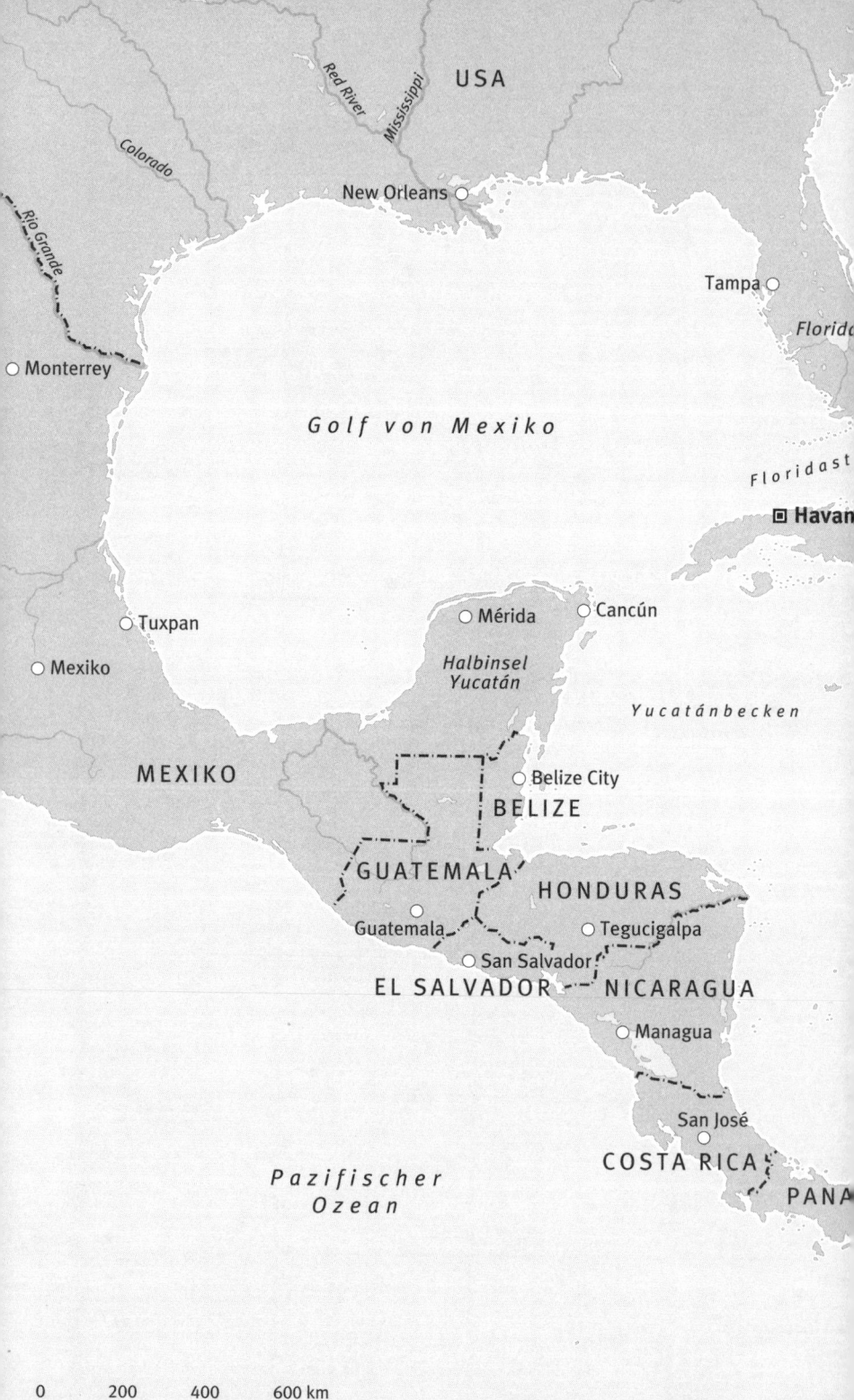